내일을 준비하라

정보통신의 부활을 꿈꾸며

내일을 준비하라

석호익 지음

다밋

책을 내면서

나는 운이 좋은 공직자였다. 정보통신의 불모지였던 우리나라가 'IT 강국'이 되기 위해 달려 나아가던 무렵, 그 현장의 소용돌이 속에 있던 내게는 나라를 위해 의미 있는 일을 할 수 있는 기회가 남달리 많이 주어졌기 때문이다. 그 과정에서 어려운 고비를 많이 겪기도 했지만, 공직자라면 그 누구라도 조국의 발전에 기꺼이 힘을 보탰을 것이다.

나는 인덕이 많은 사람이다. 부모님과 나를 일깨워 주신 신부님, 은사님, 조언을 아끼지 않았던 직장 상사와 동료들, 고향의 벗들과 학교 동문들, 그리고 사명감으로 무장한 후배들을 만날 수 있었던 것은 참으로 큰 행운이었다. 그 모든 분들에게 감사하지 않을 수 없다. 또한 대한민국이 'IT 강국'이 될 수 있도록 몸을 사리지 않았던 정보통신인들에게도 마음을 다해 박수를 보낸다.

정보통신 분야는 마침표가 없는 진행형 산업으로, 무궁무진한 가능성을 갖고 있는 우리의 밝은 미래이다. 우리가 이루어낸 '정보통신 강국'은 공무원, 기업인, 정치인, 그리고 수많은 정보통신 관련자들이 국민과 한마음이 되어 노력했기에 얻어낼 수 있었던 성과라고 생각한다.

이 책은 1980년대부터 현재까지 우리나라에서 정보통신이 잉태되고 자라나 정보통신 강국으로 세계에 자리매김하기까지 있었던 중요한 사건들과 그 현장의 기록이다. 그러나 우리나라 정보통신, 그 격동의 역사를 감히 이 한 권의 책에 다 기록했다고 말할 수는 없다. 이 책에 거론된 것 말고도 중요한 프로젝트와 사업 또는 정책이 더 있었을 것이고, 또 그 일에 관여했던 정보통신인들의 업적과 공도 있었을 것이다.

  이 책을 쓰며 가능한 한 객관적이고 정확한 기록이 될 수 있도록 최선을 다했지만 나와 견해가 다른 분도 계실 것이다. 자칫 생겨날 수도 있는 오해를 피하고 오류가 있다면 바로잡기 위해 초고를 쓰는 동안 본문에 나오는 분들에게 일일이 연락을 드려 확인하고 수정하는 과정을 거쳤다. 이 과정에서 또 한 번 내가 복이 많은 사람이라는 것을 깨달았다. 바쁘신 중에도 통계 수치까지 확인하며 자료를 찾아 주시는가 하면, 전화와 메일로, 혹은 만나서 조언과 평을 아끼지 않으셨다. 그분들에게 머리 숙여 깊이 감사드린다.

  선친은 희로애락을 잘 드러내지 않는 과묵한 분이셨다. 아무리 힘들어도 동정을 바라지 않았으며, 말을 앞세우거나 당신의 공을 과장하지 않으셨다. 그리고 '정말 중요한 것은 말이 아니라 보여주는 것'이라고 말씀하셨다. 그러한 선친의 뜻을 따라 내가 하는 일이 국가와 국민에게 도움이 되길 바라며 노력했고, 또 그렇게 되었다고 자부한다.

  지금까지 해온 일이 국가라는 넓은 범위 안에서 이루어진 것이었다면, 이제 내 이웃 지역민들과 더불어 웃고 울고 싶다. 그들의 피부에 와닿는 일을 찾아 최선을 다하고, 그 구체적인 결과를 보여 드리고 싶다. 그러기 위해 오늘 신발끈을 다시 조여 맨다. 자, 다시 시작이다.

  오늘이 나의 미래를 바꾸는 그 첫날이다.

2011년 가을

차례

책을 내면서 4

1부 어린 시절

바보 소년
변화에는 계기가 필요하다 12

성 마오로 기숙사와 순심학교 시절
기도하고 일하라 18
촛대 위의 등불이 되자 27

숲 속의 두 갈래 길
새는 알에서 깨어나야 한다 32
맡은 일에 마음을 다하라 38
더 넓은 세상을 향해 나아가라 45

2부 시련과 희망

세계 최초로 한 세 가지
최선을 다하면 기회가 온다 54

IMT-2000 사업자 선정
위기는 또 다른 기회다 64

정보통신은 나라의 미래이며 희망
굶어죽을지언정 씨나락은 까먹지 않는다 77

공무원 재직 중 가장 힘들었던 시절
　　그릇 깰 것이 두려워 설거지를 피하진 않는다　91

3부 체신과 우정

별정우체국 직원도 연금 혜택을 받다
　　마음이 세상을 바꾼다　108

우정 역사상 115년 만의 첫 흑자
　　고인물의 물꼬를 트다　118

열악한 근무 환경을 개선하다
　　법과 규정은 사람을 위해 존재하는 것이다　127

체신 금융망과 은행 금융망을 연결하다
　　관점을 달리하면 문제해결의 실마리가 보인다　140

4부 정보통신의 태동

'정보통신'이라는 용어의 탄생
　　하루라도 빨라야 경쟁력이 있다　154

정보통신 발전의 초석을 마련하다
세계 최초의 데이터통신회사 설립 163
경부간 광케이블 관로 한·미 공동건설 170

정보통신 대국의 꿈을 꾸다
먼저 숲을 본 후에 나무를 보라 177
88서울올림픽은 '전자올림픽' 184

대통령 직속 전산망조정위원회
5대 국가기간전산망의 토대를 마련하다 194

5부 격변의 시대

국가기간통신망을 통합하다
자신에게 떳떳한 사람이 되라 210

제2이동통신사업자 선정
뜨거운 감자를 만졌으나 데인 적은 없다 219

초고속정보통신망구축기획단
산업화는 뒤졌지만 정보화는 앞장서자 236

정보통신 벤처 붐의 계기를 마련하다
정보통신의 컨트롤 타워가 필요하다 255

6부 방송의 신기원

아날로그에서 디지털 위성방송으로
　세계 방송시장을 선점할 수 있는 기회를 놓치다　272

통합방송법과 방송개혁위원회
　방송의 새로운 지평을 열다　279

전파자원을 정보통신 발전의 원천으로
　피하지 못할 바에는 정면으로 부딪혀라　292

7부 혁신과 변화

정보통신은 4차 산업이다
　조그만 구멍이 큰 둑을 무너뜨린다　308

오늘이 나의 미래를 바꾸는 그 첫날이다
　지나간 과거에 매달리는 것은 어리석은 일이다　328

축하의 글　340

1부
어린 시절

로버트 프로스트가 쓴
〈가지 않은 길〉이란 시가 있다.
시는 '노란 숲 속에 길이 두 갈래로
나 있었습니다' 로 시작한다.
그때 나는 숲 속의 두 갈래 길에서 있었다.
어느 쪽 길을 선택하느냐에 따라
전혀 다른 인생을 살게 되고,
되돌아갈 수도 없는 갈림길이었다.
나는 그중 한 길을 선택했다.
그 길은 그때까지 내가 알던 것과는
전혀 다른 세계를 향해 나아가는 길이었고,
또 만들어 나가야 하는 길이었다.

바보 소년

변화에는 계기가 필요하다

설 차례를 지내고 부모님 산소를 찾아가는 길가에 참외 하우스가 즐비하다. 유난히 추운 겨울이지만 하우스 안은 김이 하얗게 서려 따뜻해 보였다. 유심히 살펴보니 몇 동 빼고는 개폐기가 거의 다 설치되어 있었다. 개폐기 덕분에 손으로 참외밭 거적을 덮던 고단함을 덜게 되어 얼마나 다행인지 모른다.

고개를 돌리니 허리가 굽어버린 큰형수님이 뒤따라오고 있었다. 형수님은 아직도 손으로 거적을 일일이 덮고 벗긴다. 평생 하던 일이라 손 놓기가 그렇다며 재미삼아 조금 짓는 농사라서 구태여 그런 시설을 할 필요가 없다고 하신다.

참외 산지로 유명한 경상북도 성주군 선남면 도흥리 착골, 부모님이 나란히 누워 계신 산 끝자락, 초가집이 옹기종기 모여 있는 윗마을이 내가 태어나고 자란 곳이다. 지금은 대구에서 불과 30분도 걸리지 않을 만큼 가까운 곳이 되었지만, 내가 어렸을 때만 해도 선남면은 낙동강에 가로막힌 벽촌으로 교통이 불편하기 짝이 없던 오지였다.

부모님이 독실한 천주교 신자였기에 나는 자연스레 천주교 신앙 속에서 자랐다. 내가 영세를 받은 곳은 1895년 무렵 지어진 칠곡 왜관읍 낙

■ 가실성당 전경. 아름드리 감나무와 벚나무가 있는, 참으로 아름다운 곳이다.

산리의 가실성당이었는데, 강 건너편에 있어서 성당에 가려면 나룻배를 타야만 했다.

가실성당은 〈신부 수업〉이라는 영화 촬영지이기도 한데, 200년이 넘는 아름드리 감나무와 벚나무가 뾰족한 첨탑의 붉은 벽돌 건물을 에워싸고 있고, 계절마다 달라지는 풍경이 참으로 아름다운 곳이다.

내게 세례를 주신 분은 독일인 송만협 요셉 신부님이었다. 첫 영성체는 나중에 우리나라 최초의 아빠스대수도원 최고 지위자로, 여러 곳에 있는 수도원을 관장하는 가톨릭 성직자. 특별히 가톨릭 베네딕트 수도회칙을 따르는 수도회와 아우구스티누스 수도참사회에 속하는 대수도원 원장을 가리킨다가 된 독일인 오도 신부님에게 받았다. 어린아이처럼 천진한 눈빛을 가진 분이었는데, 난생처음 본 투명하고 파란 눈이 무척 경이로워 어린 마음에 천사들은 그런 눈을 가졌을 거라고 생각했다.

그 무렵 낙동강은 사람들과 물류를 위한 중요한 이동 수단이었다. 지금보다 강폭은 좁았지만 훨씬 더 깊어서 부산에서 올라온 제법 큰 배가 드나들던 곳이었다. 하지만 교인들은 늘 배를 타고 다니기가 힘들어 선남면 도홍리에 공소가 생기자 평소에는 그곳에서 기도를 드렸다.

도홍공소를 지키던 분은 이십대 후반쯤 된 마리아님이었다. 마을 사람들은 그분을 '동정녀'라고 불렀는데, '동정녀'라는 호칭 때문에 어린 내게는 그분이 성모 마리아처럼 느껴졌다. 마리아님은 신부님이 해야 할 여러 신앙 활동을 챙겼고, 신앙인다운 행동거지를 실천하신 분이었으며, 나의 가능성을 제일 먼저 일깨워준 분이었다.

내게는 누님 한 분과 형님 두 분, 그리고 여동생이 한 명 있었다. 누님은 내가 태어나기도 전에 결혼해 집을 떠났고, 열 살 차이가 나는 큰형님은 내가 초등학교 4학년 때 가정을 꾸렸고, 아홉 살 차이가 나는 둘째 형님도 내겐 어른처럼 느껴졌다. 그와 반해 여동생은 내가 중학교에 입학하느라 집을 떠나 기숙사로 들어갈 때, 겨우 여섯 살이었다.

나는 마을 어른들에게 귀여움을 많이 받은 편이었다. 어른들은 내 이름 대신 '인사 잘 하는 아이, 잘 웃는 아이'라 부르곤 했다. 시골 아이치곤 피부가 흰 편인 데다 생글생글 웃으며, 길에서 마주쳤을 때는 물론이고 멀리 지나가기만 해도 한달음에 달려가 인사를 했기 때문이다.

지금도 그렇지만 어렸을 때도 나는 키가 작았다. 어머니는 노산인 데다 가난한 살림 때문에 젖배를 곯아 키가 작은 거라며 두고두고 마음 아파하셨다. 성주 월항면 철산으로 시집간 누님은 내가 태어난 이듬해에 딸을 낳았는데, 종종 친정을 찾아와 밥물로 근근이 허기를 면하던 내게 젖을 물려주시곤 했다.

나는 옷차림도 초라했지만 단추나 옷고름이 제대로 달려 있었던 적이 별로 없었다. 장난이 워낙 심한 개구쟁이였기 때문이다. 넉넉지 못한 가정형편 탓도 있지만, 고된 농사일에 허리 한 번 맘 편히 펼 짬이 없으셨

내일을 준비하라

던 부모님은 나를 제대로 거두어줄 여력이 없었다.

마리아님은 그런 나를 살뜰히 보살펴주었다. 터진 옷을 꿰매주기도 했고, 신앙 교육도 시키셨다. 복음 낭송을 자주 시켰는데, 암기력이 뛰어나다며 늘 사기를 북돋워 주셨다. 그분은 "너는 특별한 아이야. 분명히 좋은 신부님이 될 거야"라고 칭찬을 해주셨는데, 그 말은 내게 벅찬 감동을 주었다. 시골을 벗어나 본 적이 없던 우리에게 구체적인 모습으로 가장 존경할 만한 분은 신부님뿐이었기 때문이다.

나는 그 기대를 저버리고 싶지 않아서 더 열심히 성당과 공소에 다녔다. 신부님과 마리아님의 사랑과 베풂의 정신을 배우려 노력했으며, 하느님 앞에 정직하게 살겠다고 다짐했다. 마리아님이 일깨워준 신부님에 대한 꿈은 내 성격 형성에 큰 영향을 끼쳤다.

삽실 옆, 우리 마을은 '착골'이라는 이름 그대로 외진 골짜기에 있었는데, 석씨와 노씨가 한가족처럼 사이좋게 지냈다. 나는 선남면 도원초등학교에 다녔는데 석해수, 석윤수 등 네 명이 같은 학년이었다. 3학년 때까지 해수는 백천석, 정한욱, 석경도 등과 전교 1,2등을 다툴 만큼 공부를 잘했다. 그러나 나는 공부보다 장난치기를 더 좋아하던 평범한 아이였다.

아버지는 어머니가 나를 가졌을 때 태양이 당신을 향해 내려오는 꿈을 꾸었다며 앞으로 큰 인물이 될 거라고 자랑을 하셨다. 그런데 그런 태몽을 꾸고 태어난 내가 공부가 신통치 않자, 이웃사람들이 개꿈을 꾼 거라고 놀려대어 아버지를 민망하게 만들었다.

부모님은 두 분 다 무학이었지만 아버지는 한글은 물론 한자도 스스로 깨친 분이었다. 어머니는 글을 읽지 못하셨지만, 글을 아는 우리보다 더 많은 정보를 머릿속에 담고 계셨다. 달력도 볼 줄 몰랐지만 식구들의 생일과 기제사는 물론, 먼 일가친척의 기념일까지 정확하게 기억하신 것을 보면 참으로 놀라웠다. 부모님은 해가 뜨기도 전에 항상 논밭으로 나가셨으므로 소꼴 뜯어오는 일은 내 몫이었다. 학교에 다녀오면 고생하시는 부모님을 돕는다는 생각에 하루도 빠짐없이 책보를 던져놓고 소를 몰거나 지게를 짊어지고 뒷산에 올랐다.

아이들이 사용하는 용도로 만든 지게였지만 내게는 너무 커서 꼴을 가득 담아 돌아올 때면 그 무게를 이기지 못하고 종종 넘어지는 바람에 무르팍이 깨지곤 했다. 워낭을 딸랑거리며 따라오던 누렁소가 친구였던 그 시절, 나는 끼니를 놓쳐 허기가 졌을 때 외엔 아무 근심 걱정 없이 행복하기만 했다.

어느 날 학교에서 혈액형 검사를 했는데 AB형으로 나왔다. 그때 아이들 사이에는 AB형은 천재가 아니면 바보라는 말이 떠돌았는데, 나는 '바보' 군群으로 분류되었다. 성적이 중간 정도였던 나를 결코 천재라 할 수는 없었기 때문이다. 그런데 그 후 내 혈액형은 수시로 바뀌었다. 군대에서는 O형, 직장에 들어가서 한 신체검사에서는 A형으로 나왔다.

내가 공부를 하기 시작한 것은 큰형님이 장난삼아 "너 이번에 1등 하면 만년필 하나 사주지"라고 한 말 덕분이었다. 그때 3학년이던 내게 만년필은 상상할 수도 없는 어마어마한 상품이었다.

그때부터 나는 책 속으로 파고들기 시작해 그해 말, 드디어 반에서 1등을 했다. 만년필을 사줄 형편이 되지 못했던 형님이 약속을 지킨 것은 3년이 지나 내가 초등학교를 졸업한 뒤였다. 그러나 형님은 파이로트 국산 만년필보다 더 소중한 선물을 이미 내게 주셨다. 그것은 바로 하고자 하는 동기를 부여해 준 것이었다.

노력에 뒤따른 성취감을 한번 맛본 나는 만년필이 아니라 나 자신을 위해 공부하기 시작했다. 새로운 세상을 발견하는 희열이 얼마나 큰지 알게 되자 더욱더 책 속에 빠져들었다. 그러다 보니 한때 '바보'군에 속했던 내가 6학년 때는 전교어린이회 부회장이 되었다.

초등학교 졸업이 가까워지자 진학 문제로 부모님은 걱정을 많이 하셨다. 지금은 명인중학교가 있지만, 그때 선남면에는 중학교가 없었다. 그래서 진학을 하려면 대구나 성주읍으로 나가야 했는데, 외진 골짜기에 있는 우리 집에서는 어느 쪽으로도 통학하기가 쉽지 않았다. 그렇다고 하숙을 시킬 형편은 더더욱 아니었다.

그러나 집안 어른들은 시골이라 하더라도 인물 하나쯤은 키워내야 한다며 나를 반드시 진학시켜야 한다고 말씀하셨다. 부모님은 형님들을 불러 상의하고, 선생님들과도 의논을 하셨다.

특히 내 동기이자 친척인 석동원의 아버님인 석경수 선생님과 의논을 하셨는데, 석경수 선생님은 충주 석씨 대종친회장을 지내시고 학교와 지역사회는 물론 문중을 위해 많은 일을 하신 분이었다.

부모님이 성당에서 왜관에 있는 성 마오로 기숙사에 대한 얘기를 들은 것은 바로 그 무렵이었다.

도원초등학교는 2개 반이 있었는데, 한 반 학생 수는 대략 60명이었다. 지금도 50여 명의 동기들이 매년 한두 차례 모임을 갖는데 고향 선남면을 지키고 있는 친구로 이동규, 노근환, 노달연, 노만식, 노용환, 노윤출, 노재근, 석동원, 석상백, 윤정돌, 이일희, 전효원, 정원상, 김순태, 김순기, 권선이 등이 있고, 대구에 살고 있는 친구로는 서정근, 유옥희, 최원탁, 박복자, 김금란, 김영석, 김종숙, 노실근, 노정석, 박병헌, 석계선, 석순생, 우노삼, 이종진, 정한욱, 이성길, 노영희, 석해수, 김성호, 성순영, 이끝남, 정기숙, 석상란, 석윤수, 김순옥, 김철환, 노옥수, 배분이, 석묘련, 이쌍숙, 이쌍희, 전영희, 최주돌 등이 있으며, 서울에 살고 있는 친구로는 이임선, 은경주, 이태임이 있고, 노계남은 양주에 살고 있다.

성 마오로 기숙사와 순심학교 시절

기도하고 일하라

담임인 석창수 선생님은 경상북도에서 첫째로 꼽던 경북중학교에 충분히 합격할 거라고 하셨지만, 문제는 성적이 아니라 가정형편이었다.

송만협 신부님은 진학 문제로 걱정을 하고 계시던 부모님께 성 마오로 기숙사를 권하셨다. 성 마오로 기숙사는 왜관 성 베네딕도 수도원이 운영하는 기숙사였다.

성 마오로 기숙사에 관한 얘기를 듣게 되자 사제가 되고 싶었던 나는 단숨에 마음이 쏠렸다. 성 마오로 기숙사를 선택했다는 것은 곧 수도원 재단에 속한, 왜관의 명문 순심 중·고등학교에 진학하겠다는 의미였다.

성직 희망자만 뽑는 것은 아니었지만, 자식이 사제의 길을 가기 원하는 부모들이나, 신앙의 길을 가고자 하는 아이들이 입소를 간절히 원하던 준소신 학교였다. 자격 조건도 매우 까다로웠다. 세례를 받은 신앙심이 깊은 교우 자녀로, 본당 신부님의 추천서는 물론, 전 학교 성적증명서와 품성까지 합격해야 입학이 가능했다.

선남면에서 온 학생으로는 석찬준 아저씨의 동생이며, 현재 사제로 부산에서 사목 활동을 하고 있는 석찬귀 선배가 기숙사에 있었다.

내가 입학하던 해에는 그런 자격 조건을 통과한 학생들이 50명 넘게 전국에서 응시했는데, 1차로 33명을 추린 후 최종 합격한 학생이 13명이었다. 지원자들은 학교에서 나름대로 실력을 뽐냈던 아이들이었다. 초등학교 졸업 때 전교 1등을 한 나는 자신만만하게 시험지를 받아들었다. 그러나 곧 당황하지 않을 수 없었다.

음악이라면 노래 부르는 게 다인 줄 알았던 내가 난생처음 접해 보는 음악 이론과 미술 이론, 실과, 체력검사 같은 과목이 들어 있었던 것이다. 그래도 학과 성적이 좋았던 덕분에, 13명 중 11등으로 간신히 합격했다. 그 후 중학교에 입학해 첫 시험에서 전교 1등을 한 나는 중·고등학교 6년간 단 한 번도 그 자리를 놓치지 않았다.

기숙사는 신앙을 기본으로 한 공동체였다. 중학교 신입생부터 고등학교 3학년까지 한 공간에서 숙식은 물론이고 모든 생활을 함께했는데, 그동안 내가 알고 있던 세상과는 전혀 다른 분위기였다.

14세부터 19세 사이는 몸과 마음이 가장 많이 성장하고 여러 가지 심적 변화도 겪게 되는 사춘기이다. 그 시기를 수도원에서 보낼 수 있었던 것은 큰 행운이었다. 공동체 생활은 다른 사람을 먼저 배려하는 마음을 자연스레 갖도록 해주었다. 베풂과 봉사는 생활의 일부분이었으며, 정직과 진실은 최고의 무기였다.

기숙사의 모태인 왜관 성 베네딕도 수도원은 6·25 전쟁 직후에 세워졌는데, 외국 원조를 받아 운영되고 있었다. 기숙사는 1960년대 시설치고는 매우 훌륭한 편이었다. 1층에 자습실과 탁구실, 피아노실, 풍금실, 식당이 있었고, 2층에 성당과 도서관과 침실, 지하에는 세면실과 샤워실, 이발부실이 있었다. 그리고 독일식 삼각지붕 옥탑에는 이불과 건어물, 쌀, 잡곡 같은 식량을 보관해 두는 창고가 있었다.

우리는 매일 아침저녁으로 기숙사 성당에서 미사와 기도를 드렸다. 커다란 침실에는 철제 침대가 창문가에 줄을 맞춰 가지런히 놓여 있었

■ 1955년에 그린 이중섭 화백의 〈성당 부근〉.

는데 중 1·2·3학년 학생들과 고1과 고2, 그리고 고3 학생들을 위해 침실이 네 개로 나뉘어져 있었다.

수도원은 독일식 건축 양식으로 지어졌는데, 쇠못 대신 모든 접합 부위에는 나무못이 박혀 있었다. 또한 상수도 시설이 없던 왜관에서 유일하게 독자적인 수도 시설을 갖추고 있었다. 지하수를 이용하긴 했지만 지금의 수돗물 소독 방법대로 처리된 물이었다. 초가집만 즐비하던 왜관에서 외양이 독특한 수도원 건물은 멀리서도 눈에 띄었다. 그 독특함을 특별히 눈여겨본 이가 바로 이중섭 화백이었다. 그는 왜관으로 피난 내려와 살고 있던 구상 시인의 친구였다. 그는 수도원을 보고 1955년에 〈성당 부근〉이라는 그림을 그렸다.

기숙사에서는 대부분의 사안을 학생들이 자치적으로 결정해 운영했지만 나이가 어린 소년들이라 사감 신부님이 함께 생활하셨다. 내가 입학한 직후 이동호 플라치도 신부님이 4대 사감으로 부임하셨는데, 신부님은 1969년에 수도원 본원장이 되신 데 이어, 내가 졸업한 해인 1971년에 독일인 오도 아빠스에 이어 2대 아빠스가 되셨다. 우리나라 사람으로는 최초로 아빠스가 되신 것이다. 그리고 주방 담당 수녀님을 비롯해 식사와 세탁 등을 담당하는 도우미 누나와 아주머니들도 몇 분 계셨다.

우리는 아침 5시 30분, 겨울에는 6시에 종소리가 울리면 모두 일어나야 했다. 일어나자마자 각자 이불을 뒤집어 환기를 시키고 침대 옆에서 아침 기상 기도를 간단히 올리고 세수를 한 후, 기숙사 안 성당으로 가서 30분가량 미사를 드렸다. 그러고 나서 아침 공부와 청소를 한 후 식사를 하고 학교에 갔다.

그 전날 저녁 기도 시간부터 다음날 아침식사 전까지는 침묵의 시간이었으므로 모두 묵묵히 입을 다문 채 자기 일만 했다.

점심시간이 되면 줄을 맞추어 기숙사로 돌아와 밥을 먹고 다시 학교로 갔다. 간식 시간은 일주일에 한 번, 일요일 오후 4시경에 있었다. 하교 후에는 약간의 자유시간이 있었고, 한 시간 남짓 공부를 한 후 오후 6시에 저녁식사를 하고 저녁기도를 했다. 취침 시간도 오후 9시 30분부터 10시 30분 사이로 정해져 있었다. 가능한 모든 일은 자체적으로 해결했고 개인 공부시간 외에는 모든 생활을 같이했다. 학교를 다니는 것 말고는 신부나 수사들과 크게 다르지 않은 생활이었다.

우리는 사감 신부님과 같이 식사를 했는데, 부활절에는 칠면조고기가 식탁에 올라왔고 드물게 소시지가 나오기도 했다. 소시지는 직접 기른 다른 푸성귀와 마찬가지로 수사님들이 직접 만든 것이었고, 칠면조도 수도원에서 기른 것이었다.

부활절이나 크리스마스같이 특별한 날에는 독일 맥주가 나오기도 했다. 독일에서는 맥주를 술이라기보다 음료수처럼 생각하는 터라, 특별한 날이면 미성년자인 우리도 수사님들과 같이 맥주를 마실 수 있었다.

한창 잠이 많을 때였으므로 가장 견디기 힘든 것은 매일 새벽 일찍 일어나는 것이었다. 그런 생활이 일찌감치 몸에 배게 된 기숙사 출신들은 훗날 자신의 수면 시간과 생활을 엄격하게 통제하는 능력을 가질 수 있었다. 자연히 시간관념도 철저해질 수밖에 없었다. 나 역시 그 덕분인지 남들보다 잠이 적은 편이다. 한창 일하던 젊은 시절에도 네다섯 시간밖에 자지 않았는데, 나이가 든 지금은 그나마 더 줄어 버렸다.

나는 새벽에 일어나는 것은 그리 어렵지 않았다. 하지만 일찍 잠자리에 들어야 하는 것은 불만이었다. 그 무렵 공부에 빠져 책상 앞에 앉아 있는 시간이 더없이 행복했던 터라 억지로 잠을 자야 하는 시간이 너무나 아까웠던 것이다. 그래서 소등한 후 선배가 각 방을 확인하고 나가면, 전짓불을 켜놓고 이불 밑에서 공부를 하곤 했다. 때로는 친구들이 모두 잠들고 난 후 혼자 몰래 공부방으로 가기도 했다.

내 발짝 소리만 어둠을 흔드는 수도원 낭하를 걷다 보면 으스스하기도 했지만, 공부방에서 공부를 하다 보면 두려움은 어느새 사라지고 말았다. 때로는 점검을 하는 선배들에게 들킨 적도 있었지만 사제가 된 당시 총급장 김경희 선배와 고건상 선배, 그리고 서울대 교수가 된 부급장 박효종 선배는 비교적 내게 너그러운 편이었다. 선배들은 "또 너구나, 이거 규칙 위반인 거 알지? 얼른 들어가 자!"라는 애정 어린 지청구를 던진 후 문까지 닫아 주고 돌아갔다.

홀로 공부하던 추억이 떠오를 때면, 비 맞은 풀이나 오래된 나무 냄새 같기도 하던 수도원의 밤 향기가 금방이라도 코끝에 맡아질 것만 같다.

우리가 속한 베네딕도회 수도원의 모토는 '기도하고 일하라Ora et Labora'인데, 우리는 그 모토대로 꽉 짜인 하루를 보냈다. 침묵 속에 기도하고 일하는 절제된 생활이었다.

수사님들은 기도하는 시간 말고는 늘 부지런하게 몸을 움직이셨다. 자급자족이 원칙이었으므로 수사님과 신부님들은 수도원 농장이나 목공소, 출판소 등 여러 곳에서 각자 맡은 일을 했다. 수도원에서 필요한 물건은 웬만하면 자체적으로 생산했다. 기숙사 또한 그 원칙을 지켜 모든 일을 학생들 스스로 해결했다. 우리가 수사님들과 다른 점이라고는 공부라는 소임을 책임져야 한다는 것뿐이었다. 그 밖에 이발부·타종부·체육부·세탁부·간호부·전례부·보수부 등으로 역할을 분담해 당번제로 돌아가며 그 일을 맡았다.

이발 담당은 바리캉 쓰는 기술을 익혀 우리들의 머리를 깎아 주었다.

바리캉은 독일에서 온 것이라 성능이 좋은 편이었지만, 처음에는 서툴러서 생머리카락을 뽑아 눈물을 찔끔 흘리게 만드는 일이 다반사였다.

타종부는 아이들이 비교적 선호하는 일이었다. 기숙사의 모든 일은 단체행동이 원칙이었는데 종을 쳐야 하는 타종부만은 열외였기 때문이다. 남보다 먼저 일어나 기상 종을 쳐야 한다는 어려움이 있긴 했지만, 그래도 규칙이 엄격한 생활 속에서 잠시나마 일탈할 수 있는 작은 자유는 참으로 달콤했다.

세탁부는 세탁물을 세탁실로 가져다주고 세탁된 것들을 가지고 오는 일을 했다. 양이 많아 힘이 무척 들고 손이 많이 가는 작업이었다. 세탁된 옷들을 도우미 아줌마들과 함께 정리하고, 단정하게 개킨 옷을 학생들 세탁물 함에 각각 넣어 주어야 했다. 옷에는 다른 사람 옷과 헷갈리지 않도록 세탁물 고유 번호가 수놓아져 있었는데, 깃이 있는 옷은 목 뒤 깃 아랫부분에, 깃이 없는 속옷은 오른쪽 아래편에 번호를 수놓았다. 물론 수놓는 것은 본인 몫이었다.

손재주가 좋은 친구들은 선배들로부터 짜깁기 기술을 전수받았다. 옷뿐만이 아니라, 양말에 구멍이 나도 올을 풀어 짜깁기해서 구멍을 감쪽같이 메웠다. 그렇게 신다가 양말목까지 늘어나 도저히 신을 수 없는 상태가 되면, 모아두었다가 다른 양말을 짜깁기하는 데 사용했다. 어지간한 물건은 거의 다 재활용했으므로 기숙사에서는 쓰레기로 나가는 물건이 별로 없었다.

체육부는 기숙사 내 축구·농구·탁구 등 자체 행사를 주관하는 것은 물론이고, 칠곡군 체육대회 때 기숙사 독립팀 출전을 주관하고, 탁구장과 뒤뜰에 있는 각종 운동기구를 관리하는 일을 했다. 나는 보수부였는데 일거리를 내게 거의 맡기지 않았던 걸 보면 기술자로는 그다지 인정을 받지 못했던 것 같다.

■ 성 마오로 기숙사 창가에서. 꿈과 희망이 있던 참으로 순수한 시절이었다.

　쌀을 비롯한 농산물들은 모두 수도원 농장에서 생산한 것이었다. 우리 먹을거리는 그곳에서 거의 충당했다. 보통 100가마니가 넘는 많은 양의 쌀이 들어왔는데, 그럴 때면 주로 고등학교 2학년생들이 짊어지고 창고로 날랐다. 그렇게 많은 양이 들어와도 먹성 좋은 소년 70여 명이 먹어 대니 창고는 금방 비워지곤 했다. 드물게 식탁에 올라오는 소시지도 수도원 안 공방에서 만들어진 진짜 독일식 소시지였다. 한번은 총급장이던 1년 위의 함정호 선배가 수사님이 돼지 잡는 것을 도와주러 갔다가 돼지를 놓쳐 혼비백산한 적이 있었다. 함정호 선배는 후에 순심고등학교 교장으로 퇴임했다.

　식사 종이 울리면 모두 줄을 맞추어 식당으로 갔다. 네 명이 한 조가 되어 여덟 명이 한 테이블에 마주 앉았는데, 수저는 각자 테이블 아래 서랍 속에 들어 있었다. 네 명 기준으로 반찬이 놓였고, 각각의 테이블에 커다란 밥솥과 국 냄비가 하나씩 놓여 있어서 그날의 당번이 밥과 국을 떠서 나누어주었다. 대개 감자국이나 된장국이었는데 국을 뜰 때 국자에 얼마간 감정이 실리기도 했다. 마음에 드는 친구에게는 국자를 깊이 넣어 건더기를 떠주었고, 그렇지 않은 친구에게는 휘휘 저어 국물만 떠주는 식이었다.

특별한 일이 없으면 방과 후 교문 앞에 모여 줄을 맞춰 함께 수도원으로 돌아왔다. 기숙사에 들어서는 우리를 제일 먼저 맞이한 것은 '우리들은 촛대 위의 등불이 되자'라는 글귀가 적힌 현판이었다. 촛대 위의 등불, 그 빛은 자신이 아닌 다른 이들을 위한 빛이었다. 우리는 자신의 빛으로 주위를 밝히기 위해 선한 행실과 진실한 마음가짐 그리고 믿음과 절제와 겸양을 생활화하며 자신을 가꾸었다.

기숙사에서 우리는 특별 수업을 받기도 했다. 성경 공부는 말할 나위 없고, 라틴어도 배웠다. 라틴어로 그레고리오 성가를 부를 때면 그 장엄함에 흠뻑 빠져들어 하느님께 한 발 더 가까이 다가선 듯한 벅찬 감동을 느끼곤 했다.

하지만 일상생활에서 전혀 쓰지 않는 낯선 언어를 공부하기란 쉽지 않았다. 힘들게 배운 라틴어는 그때의 감동만 아련한 그림자로 남겨놓은 채 아쉽게도 기억 뒤편으로 거의 사라져버렸다. 그리고 그 시절을 함께했던 친구들과 옛일을 떠올릴 때 간혹 떠오르는 파편화된 언어로만 남아 있을 뿐이다.

기숙사의 겨울은 혹독한 정신무장이 필요했다. 서양식으로 지어진 기숙사는 스팀으로 난방을 했는데, 차가운 침대 속으로 들어갈 때면 한기 때문에 소름이 돋았다. 수많은 창문에서 스며 나오는 찬 기운을 피하느라 이불을 머리끝까지 당겨 덮은 채 잠을 재촉하다 보면 어느새 침대가 자신의 체온으로 서서히 따뜻해졌다.

당연히 온수도 없었다. 지하에서 올라온 물이라 덜 차가운 편이었지만, 여린 손발은 곧잘 텄고 동상으로 고생하는 아이들도 있었다. 그런데 단 하나 예외인 곳이 있었다. 바로 자습실이라 부르던 공부방이었다. 사생들이 추워서 공부를 하지 못하는 일이 없도록 공부방에는 19공탄이 들어가는 커다란 연탄난로가 두 개 놓여 있었다.

훈훈한 방 안에서 공부를 하다 보면 얼었던 몸이 풀려 저절로 졸음이 쏟아지곤 했다. 우리는 가끔 난로 위 주전자 속에 감자를 넣고 쪄먹었다. 허락을 받고 가져온 것은 아니었지만, 수도원 밭에서 기른 감자는 다른 부식품에 비하면 넉넉한 편이어서 창고에서 꺼내와도 주방 수녀님이 눈감아주었다.

책 속에 빠져 있다 잠깐 고개를 들었을 때 창 너머 수도원 첨탑 위에 쌓이는 눈을 보고, 침묵의 시간인 것도 잊은 채 탄성을 터뜨리곤 했다. 쉼 없이 내리는 눈은 알 수 없는 것에 대한 그리움과 막연한 동경, 그리고 까닭 없는 슬픔으로 소년들을 하염없는 상념에 빠져들게 했다.

취침 시간, 침대에 누워 잠을 청하면 마지막 기차가 길게 기적 소리를 내며 왜관역으로 들어오는 소리가 들렸다. 고등학교를 졸업할 때까지 기차를 타본 적이 없던 나는 그 소리를 들으며 수도원이 아닌 다른 세상을 상상해 보기도 했지만, 보지 못한 세상은 상상하는 것조차 막연했다.

푸르스름한 달빛이 얇은 커튼을 통해 스며들면, 마음 여린 어느 소년이 부모를 그리워하며 훌쩍대는 소리가 어둠 속에서 간간이 들려왔다. 강 건너에 계시는 나이 많은 부모님 모습이 떠오르면 저절로 눈자위가 뻐근해져서 어둠 속에서 눈을 부릅뜨고 이를 악물었다. 전화가 귀하던 시절이라 목소리조차 들을 수 없었으므로 아무리 그립고 외롭고 힘들어도 홀로 견디고 이겨내야 했다. 부모형제는 물론, 학교를 다니는 것 외에는 세상과 격리된 채 하느님을 향한 경외심으로 몸과 마음을 단련하던 날들이었다. 꿈과 희망이 있던 참으로 순수한 시절이었다.

촛대 위의 등불이 되자

중·고등학교 6년, 중요한 성장기에 내 영혼과 육체를 키워주었던 기숙사를 떠올리면 언제나 마음이 애틋해진다. 성 마오로 기숙사가 1984년, 27기를 마지막으로 문을 닫아 더 이상 후배가 나오지 않기 때문이다. 많은 이유가 있지만 가장 큰 원인은 거주지 우선 배정 방식으로 입학이 결정되는 고교 평준화 시책 때문이었다고 생각한다. 내가 다니던 때만 해도 전국 각지에서 사제를 꿈꾸던 소년들이 모여들었는데, 학교를 마음대로 선택할 수가 없게 되었으니 사제를 꿈꾼다 하더라도 다른 지역에 사는 학생들은 올 수 없게 된 것이다.

외국 원조도 끊겨 운영이 힘들어지게 되면서 1984년 12월 29일, 전쟁의 폐허 속에서 문을 연 성마오로 기숙사는 문을 닫게 되었다. 우리 몸과 마음을 품어주었던 마오로관만이 남아 그 시절을 증언하면서 지금은 수도원 지원자들과 손님들을 위한 공간으로 사용되고 있다.

그동안 배출된 기숙사 동문들은 300여 명이 넘는데, 그중에는 사제의 길을 걷고 있는 사람이 많다. 성베네딕도 수도원 교구만 하더라도 이덕근 전 아빠스 님과 현 이형우 아빠스 님, 김종필 원장 신부님, 석전성당 김태규 신부님, 왜관성당 고건상 신부님, 순심재단 이사장인 신동성당의 서경윤·강덕형·박대종 신부님, 순심중학교 교장이신 김종혁·박근배 신부님과 대구교구 이응욱·장영일 신부님 등이 있다. 목사가 된 분들도 계시니, 많은 숫자가 성직자의 길을 가고 있는 셈이다.

14기인 나는 거의 중간 그룹이라 할 수 있다. 13명이 입학했던 우리 기에서는 김종필·김종기 신부가 배출되어 사제 활동을 훌륭하게 수행하고 있다. 애초부터 신부가 되기 위해 고등학교 때 마오로를 찾아왔던 김종필 신부는 그 집안이 우리나라 천주교 역사와 같이할 만큼 뿌리 깊

■ 중요한 성장기에 내 영혼과 육체를 키워주었던 성마오로 기숙사를 떠올리면 마음이 애틋해진다.

은 천주교 신자였다.

나와 함께 중학교에 입학해 고등학교를 졸업한 친구로는 백영호·박훈·김종기가 있는데, 그중 김종기는 사제가 되는 길이 생각처럼 순탄치 않았다. 부랑자들을 위한 쉼터를 운영하는 등, 온몸으로 사랑을 실천하다가 마침내 사제복을 입게 되었을 때 그 감격으로 몸이 떨렸다고 했다. 김종기는 경기도 파주 예수성심전교수련회 수사 신부로 지금도 어려운 사람들을 위해 사랑을 실천하고 있다.

성마오로 기숙사는 요즘 들어 활발해진 우리나라 특수교육의 출발점이 아니었을까 싶다. 하지만 지금처럼 좋은 대학을 가기 위한 학력 위주의 공부가 아니라, 인성교육과 전인교육에 주안점을 둔 곳이었다.

우리는 음악·미술·체육 등 여러 분야의 공부를 접할 수 있었다. 학생들의 체력단련을 위한 운동시설은 물론이고, 온갖 종류의 악기가 있었으며, 도서관에는 책들이 빼곡하니 꽂혀 있었다. 운동을 좋아한 친구들은 운동기구 앞에서 떠날 줄 몰랐고, 틈만 나면 피아노 건반을 열심히 두들기던 친구도 있었다. 나는 한동안 소설에 푹 빠져 지냈다.

기숙사에서는 일찌감치 영어 상용화 교육을 했다. 정해진 날에는 기숙사 안에서 영어만 쓰도록 한 것이다. 그래서인지 외국 한 번 나가지 않아도 뛰어난 영어 실력을 갖춘 선배들이 제법 있었다. 영어 상용 규칙을 어기면 목에 'Speak in English'라는 명패를 거는 벌이 주어졌다. 침묵 시간을 어기면 'Be quiet'라는 명패를 걸어야 하는 벌을 받았는데, 운이 나쁘면 명패를 두 개 걸고 다녀야 했다.

그러나 영어 공부 방송은 꿈도 꾸지 못했던 시절, 학원조차 없는 시골에서 학교 교육만으로 영어회화를 잘하기란 어려운 일이었다. 실력이 안 되면 아예 하루 종일 침묵하고 있을 수밖에 없었던 소년들이 더 많았기에 영어 상용화 교육은 어느 사이엔가 없어지고 말았다.

성 베네딕도 수도원은 우리나라 기록사로도 중요한 역할을 했다. 독일 성 베네딕도회 오틸리엔 연합회 총 아빠스였던 노르베르트 베버 신부가 남긴 〈고요한 아침의 나라에서〉라는 무성영화가 바로 그것이다. 1908년 성 베네딕도회가 한국 진출을 결정하고 1911년 베버 신부가 넉 달간 한국을 방문했을 때, 그는 동양에 이토록 발달한 문화를 가진 나라가 있다는 사실에 매우 놀랐다고 한다. 그리하여 독일로 돌아가자마자 《고요한 아침의 나라에서》라는 책을 썼고, 1925년 두 번째로 한국을 방문했을 때는 영사기를 준비해 와서 영화를 찍었다.

베버 신부는 미술사적으로도 중요한 기여를 했다. 일본의 약탈을 피해 조선의 귀한 자료를 보존하느라 애썼던 신부는 겸재 정선의 화첩을 독일에 가져가 수도원에 보관했다. 조선의 긍지와 주체성이 강하게 표현된 겸재의 그림이 독일 수도원에 있다는 사실을 처음 발견한 사람은 한국인 선지원 신부였다. 미국측이 팔라고 거액을 제시했지만, 수도원은 선 신부의 간곡한 부탁을 받아들여 2005년 영구임대 형식으로 한국에 무상으로 돌려주었다. 겸재의 화첩은 왜관 베네딕도 수도원이 소중히 보관하다가 지금은 국립박물관에 전시되어 있다.

베버 신부가 촬영한 〈고요한 아침의 나라에서〉라는 무성영화가 우리나라에 알려진 것은, 2009년 텔레비전에 방영되고 나서이다. 100년 전 우리 조상들의 모습이 어제처럼 생생해 많은 사람들을 놀라게 했던 그 필름을 한국으로 가져와 118분짜리 DVD로 만들어 세상에 내놓은 분은 임인덕 세바스찬 독일인 신부님이다. 내가 고등학교 2학년 때 이동호 사감 신부님이 수도원장이 되자 그 후임으로 오신 신부님이다.

1966년에 처음 한국에 오신 임 신부님은 한국에 대한 애정이 남달랐고, 탈권위적이고 개혁적이어서 당시 우리가 접해 보지 못했던 새로운 사상을 접하게 해주어 지금도 우리들로부터 존경을 받고 있다. 임 신부님과 그 전후로 기숙사를 책임졌던 여러 사감 신부님들, 그 시절을 함께 했던 기숙사생들은 아직도 그 시절을 생생하게 기억하고 있다.

이제 성마오로 기숙사는 역사의 뒤안길로 사라졌지만, 순심중·고등학교는 여전히 왜관을 지키며 훌륭한 후배들을 배출하고 있다. 나는 순심고등학교 총학생회장을 지냈고 행정고시에 최초로 합격한 선배라는 기록을 갖고 있는 만큼 마음 한쪽에 늘 모교에 대한 책임감을 갖게 된다.

순심의 친구들 중에는 모교뿐만이 아니라, 낳고 길러준 땅과 나아가 모든 사람들에게도 책임감을 가져야 한다고 몸소 실천하며 가르쳐주는 친구가 있다. 수사 생활을 하다 출가하여 스님이 된 각원사 주지 전찬수다. 그는 자신의 간과 신장을 전혀 알지 못하는 사람에게 기꺼이 내줌으로써 인간에 대한 사랑과 책임이 어떤 것인지를 보여주었다.

성마오로 기숙사는 1957년부터 27년간 수많은 성직자와 교회 봉사자, 학계 인사들을 배출했다.

성직자로는 베네딕도수도회 이형우·이덕근 아빠스 님을 비롯해 김구인, 서경윤, 김민수, 박대종, 정학근, 김광남, 이종철, 최준웅, 황태웅, 김진화, 강덕행, 함정태, 윤기국, 하용달, 김태규, 고건상, 박영식, 김경희, 김정수, 조영희, 조규식, 석찬귀, 김종기, 김종필, 이웅욱, 박근배, 정양현, 이기정, 김석중, 장영일, 이재만, 김재철, 박상호, 박준환, 이준건, 서영필, 권상목, 이영재 신부님 등이 현재 활동하고 계시다.

관계에서는 철도청장과 건설교통부 차관을 지낸 김세호, 정보통신정책연구원장을 지내고 KT 부회장으로 있는 석호익, 의료계에서는 이호, 이충열, 박수암 등이 의사로 활동하고 있다.

학계에서는 광운대 총장을 지낸 강준길, 서울대 박효종, 이화여대 정하영, 부산대 백영호, 서울시립대 임종성, 성균관대 최성훈, 김정구, 충북대 박윤일, 경남대 김영국, 서울대 건설산업최고위과정 김종섭, 순심중·고교장 함정호 교수 등이 있다.

그리고 업계 등에서는 추숭이, 김성진, 정봉덕, 장호면, 도성화, 권오광, 정동일 등이 있고 법조계에는 주경삼·남승희 변호사 등이 있다.

기숙사 사감은 학생들과 숙식을 함께하며 영성 지도와 생활 지도를 맡아주신 분들인데, 1대 황춘홍 다미아노 신부님, 2대 서상우 요왕 신부님(1995년 선종), 3대 이동식 베네딕도 신부님(2008년 선종), 4대 이동호 블라치노 아빠스 님(2006년 선종), 5대 임인덕 세바스찬 신부님, 6대 박대종 디오니시오 신부님, 7대 정현재 베드로 수사님, 8대 고건상 멜키올 신부님, 9대 함정태 가시아노 신부님이 계신다. —《성마오로의 꿈과 소망》에서 인용 및 편집

숲 속의 두 갈래 길

새는 알에서 깨어나야 한다

고등학교 2학년이 되었을 때 중학교와 고등학교를 분리하여 운영하도록 교육법이 바뀌었다. 그에 따라 수도원 바로 앞에 있던 순심중·고등학교 건물은 중학생들에게 내주고 우리는 순심여중·고였던 건물로 이사를 갔다. 같은 교정에서 여학생들과 같이 공부하게 된다는 것은 이성에 대한 호기심이 왕성하던 나이의 소년들에게는 자못 가슴 설레는 일이었다.

가족을 떠나 남자들끼리 생활하던 기숙사생들에게는 특히 더 그랬다. 똑같은 교복에 까까머리였는데도 세면대에서 보내는 시간이 길어졌고, 등교 직전에 거울을 보는 소년들이 부쩍 늘었다.

그즈음 조중화 교장선생님과 김선각 교감선생님, 그리고 3학년 때 교감이 되신 정경자 수녀님, 이성환·김효선·곽종학 선생님 등이 주축이 되어 학교를 운영했는데, 남녀공학이라는 점을 이용해 성적을 올리기 위한 특별 충격요법을 썼다. 시험이 끝난 뒤 아침 조회 시간에 상위권 학생들의 성적을 발표한 것이었다.

2학년 1학기 중간고사 결과를 발표하는 날, 거슬러 올라가는 방법으로 한 명씩 이름을 부르기 시작했다. 모두의 관심사라 떠들던 아이들도

입을 다물어, 교내는 쥐죽은 듯 조용해졌다. 마침내 전교 3등의 이름이 불려졌다. 아무개, 평균 87점. 전교 2등, 89점. 이어 전교 1등이 발표됐다. 석호익, 평균 98점.

순간 여학생들 사이에서 환호성이 터져나왔다. 1등과 2등의 점수 차가 워낙 컸기 때문이다. 처음 전교생 앞에서 성적이 발표되긴 했지만, 중학교 시절부터 나는 모든 과목이 거의 만점이었다.

여학생들은 남학생들과 달리 반응이 즉각적이고 강렬했다. 그러한 반응이 당황스러웠지만 싫을 리 없었다. 난생처음 받아 보는 환호성에 우쭐대고 싶은 마음도 들었다. 첫인상을 워낙 강하게 심어준 탓에 그 후 나를 알아보는 여학생들이 많았고 호의적인 시선을 느낄 수 있었다.

그 바람에 나는 선생님과 학생들 사이에서 유명 인사가 되었다. 중학교 시절부터 장영옥·정성석·장영국·송석환·장영복 선생님은 다른 학급에 가서 내가 공부도 잘하고 겸손한 데다 남에 대한 배려심도 많다고 칭찬을 많이 하셨다고 한다.

순심에서는 성적순으로 반을 편성했는데, 그러다 보니 나는 6년 동안 늘 1반이었다. 나와 주로 같은 반이었던 이상인은 그때나 지금이나 내게 진심을 다해 주는 친구다. 같은 반을 많이 했던 친구로는 김강욱·김성환·성일용 등이 있는데, 앞자리에 앉았던 나와 키가 비슷해 친하게 지냈다. 이들은 머리가 좋은 데다 재치가 있고 장난기도 많아 친구들을 즐겁게 했지만 그 바람에 선생님께 더러 혼나기도 했다.

나는 책을 좋아해서 점심시간은 물론이고 틈만 나면 도서관으로 달려갔는데, 남녀공학이 된 뒤로 도서관은 여학생 반 바로 옆에 있었다. 그래서 지나가려면 여학생들의 시선을 견뎌낼 각오를 단단히 해야 했다. 창문 너머 바라보는 짓궂은 시선을 수줍음이 많은 남학생은 견뎌내질 못했던 반면, 배짱이 두둑한 아이들은 일부러 도서관을 더 찾기도 했다.

■ 같은 교정에서 여학생들과 같이 공부하게 된다는 것은 자못 가슴 설레는 일이었다.

　지금은 시인이 된 이동진과 윤영학도 도서관을 종종 찾았던 학생 중 한 명이다. 도서관에는 사서로 일하던 배영희라는 여학생이 있었다. 조용한 성품으로 항상 책을 읽고 있었는데 나보다 한 학년 아래였다.
　그러던 어느 날부터인가 나는 도서관을 갈 수 없었다. 학생회장 선거에 출마하게 되었던 것이다. 그때까지 나는 남들과 어울리기보다는 나만의 세계에 빠져 있기를 더 좋아하던 아이였다. 친구들과 어울리기보다 책 속에 파묻혀 있는 것이 편했고, 일상생활에는 거의 관심이 없었다. 엄격하고 절제된 수도원 생활이 이런 나의 성격과 맞물려 얼마간 나를 자폐적으로 만들었는지도 모른다.
　그런데 뜻밖에 마오로 기숙사 동기인 백영호와 이상익 선배가 내게 학생회장 선거에 출마하라고 권했다. 전혀 생각지 않았던 일이라 대답을 얼른 하지 못했다. 그러나 이 새로운 도전이 책에서도 다 해결하지 못한 갈증을 풀어줄지 모른다는 생각이 들었다.

내가 결심을 하자 기숙사 동문들이 움직이기 시작했다. 특히 한 해 위인 이상익·채헌기 선배와 기숙사 총급장 일을 맡고 있던 동기 백영호와 부급장 박훈을 위시해 고영환, 권숙윤, 김영국, 김영태, 김종기, 김종필, 김종해, 서창화, 이기원, 정학용, 최창용, 최태해 등이 한마음으로 뭉쳐 자기 일처럼 나를 도와주었다.

이상익 선배는 3학년을 책임졌는데, 성품이 호탕하고 넉넉해 기숙사생들뿐 아니라 학교 친구들과도 폭넓은 교우 관계를 맺고 있었다. 이 선배는 독특한 억양으로 '일단 한번 찍어 바~여!'라는 짧지만 유머러스한 구호로 사람들의 마음을 사로잡았다.

채헌기 선배는 약간 천재성의 괴팍함이 있었는데, 원만한 성격이 아니다 보니 사람들을 모으는 데는 별로 도움이 되지 않았지만 객관적인 시선으로 전략을 짜는 중요한 역할을 했다. 채 선배는 후일 내가 행정고시 공부를 시작하자 일주일이 멀다 하고 대구 인근의 고시촌인 평강동에 찾아와 몸을 보하는 약을 주고 가거나 밥을 사주며 내 건강을 챙겨주었다.

백영호는 더 열심이었다. 철들기 전부터 신부가 되고 싶어 스스로 성마오로 기숙사를 찾아왔다는 영호는 봉사하는 것을 좋아해 드러내지 않고 궂은일을 도맡아 했다. 성격도 활달해 친구들도 많았고 못하는 운동이 없었다. 영호는 초등학교 4학년 때 성당 복사 일을 맡게 되자, 새벽에 일어나 20리 길을 달려가 미사에 참례했다고 한다. 그러나 사제는 되지 못하고 나중에 부산대학교 학장이 되었다.

기숙사 식구들이 다 내 편이 되어 준다 해도 30명 남짓밖에 안 되었으므로 일반 학생들에게 나를 알려야 했다. 이 일에는 나중에 안양 근명여자정보고등학교 교장이 된 황광수가 도움을 주었다. 황광수는 친구들 사이에 인기가 있었다. 훤칠한 키에 남자다운 외모, 듣기 좋은 저음의 목소리에 노래도 잘 불렀는데 졸업 후 한때 가수 활동을 했을 정도로 실력도 수준급이었다. 글도 잘 쓰고 웅변도 잘했던 광수는 출마 발표문을 써주었는가 하면 대중을 사로잡는 웅변이 어떤 건지 코치도 해주었다.

학원을 다닌 적도 없었지만 나는 6년 동안 모든 과목이 '수'였다. 학과는 노력 덕분이었지만, 예능 과목은 개인교습을 받은 것이나 다름없었다. 음악은 황광수, 체육은 백영호, 미술 실기 요령은 지금 성균관대 교수이며 동양화가로 이름을 날리고 있는 최성훈이 도와주었기 때문이다. 생각해 보니 항상 그랬던 것 같다. 필요하면 언제나 남을 위해 자신을 내어줄 준비가 되어 있던 친구들과 선배, 그리고 후배들, 그들은 나의 또 다른 스승이었다.

그러던 어느 날 이동호 사감 신부님이 부른다는 연락을 받았다. 신부님은 부모형제를 떠나 지내는 우리에게 엄격한 아버지 역할을 했는데, 쉽게 속내를 드러내던 분이 아니었다. 하지만 나는 그분의 따뜻한 속마음을 느낄 수 있었다.

사감 신부님 방문을 두드리자 들어오라는 목소리가 들렸다. 책상 앞에 앉아 무언가를 하고 계시던 신부님은 나를 시더니 하시던 일을 멈추었다. 나는 책상 앞에 서서 말씀을 기다렸다. 천천히 입을 뗀 신부님의 목소리는 부드러웠다.

"학생회장에 출마하기로 했다고?"

역시 그 때문이었다. 내가 말씀드리기 전에 신부님이 먼저 알고 부른 것이 죄송했다. 신부님은 책상 서랍을 열고 하얀 봉투를 꺼내 탁자 위에 올려놓았다.

"필요한 데 써라."

전혀 예상치 못한 일이었다. 신부님은 나를 향한 시선을 거두시더니 밀쳐두었던 서류를 펴고, 다시 일을 계속하셨다. 가슴이 뭉클해졌다.

사감 신부님 방문을 닫고 나오는데 손에 들린 봉투가 더없이 따뜻하게 느껴졌다. 나는 봉투째 백영호에게 주었다. 대가를 바라지 않고 순수한 마음으로 동분서주하고 있는 친구들에게 더없이 미안하던 터였다. 친구들에게 간식 값이라도 줄 수 있게 되어 다행이라는 생각이 들자 신부님의 마음씀씀이가 그렇게 고마울 수가 없었다.

학생회장에 출마했을 때 기숙사 동기뿐만이 아니라 강영석, 공병덕, 김장선, 곽기봉, 권찬기, 김수열, 권덕오, 박수홍, 김주동, 김일문, 노종규, 박봉철, 박종기, 박희대, 박노홍, 박종달, 배철우, 백광현, 손왕규, 여상철, 윤영학, 윤남규, 이상인, 이상일, 이병렬, 이석태, 이동진, 이병묵, 이병목, 이태호, 이영수, 장극덕, 장원규, 장길식, 장후식, 정임수, 장원규, 장윤기, 진성열, 최경용 등 많은 친구들이 나를 도와주었다. 회장 출마자는 나와 김상열, 박선태, 손유해 4명이었다.

친구들은 나를 학생회장으로 만들기 위해 나보다 더 열심히 뛰어다녔고 수도원에서도 많은 배려를 해주었다. 그것도 선거운동이라고, 만나야 할 사람들이 많다 보니 귀가 시간을 지키기 어렵다는 것을 이해해 주었다.

마침내 투표일이 되었다. 나는 압도적인 지지를 받고 당선되었다. 여학생들의 몰표 덕분이었다. 김해숙, 이영희, 윤승희, 김영희, 강옥석, 이상석, 손인순, 권원선, 석경애, 박정희, 이현옥, 김정선 등이 특히 힘을 써주었다. 내가 당선된 것이긴 하지만, 그것은 나를 도와 몸을 사리지 않고 뛰어다닌 친구들에게 표를 찍은 것이라고 생각한다.

친구들의 도움으로 당선된 순심고등학교 총학생회장 역할은 책임진다는 것의 의미, 이상과 현실의 괴리, 다양한 의견조절 능력 같은, 책에서는 배울 수 없는 새로운 경험을 할 수 있는 소중한 기회를 주었다.

맡은 일에 마음을 다하라

학생회장이 된 뒤로는 기숙사 귀가 시간이 자유로워졌다. 사실 학생회장이 하는 일이라고 해봐야 그다지 대단할 것은 없었다. 그러나 나에게는 국가 중대사 이상으로 중요한 일처럼 여겨졌다. 학생회장을 맡은 만큼 완벽하게 해야 할 의무가 있다고 생각했다. 그렇지 못한다면 남이 무어라 하기 전에 내가 나 자신을 용서할 수 없었다.

나는 맡은 일에 온몸과 마음을 다했다. 크고 작은 학교 행사는 물론, 소풍 가는 곳을 선정하는 것 하나도 신중을 기했다. 학생회에서 치열한 토론을 거쳐 후보지가 정해지면 반드시 사전답사를 했다. 일어날 수 있는 문제들을 예상하고 그에 따른 대비책을 마련해 문제가 일어나지 않도록 만전을 기했다.

당시엔 학도호국단이 있었는데, 대대장은 진성열이었고 규율부장은 곽기봉이었다. 학생회 부회장은 김해숙이라는 여학생이 맡고 있었는데, 동급생이긴 했지만 우리는 말을 낮추지 않고 서로 경어를 썼.

학생회 문제로 만날 때 우리가 주로 만났던 장소는 과학실습실 앞이었다. 남학생 반도 여학생 반도 아닌 중립 지역이었기 때문이다. 학교 건물 구조는 기역자로 꺾여 한쪽 끝은 여학생 반이었고 다른 한쪽 끝은 남학생 반이었다. 꺾어지는 중간에는 교장실과 교무실, 과학실이 있었으므로 열려 있는 공간인 셈이다. 과학실습실 앞에서 만나 이야기를 나눌 때면 김해숙은 나보다 항상 계단 한두 칸 아래 서 있었다. 나를 내려다보는 모양새를 피하려는 무언의 배려였을 것이다.

김해숙은 흰 피부에 이목구비가 뚜렷했고 가냘픈 몸매에 키가 큰 편인 데다 성적도 우수하여 남학생들 사이에서 인기가 많았다. 대학 시절에는 왜관 성당에서 주일학교 교사를 하기도 했고, 대학을 졸업한 후에는 모교인 순심고등학교에 몸을 담았다가 지금은 서울에서 교직 생활을 하며 동문 선배와 결혼하여 행복하게 살고 있다.

학생 신분으로 할 수 있는 일은 한계가 있었지만, 내가 학생회장으로 있는 동안은 순심을 최고의 학교로 만들고 싶었다. 그래서 최소한 깨끗한 면학 분위기 조성을 위해 학교 안에서는 담배를 피우지 못한다는 규칙을 내걸었다. 당시에는 서부영화가 인기 있었는데 서부의 무법자들은 하나같이 담배를 멋있게 물고 있어서 소년들은 겉멋으로라도 담배를 물고 다니던 때였다. 지키기 어려운 규칙이라며 친구들은 한사코 나를 만류했다.

나는 지킬 수 없는 약속이라면 처음부터 해서는 안 되며 한 말에 대해서는 책임을 져야 한다고 생각했다. 교칙에도 학생 흡연은 금지 조항이었다. 학생회장이 제재할 권한은 없었지만, 그 핑계로 선생님들에게 떠맡기고 등 뒤로 숨을 생각은 없었다.

나는 교내에서 담배 피우는 학생들을 직접 단속하기 시작했다. 담배는 주로 화장실이나 학교 뒤편 으슥한 곳에서 피우게 되므로 쉬는 시간이나 점심시간이면 그런 곳을 돌아다니다 눈에 띄는 대로 혼을 냈다. 처음에는 전시용이나 공연히 해보는 엄포 정도로 생각했겠지만, 내가 워낙 집요하고 강하게 나가자 아이들은 질려서인지 조심하기 시작했다.

그러던 어느 날, 학교 뒤에서 담배 피우는 친구들과 정면으로 맞닥뜨렸다. 서너 명 정도 되었다.

"학교에서 담배 피우는 것은 금지되어 있다는 거 몰라?"

나는 처음부터 강하게 밀어붙였다. 그들은 처음엔 움찔했지만 이내 내가 혼자라는 것을 알자 가소롭다는 표정을 지었다.

"그래서?"

"당장 담배 꺼!"

동급생 이태호가 빙글빙글 웃으며 내 앞으로 다가섰다. 나보다 목 하나는 더 큰 키였고 덩치도 내 두 배는 됨직했다.

"못 끄겠다면?"

태호는 나를 내려다보며 보란 듯이 담배를 한 모금 맛있게 빨았다. 나는 즉각 손을 뻗어 입에 물고 있던 담배를 빼앗았다. 전혀 예상치 못했을 나의 행동에 놀라 태호는 연기를 뱉어낼 생각도 못하고 순간 멈칫했다. 나는 가차없이 그 담배를 부러뜨리고 발로 밟으며 단호하게 말했다.

"한 번 더 담배를 피우다가 내 눈에 뜨이면 정학 처리하겠어!"

워낙 세게 나오니까 순간 당황한 듯했지만 태호는 이내 얼굴이 험악해지더니 으르렁거리듯 말했다.

"이 새끼, 네가 뭔데? 네가 선생이나 돼?"

금방이라도 그의 커다란 주먹이 날아올 듯했다. 그러나 나는 물러서기는커녕 한 발 더 다가가서 바로 코앞에 바투 서서 그를 올려다보며 잘라 말했다.

"내가 너를 정학 처리할 수 있는지 없는지는 원한다면 확실하게 보여주지. 그러나 이번은 처음이니까 봐주겠다는 거야."

태호 뒤에 서 있던 다른 녀석들이 슬그머니 담배를 바닥에 버리고 발로 비비는 것이 보였다.

"알았어? 용서는 이번 한 번뿐이야."

나는 확실하게 못을 박아 놓고 돌아섰다. 등 뒤에서 살벌한 말이 날아왔다.

"네가 언제까지 학생회장 할 줄 알아? 졸업할 때 보자. 이 왜관 바닥을 네 발로 무사히 나가지 못할 테니. 앞으로 뒤를 조심해야 할 거야."

"얼마든지! 그럴 자신만 있다면. 하지만 뒤에 보자는 놈치고 무서운 놈 못 봤는데."

흥, 나는 고개 돌려 웃어 주었다.

뒷날 그들은 말했다. 턱밑에서 고개를 꼿꼿이 쳐들고 있던 내 눈에서 불이 이글대며 타오르는 듯했다고.

나는 내가 옳다고 확신했기에 당당할 수 있었다. 그 당당함은 상대에게도 읽혔을 테고, 상대는 그 기세에 눌렸을 것이다. 그것을 만회하는 방법으로 완력을 동원하기도 하지만 반드시 다 통하는 것은 아니다. 상대를 제압하는 것은 물리적인 힘보다 더 우위에 있는 바로 정의라는 이름의 힘이라고 나는 생각한다. 그것은 청소년기 전부를 보냈던 수도원 기숙사에서 온몸으로 체득하며 형성되어 온 정신이었다.

졸업을 앞둔 크리스마스 전날, 나는 태호의 초대를 받았다. 이제 졸업하면 모두 헤어지고 다시 만나기도 어려울 텐데 마지막 정이라도 나누자는 것이었다. 수도원에서 크리스마스는 가장 중요한 날 중 하나였고, 특히 자정 미사는 반드시 참석해야 했다. 기숙사생들은 성가 연습과 성탄절 준비를 하느라 모두 바빴다. 이 날은 다른 일은 모두 다음으로 미루는 게 당연했다.

그러나 초대를 받은 순간 '졸업할 때 두고 보자' 라던 그의 말이 떠올랐다. 피하기 위해 핑계를 대는 것 같아서 가겠다고 했다. 태호가 말해 주었던 중국집은 왜관역 부근 으슥한 뒷골목에 있었다. 문 입구에 붉은 등이 걸린 중국집을 들어가 보는 것 자체가 그날 처음이었지만 기죽지 않으려 더 가슴을 폈다.

안내받아 들어간 방 안에는 배갈과 중국요리를 앞에 두고 예닐곱 명이 앉아 있었는데 다 아는 얼굴이었다. 전국체전에서 단거리 선수로 경상북도 대표선수로 나가 1등을 했던 최경용도 보였다. 운동신경이 남달라 육상이나 구기 종목 모두에서 탁월한 실력을 보여주었고, 신의와 의리가 있어 좋아하는 친구들이 많은 친구였다. 그는 후일 단거리 분야 경상북도 대표선수 생활을 마친 뒤 경북 체육계를 이끌어왔으며, 경북육상연맹 회장을 지내기도 했다.

이시준, 진성열도 있었고 미리 이야기를 해두었던 백영호도 와 있었다. 내가 들어서자 "여어!" 하며 태호가 반갑게 소리치며 손을 들었다. 태호는 자기 옆에 내 자리를 만들었다. 한가운데 포위하듯 에워싼 자리였다. 태호의 손가락 사이에는 담배가 꽂혀 있었다. 그는 보란 듯이 담배를 깊숙이 빨더니 연기를 뱉어냈다. 그리고 껄껄 웃으며 말했다.

"또 뭐라 잔소리라도 한 번 하고 싶은 얼굴인데?"

그리고 잔을 내 앞에 놓더니 배갈을 철철 넘치도록 부었다.

"자자, 이제 우리도 어른이 되는 건데 기념하지 않을 수 있나. 헤어지기 전에 술잔이나 같이 나눠 봐야지. 근데 이 술은 배갈이라는 건데 처음 마시면 좀 독할 거야."

누군가 배갈이 얼마나 독한 술인지 보여주겠다며 탁자 위에 약간 부어 놓고 성냥을 그어 불을 붙였다. 순식간에 불이 활활 타올랐다. 불꽃의 파란 빛이 싸늘했다.

나는 잔을 들었다. 떠들썩하던 방 안이 일시에 조용해졌다. 그들에게 절대 지고 싶지 않았고 약한 모습을 보여주고 싶지도 않았다. 나는 술잔을 단숨에 입 안에 털어 부었다. 술이 입 안에 들어가자 목구멍에서 불이 활활 타오르는 듯한 느낌이 들었다.

간신히 표정을 갈무리하고는 잔을 옆자리 친구에게 돌리고 술을 따라주었다. 그도 질세라 단숨에 들이마셨다. 다시 잔이 내게 왔다. 뜨거운 불덩어리가 목에서 식도를 타고 위장으로 흘러들어가는 것이 고스란히 느껴졌다. 그러나 세 번째 잔부터는 감각이 조금씩 무뎌졌다.

"어쭈, 제법인데."

내 기를 꺾어 보려 했던 그들 앞에서 나는 주는 술을 모두 받아 마셨다. 방바닥에는 빈 배갈 병들이 하나 둘 늘어 갔다. 한 번도 마다하지 않고 술을 받아 마시자 친구들 입에서 감탄의 소리가 터져 나왔다.

"야, 이 자식, 이제 보니 뒤로 호박씨 까고 다닌 거 아냐? 책만 파고드는 샌님인 줄 알았더니 이거 순 술꾼이잖아."

거친 말투지만 따뜻한 정이 느껴졌다. 처음엔 기싸움으로 시작했지만 주거니 받거니 오가는 술잔으로 그동안 남아 있었을 감정의 찌꺼기는 완전히 사라져 버렸다. 이제 곧 졸업할 것이고 사회에 나가면 서로 밀고 당겨 주며 살아가야 할 우리는 동문인 것이다. 누군가 부르는 노래 소리에 젓가락으로 장단을 맞추는 사이 다들 취해 갔다. 태호는 내 어깨를 툭툭 치며 호탕하게 말했다.

"학생회장 하느라 수고했어. 좀 건방지긴 했지만 그래도 훌륭한 회장이었던 건 인정해 주지."

그날이 내가 처음으로 술을 입에 댄 날이었다. 기숙사에서 부활절에 나온 독일 맥주를 맛본 적은 있었지만 술이란 개념으로 마셨던 것은 아니었기 때문이다.

초저녁부터 시작한 술자리였지만 9시가 넘어 수도원으로 돌아왔다. 중국집을 나서자 12월의 밤바람이 살을 에는 듯 차가웠다. 목에 두른 하얀 목도리에 얼굴을 파묻었다. 며칠 전에 후배 신순옥이 크리스마스 선물이라며 전해준 목도리였다.

안목이 없는 내가 봐도 솜씨 있게 잘 뜬 목도리였는데, 옷이 부실했던 내게 큰 도움이 된 선물이었다. 그 시절의 겨울은 지금보다 더 춥고 길었지만, 대부분 코트를 갖춰 입을 형편이 아니었으므로 겨울을 지내기가 몹시 힘들었다. 나는 그 후로 꽤 긴 세월 동안 그 목도리와 함께 겨울을 지냈지만, 신순옥은 수도원을 떠난 후 다시는 만나지 못했다.

까까머리에 찬바람이 스쳐지나갔다. 정신이 번쩍 들며 술이 한결 깨는 것 같았다. 수도원으로 돌아와 보니 모두 성당으로 갔는지 기숙사가 조용했다. 늦은 귀가를 보고하기 위해 사감 신부님 방으로 먼저 갔다. 권위적인 것을 싫어하시는 임 신부님은 누구나 들어올 수 있게 언제나 문을 열어 두셨다.

신부님은 안 계셨다. 잠시 앉아 신부님을 기다렸다. 차가운 바람을 맞은 뒤라 방 안이 더욱 훈훈하게 느껴졌다. 몸이 녹기 시작하자 긴장이 풀린 탓인지 그때까지 끄떡없던 술이 별안간 오르기 시작했다. 얼굴이 온통 불덩이처럼 달아오르면서 방 안이 빙빙 돌기 시작했다. 눈꺼풀이 무거워져 그냥 있다가는 쓰러져 정신을 잃어버릴 것 같았다. 억지로 몸을 일으키니 다리 힘도 풀려 마구 휘청댔다. 신부님과 마주치기 전에 황급히 방을 나와 허우적대며 지하 세면실을 찾았다.

크리스마스 자정미사는 기숙사에서 하는 것이 아니라 수도원 성당에서 일반 신자들 모두와 같이 드리게 되어 있었다. 그 자리에 술 취해 벌겋게 된 얼굴로 다리까지 휘청거리며 갈 수는 없는 일이었다. 바닥이 벌떡 일어선다는 게 무슨 말인지 그때 처음 알았다. 벽이 나를 향해 다가오고 계단이 일렁대는 바람에 몇 차례나 발을 헛디뎌 넘어질 뻔했다.

차가운 물로 샤워를 하고나 머리카락이 젖은 채 밖으로 나왔다. 바깥은 바람이 여전히 매서웠지만 온몸이 열로 후끈 달아올라 추위도 느껴지지 않았다. 나는 흔들리는 다리를 간신히 지탱하며 달리기 시작했다. 몇 차례 넘어지기도 했지만 숨이 턱에 닿도록 달리고 또 달렸다. 12월의 칼바람 속에서 땀이 비 오듯 했다. 성가 연습과 성탄절 준비로 모두 분주하여 이런 내 모습을 유심히 볼 만큼 한가한 기숙사생들이 없는 것이 천만다행이었다.

다시 세면실로 가서 차가운 물로 땀을 씻어내고 배가 탱탱해지도록 찬물을 들이켰다. 그리고 화장실을 몇 차례 들락거리고 났더니 한결 술이 깨는 것 같았다. 그렇게 자정이 될 때까지 나는 홀로 알코올과의 전쟁을 치렀다.

미사 시간이 되자 조심스레 성당을 찾아가 맨 뒤 구석 자리에 앉았다. 영성체를 모시러 나갈 때는 혹시라도 술 냄새가 날까 봐 숨도 제대로 쉬지 못했다. 그러나 뒷줄에 앉아서 지켜본 그날의 미사는 다른 어느 때보다도 장엄해 진한 감동을 주었다. 천상의 화음 같던 마오로 기숙사 소년들의 그레고리오 성가와 영혼을 정화시켜 주는 듯했던 신부님 말씀, 그리고 순백의 미사보를 쓴 여인들과 정결한 표정의 남자들.

오랫동안 내 가슴속에 잔잔한 물결로 일렁이던, 기숙사에서의 마지막 크리스마스 자정미사, 그날의 풍경은 마치 파스텔화처럼 내 마음속에 곱게 자리잡고 있다. 내 생애 첫 음주라는 기록과 함께.

더 넓은 세상을 향해 나아가라

고등학교 3학년에 올라가자 성적이 예전보다 많이 떨어졌다. 전교 1등이라는 석차는 변함없었지만 전 과목을 거의 만점 받던 예전 성적이 아니었다. 남과의 경쟁이 아니라 나와의 경쟁에서 지고 있었던 것이다.

나는 어떤 일을 시작하면 아귀까지 완벽하게 짓지 않으면 스스로 견디지 못하는 성격이다. 학생회장을 맡자 이런 외골수 성격대로 마치 그 일이 내 인생의 전부인 것처럼 몰두했던 것이다. 학생 신분으로 할 수 있는 일이 그다지 많지 않았지만, 내가 하는 일이 학교에 도움이 되리라는 믿음이 있었다. 그만큼 보람도 커서 공부에서 얻는 성취감 이상의 뿌듯함을 안겨주었다. 그러다 보니 공부와는 멀어질 수밖에 없었다. 일 년이었기에 그동안 다져둔 실력으로 버틸 수 있었지, 기간이 좀 더 길었다면 전교 1등 자리까지 내놓아야 했을 것이다.

   3학년 2학기에 들어와 회장 자리를 후배에게 물려주고 나자, 바로 코앞으로 다가온 대학입시가 보였다. 성적을 만회하려면 다른 생각을 할 겨를이 없어야 마땅했다. 그러나 나는 그러지 못했다. 학생회장직을 내놓는 순간부터 움트기 시작한 고뇌 때문에 마음이 어지러워 공부에 전념할 수 없었다.

   예전처럼 공부에 집중하려고 애쓰던 어느 날, 수도원장이 되신 이동호 신부님이 부른다는 후배의 전갈이 있었다. 뵙게 된다는 반가운 마음과는 달리 그동안 마음속에 가두어 두었던 갈등이 요동치기 시작했다. 원장실 앞에 서서 호흡을 가다듬고 노크를 하자, 들어오라는 목소리가 들렸다. 책상 앞에 앉아 무언가 일을 하고 계시던 원장 신부님은 나를 보더니 소파를 가리켰다.

   "진로에 대해서 생각해 보았나?"

   진로, 미래…… 내 속 깊은 곳에서 잠긴 문을 열어 달라고 아우성치는 소리가 들려왔다. 결정해. 때가 됐어. 원했잖아. 망설일 이유가 없어.

   "신부가 되지 않겠느냐?"

   나는 우물쭈물하는 성격이 아니었다. 사람들은 내가 판단이 빠르고 대답이 명쾌한 점이 큰 장점이라고 했다. 그러나 그날만은 얼른 대답이 나오지 않았다. 다시 신부님이 말씀하셨다.

   "나는 네가 신부가 되었으면 한다."

   어린 시절 다니던 선남면 공소의 마리아님도 원장님 등 뒤에서 내게 말하고 있는 듯했다. '너는 좋은 신부가 될 거야.'

   "내가 너를 지켜보고 있었다는 것은 너도 잘 알 거다. 신부가 되고 싶다면 내가 힘 닿는 대로 돕고 싶다. 공부를 하고 싶으면 유학도 보내줄 거고, 교구 신부가 되어 사람들과 함께하고 싶다면 그 길을 열어 줄 생

언제나 남을 위해 자신을 내어줄 준비가 되어 있던 친구들과 선·후배들은 나의 또 다른 스승이었다.

각이다. 재속 사제나 수도 사제가 되고 싶다면 네 뜻대로 이루어질 수 있게 도와주마."

가슴이 뭉클했다. 그런데도 선뜻 대답을 하지 못했다. 사제, 어린 시절부터 내 의식과 무의식을 지배하고 있던 길이었다. 그리고 청소년기를 수도원에서 보내면서 자연스레 이 길이 나의 길이려니 생각했다. 학생회 활동을 하면서 여학생들과 접할 기회도 많았고 사춘기 소년으로서 때로 마음이 흔들린 적도 있었지만, 사제의 길을 생각하면 나를 다잡을 수 있었고 중심도 지킬 수 있었다.

그러나 어느새 나는 서서히 변하고 있었다. 기도와 공부만 알던 외골수가 사제가 되고 싶다는 꿈 대신, 세상에 나가 사람들 속에 머무르고 싶다는 갈망으로 마음을 채워가고 있었던 것이다. 한 번도 접해보지 못한 바깥세상이었기에 그 유혹은 더욱 강렬했다.

나는 어린 영혼을 따뜻하게 보호해 주는 알 속에서 그것이 세상 전부인 줄 알던 어린 새였다. 알 밖의 세상이 두렵기도 하지만 그 알을 깨뜨리고 세상 밖으로 나가 보고 싶은 유혹 또한 걷잡을 수 없이 커지고 있었다. 바깥세상에는 어떤 광경들이 펼쳐지고 있는지, 무슨 일들이 벌어지고 있는지 알고 싶었고, 수많은 다양성과 불확실성 속에 나를 던져 능력을 확인해 보고 싶었다. 열린 공간에서 세찬 바람도 한 번쯤 맞아 보고 싶었고, 격류에 몸을 던져 내 힘으로 헤쳐나가며 내 한계가 무엇인지 확인해 보고도 싶었다.

학문이라는 무한한 세계에 도전해 보고 싶은 열망 또한 끊임없이 솟아오르고 있었다. 초·중·고 그리고 수도원에서 배웠던 기본적인 공부와는 다른 학문에 몰입해 보고 싶었다.

학생회장을 통해 세상 엿보기를 했다면 그 이전까지 나를 지배해 왔던 것은 공부였다. 나는 공부하는 시간이 제일 행복했다. 그것은 원장 신부님이 열어 주시겠다는 길과는 다른, 순수한 인간의 학문이고 내 힘으로 열어 나갈 미래였다. 나의 내면에 숨죽이고 있던 자아가 서서히 용틀임을 하며 빨리 결정을 하라고 재촉하는 듯했다.

로버트 프로스트가 쓴 〈가지 않은 길〉이란 시가 있다. 시는 '노란 숲 속에 길이 두 갈래로 나 있었습니다'로 시작한다. 그때 나는 숲 속의 두 갈래 길에 서 있었다. 어느 쪽 길을 선택하느냐에 따라 전혀 다른 인생을 살게 되고, 되돌아갈 수도 없는 갈림길이었다. 나는 그중 한 길을 선택했다. 그 길은 그때까지 내가 알던 것과는 전혀 다른 세계를 향해 나아가는 길이었고, 또 만들어 나가야 하는 길이었다.

서 경 윤 _ 순심학원 이사장, 신동천주교회 주임신부

지난 삶을 되돌아본다는 것은 참으로 가치 있는 과정인 것 같습니다. 그리하여 새로운 여정에서 더욱 힘찬 발걸음을 내디딜 수 있으리라 생각합니다. '촛대 위 촛불처럼' 자신을 불태워 세상을 밝히는 초 같은 삶을 살아가길 기도합니다.

김 경 희 _ 순심·마오로 선배, 서울 망우본당 주임신부

+찬미 예수님. 기숙사에서 한솥밥 먹은 꿈과 추억이 녹아든 6년간의 아련한 옛 시절은 회상만으로도 우리 모두를 진한 우정으로 묶어 줍니다. 그간 잃어버린 기억의 파편들이 많았는데 실로 오랜만에 감동의 감상 속에 젖어 봅니다. 지금까지 이처럼 자세하게 '우리들의 영웅 시기'를 더듬은 글을 본 적이 없어 감사와 고마움을 표합니다.

김 종 필 _ 폴리카르포 순심·마오로 동기, 성베네딕도 수도원장 신부

석호익 알로이시오 님, 잘 알고는 있었지만 뛰어난 기억력에 다시금 경탄합니다. 아픔이나 슬픔, 기쁨이나 보람 등등의 정서가 지나가거나 비켜간 자리에서 되살아나는 것 같습니다. 그 기억 속의 영상은 아름답게 빛나는 보석 같은 선물입니다. 소중한 친우에게 우리 주님의 사랑과 축복이 함께하시길 빕니다.

구 자 명 _ 구상 시인 따님, 소설가, 번역가

당시 대향大鄕 이중섭 화백께서는 동란 후 가족과 헤어지고 심신 양면으로 어려운 시절을 보내고 계셨지요. 그즈음 구상 시인의 왜관 집에서 기거하며 전시 작품을 준비하고 있었는데, 아마도 그때 〈구상네 가족〉이라는 그림과 함께 〈성당 부근〉이 그려지지 않았나 싶습니다. 제 둘째오빠와 동년배로 같은 시기에 순심중·고등학교에 다니셨을 석호익 부회장께서도 그 비슷한 정서를 공유하고 계시는 것 같습니다.

박 희 대 _ 순심 동기, 고향 친구

선망의 대상이었던 기숙사 동기들, 단정하고 공부 잘하고 어쩌면 귀족 같은

느낌이 들어 막연히 동경하며 별종으로 생각했는데, 호익 씨가 그렇게 치열하게 살아온 것을 보고 동기로서 찬사를 보냄과 동시에 후배들에게도 좋은 길라잡이가 될 것으로 확신합니다.

김 성 진 _ 도원초등·순심·마오로 후배, 하나통신기술주식회사 사장

까마득하게 잊었던 먼 옛날 고향의 모습을 새록새록 다시 떠오르게 하더군요. 마리아 님은 저녁에 교리를 가르치다가 아이들이 졸곤 하면 옛날 옛적 재미난 이야기를 TV 연속극처럼 해주곤 하셨지요. 참 좋으신 분이었습니다.

정 봉 덕 _ 순심·마오로 후배, 서화정보통신 부사장

형님이 총학생회장에 출마할 당시 제가 중3이었는데, 그때 저는 방송부장을 맡고 있어서 형님의 유세를 2층 방송실과 형님 유세 연단 바로 뒤를 오가며 지켜보았던 추억이 떠오릅니다. 다시 한 번 존경스런 형님이라 느끼며 찬사를 드립니다. 형님, 자랑스럽습니다.

황 광 수 _ 순심 동기; 안양 근명여자정보고등학교 교장

친구의 뛰어난 기억력과 자신의 삶에 대한 사랑에 갈채를 보냅니다.

권 숙 윤 _ 순심·마오로 동기, 청록원 사슴농장 경영

고등학교 시절 이야기에 잠깐 나오는 술과 담배, 그리고 일에 찌든 공무원 생활에 조금은 연민의 정이 느껴집니다. 아주 똑똑하고 배포 있고 공부 잘하는 학생이었지요.

윤 승 희 _ 순심 동기

오뚝이처럼 야무진 친구를 볼 때 나중에 어떻게 변할까 궁금했는데 학창 시절의 선한 미소는 어른이 되어서도 변함없네요. 큰 꿈을 가진 친구, 꼭 꿈이 이루어지기를 바랍니다.

정 한 욱 _ 도원초등 동기, 고향 친구

친구는 시골 모교의 자랑이자 고향 친구들의 자랑일세. 그 열정을 국가를 위해 더욱 헌신하길 바래. 작은 거인 석호익 파이팅.

석 계 선 _ 도원초등 동기

    책보자기를 옆구리에 묶고 달그락대는 도시락 소리와 함께 집으로 갈 때 동네 아이들이 가지 못하게 막아서면, 호익이 친구가 앞장서서 비켜 달라고 당차게 나서던 모습이 생각난다. 선생님의 질문에 자신 있게 대답하던 모습, 그리고 우리를 늘 배려하던 모습, 흐트러짐 없이 반듯한 행동거지에 관한 기억이 생생하다.

2부
시련과 희망

나는 정상적인 경우라면
본부에서 나가는 것이 아니라
내일 당장 승진해도 될 최고참 국장이었다.
본부에서 근무한 경력만 따지면,
행정부를 통틀어 '최장기 국장을 지낸 사람'이라는
또 하나의 기록을 세우게 될 만큼 승진 외엔
더 이상 할 만한 보직도 없었다.
그걸 모를 리 없기에 비굴하게 매달리고 싶지 않았다.
'왜 그래야 합니까?'라는 질문이나
불평 한마디 내놓지 않고 나는 즉시 대답했다.

세계 최초로 한 세 가지

최선을 다하면 기회가 온다

2003년 2월 25일 취임한 제16대 노무현 대통령은 정보통신부 장관으로 진대제 삼성전자 사장을 임명했다. 이에 따라 정통부의 인사이동이 대대적으로 시작되었다.

그 무렵 전직 체신부·정보통신부 장관들의 모임이 있었다. 그 자리에는 체신부 장관, 교통부 장관, 건설교통부 장관을 두루 지낸 오명 장관과 마지막 체신부 장관으로 정통부를 탄생시키는 산파역을 했던 윤동윤 장관, 초대 정통부 장관으로 정통부의 기초를 다진 경상현 장관, 5대 정통부 장관을 하다가 16대 열린우리당 국회의원이 된 남궁석 장관이 계셨다고 한다.

국가와 정통부에 대한 충정이 남다를 수밖에 없던 분들이라 자연스레 대화의 상당 부분은 새로운 장관과 새로운 인사들로 채워질 정통부와 나라의 미래에 대한 것이었다. 그러다가 나에 관한 이야기가 나왔는데, 본부를 떠난 시간이 점점 길어지고 있는 것을 안타까워하며 하루빨리 정통부로 복귀해야 한다는 데 모두 의견을 같이했다고 한다.

"저렇게 계속 밖으로만 다니면 안 되는데…… 정통부의 핵심적인 일을 도맡아 했던 사람인데 말이야."

그 자리에 계셨던 장관들은 내가 본부로 돌아가게 할 수 있는 방법에 대해 의논했고, 최소한 자신들이 겪어 보고 일을 시켜 본 석호익이 어떠한 인물인지 말해 주어야 한다고 생각했다. 새 장관이 전 세계적으로 유명한 IBM·HP 연구원과 삼성전자 반도체 임원을 지내고 세계 최초로 반도체 16메가 D램을 개발한 뛰어난 인재라는 것은 알지만, 관료 출신이 아니었기에 전직 장관들로서는 아무래도 낯선 인물이었다.

그래서 육사를 거쳐 서울대 전자공학과와 미국 뉴욕주립대 스토니브룩 전자공학과를 나온 오명 장관이 서울대 전자공학과 후배인 진 장관에게 뜻을 전하는 게 좋겠다고 의견을 모았다. 진 장관은 오 장관이 한국공학 한림원에서 대상을 받을 때 신인상을 받은 적이 있었다.

오 장관은 2002년 고위 공무원을 대상으로 한 조사에서 '대한민국 정부 수립 이후 관료 베스트 10'에 선정되었는데, 그 몇 달 후에 과학기술부 장관 겸 부총리로 임명될 만큼 다방면으로 탁월한 분이었다. 그리고 본부 밖으로 돌고 있는 부하 직원을 위해 나서줄 만큼 인품도 남달랐다.

오 장관은 전화로 진 장관에게 정통부에 꼭 필요한 사람이라며 나를 추천했으나, 진 장관으로부터 흔쾌한 대답을 들을 수는 없었다. 나중에 안 사실이지만 진 장관은 이미 많은 사람들로부터 석호익이라는 이름을 듣고 있었다고 한다. 반드시 데리고 쓸 만한 사람이라는 의견도 많았지만, 절대 본부에 들어오게 해서는 안 되는 위험인물이라는 의견도 많았다고 했다.

그해 3월 말 정통부 대통령 업무보고가 끝난 후, 지인들과 만나 늦은 저녁식사를 하던 중에 핸드폰이 울렸다. 장관 비서관 백기훈이었다.

"장관님께서 서울체신청 업무보고를 받고 싶어합니다. 내일 아침 10시에 면담이 있을 테니 그전에 와주십시오."

당시 나는 서울체신청장이었으므로 신임 장관이 서울체신청 업무보고를 받고 싶어한다는 것은 하등 이상할 게 없는 일이었다. 백 비서관은 목소리를 낮추더니 슬쩍 덧붙였다.

"어쩌면 1급 차관보 승진 인사 때문일지 모릅니다."

이유가 무엇이든 간에 신임 장관에게 처음 하는 업무보고였으므로 소홀히 할 수 없었다. 나는 곧바로 자리에서 일어나 서울체신청으로 가서 이미 퇴근한 직원 몇 명을 소집해 자료를 만들었다. 그동안의 방대한 업무를 모두 보고할 수는 없으므로 핵심 내용으로 일목요연하게 자료를 만들어야 했다. 직원들이 돌아간 뒤에도 나는 홀로 남아 체신청에서 새벽을 맞이했다.

체신부에서 정통부까지 120여 년 동안 서울체신청장이 본부로 복귀하여 바로 승진한 예는 없었다. 서울체신청장으로의 발령은 퇴직 수순을 밟기 위한 마지막 예우 자리라는 것이 묵시적으로 정해져 있었다. 끝내 본부로 복귀하지 못하고 그만두게 된다 해도, 또 상황으로 보면 그럴 가능성이 컸지만 정통부가 꾸준히 성장해 우리나라 정보통신산업이 세계적인 산업으로 꽃피워 주기를 간절하게 바라는 마음은 달라질 수 없었다.

그날 준비한 것은 세 가지였다. 첫째는 서울체신청 업무보고였고, 둘째는 나의 이력서였다. 누구를 통해서든 나의 이력이 이미 들어가 있겠지만 똑같은 이력도 필요와 용도 그리고 주는 사람의 의도에 따라 의미가 달라지게 마련이다. 나를 가장 잘 아는 사람은 바로 나다. 셋째는 신임 장관에게 드리고 싶은 충언으로 정보통신 발전을 위해서 추진해 주었으면 하는 것들이었다. 무례하다 할 수도 있겠지만 신임 장관이 내준 시간은 정통부를 위해 내가 할 수 있는 마지막 기회라고 생각한 것이다.

다음날 오전 10시로 예정되었던 만남은 진 장관의 바쁜 일정 때문에 오후 5시로 미루어졌다. 장관실에서 기다리는데 정확하게 5시가 되자 진 장관이 들어왔다. 진 장관은 자리에 앉자마자 비서에게 말했다.

"여기 커피 한 잔 주소."

한 잔이라고? 맞은편에 앉아 있던 내가 얼른 말했다.

"저도 한 잔 주십시오."

이것 봐라, 하는 표정으로 진 장관이 힐끗 나를 보더니 말을 고쳤다.

"그래, 두 잔."

진 장관과의 첫 만남은 이렇게 숨가쁘게 시작되었다. 평소에도 부지런한 사람으로 정평이 나 있던 그는 장관으로 임명받은 후 더욱더 눈코 뜰 새 없이 바쁜 하루를 보내고 있었다. 내게 할애한 시간도 다음 스케줄 때문에 20분밖에 없다고 비서가 미리 언질을 주었다.

사람들은 진 장관이 상투적인 말치레를 싫어하고 합리적이며 매우 직설적인 분이라고 했다. 그리고 '30초, 3분, 30분'이라는 말이 있는데, 상대방의 이야기를 30초 정도 들어 보면 웬만한 평가를 끝내고, 들을 만하면 3분 동안, 더 들을 만하면 30분까지 시간을 준다는 것이다. 그러니 면담 시간이 20분이 지나 30분을 넘기게 되면 합격점을 받은 거라고 했다.

커피가 앞에 놓이자 나는 밤새 준비했던 자료를 펼쳤다.

"준비해 온 서울체신청 업무보고를 드리겠습니······."

"그런 건 필요 없고."

진 장관은 손사래를 치며 단숨에 내 말을 잘랐다. 그리고 단도직입적으로 말했다.

"당신 말이오, 웬 말들이 그렇게 많은 거요?"

나에 대한 진 장관의 선입견이 그다지 우호적이지 않다는 것을 그때 깨달을 수 있었다. 전직 장관들뿐만이 아니라 사방에서 나를 추천했으므로 진 장관은 내가 본부에 있을 능력도 없으면서 자리 부탁이나 하는 사람이라고 생각했던 모양이다. 나중에 안 사실이지만 진 장관께 직·

간접으로 나를 추천한 사람들은 오 장관만이 아니었다. 이상희 전 과기부 장관, 조백제 전 한국통신공사 사장, 이윤우 삼성전자 부회장, 그리고 친구 박종대까지 김병준 정부혁신위원장을 통해 나를 추천했던 것이다. 특히 이상희 장관은 과학자들의 모임에서 또 진 장관과 대면이 가능한 인사를 통해 "석 청장은 추진력 있고 일을 딱 부러지게 하는 사람이니 데리고 쓰는 사람이 편할 거요"라고 강조했다고 한다.

진 장관은 듣던 것 이상으로 솔직하고 직설적인 분이었다.

"모레 1급 공무원 승진 인사를 하려는데 당신을 만나 보지도 않고 정해 버리면 뒷말이 많을 거 같아 누군지 얼굴이나 보려고 부른 거요."

말하자면 '만나 보니 역시 안 되겠더라'는 말을 하기 위한 요식행위라는 뜻이었다. 두 달 가까이 끈 인사였다. 내일 모레 발표할 예정이라면 거의 정해진 상태라는 말이었다. 진 장관은 거두절미하고 말했다.

"어디, 당신이 잘하는 게 뭔지 세 가지만 말해 보시오."

혹시 하는 기대를 접으니 오히려 마음이 편해졌다. 어차피 본부로 돌아갈 수 없다면 새 장관에게 하고 싶은 말이나 다 하자. 그래서 젊음을 다 바친 정통부에 도움이 될 수 있다면 그것으로 족한 거 아닌가.

하지만 진 장관이 던진 질문엔 답변을 하기가 곤란했다. 자신이 무엇을 잘하는지 평소 생각해 둔 것도 아닌데 세 개를 꼭 집어 바로 대답하는 것은 쉽지 않은 일이었다.

"제가 잘하는 세 가지가 무엇인지 평소에 구체적으로 생각해 본 적이 없어 얼른 떠오르는 게 없습니다. 또한 제 개인적인 특기를 굳이 찾아내 말씀드린들 장관님께 그게 무슨 관심거리나 되겠습니까?"

나는 솔직하게 말한 후 덧붙였다.

"그 대신 제가 세계 최초로 이루어낸 세 가지를 말씀드려도 되겠습니까? 장관님, 정보통신을 영어로 무어라 하는지 아십니까?"

서울대와 미국 매사추세츠주립대를 거쳐 스탠퍼드대학을 졸업했고 삼성에서 반도체 신화를 이룬 분이었다. 진 장관은 무슨 엉뚱한 소리를 하려고 이러나 하는 얼굴이었다.

"영어로는 정보통신이라는 말을 정확하게 대체할 만한 단어가 없습니다. 왜냐하면 1982년 7월 제가 처음 만든 말이니까요. 그것은 1983년 제정된 전기통신기본법에 규정되어 있습니다. 그 법도 제가 초안을 작성했습니다. 현재 정보통신을 일반적으로 IT라고 쓰는데, 그것이 나온 것은 1990년대이고 정확히 따지자면 정보통신의 공식 용어는 아닙니다."

정보통신의 유엔 공식 용어는 ICT다. 1996년도에 유엔, 정확히 말하자면 국제전기통신연합ITU에 제출할 보고서에 정보통신이라는 단어를 써야 했는데 처음에는 말 그대로 Information Communication으로 번역했다. 그리고 영어에 능숙한 분에게 보였더니 콩글리시라 외국 사람들은 무슨 뜻인지 모를 거라고 했다. 그래서 영어식으로 만들어진 단어가 ICT Information & Communication Technology이고, 이것은 그대로 유엔의 공식 용어가 되었다. 그때까지 정보통신에 대한 국제적 용어가 없었던 것이다.

현재 일반적으로 사용하는 IT라는 단어는 그러고도 거의 10년이 지난 1990년대에 미국에서 등장한 용어다. 그런 만큼 정보통신정책에 대한 나의 애정은 뿌리 깊었다. 설령 정보통신산업 발달에 나의 힘을 보탤 기회가 더 이상 주어지지 않는다 해도 우리나라가 정보통신 강국으로 커나갈 수 있기를 진심으로 바라고 있었다.

진 장관은 '당신이 설마 정보통신이라는 용어를?' 긴가민가한 얼굴이었지만 말을 막지 않고 관심 있게 들었다. 나는 지금이야말로 하고 싶은 이야기를 할 수 있는 마지막 기회라고 생각했다.

"장관님이 하시게 될 정보통신의 범위에는 서비스, 하드웨어와 부품,

소프트웨어 세 가지가 있는데 서비스는 통신서비스, 방송서비스, 정보서비스로 나눌 수 있습니다. 하드웨어는 통신기기, 방송기기, 정보기기 및 부품이고 소프트웨어는 운영체계, 응용소프트웨어로, 현재는 디지털 콘텐츠를 포함하기도 합니다. 하지만 정보통신부 장관이라고 해서 정보통신의 모든 부문을 관장하는 것은 아닙니다. 예를 들어 정보통신 분야라도 세제·금융 같은 것은 다른 부처에서 하고 하드웨어는 산자부, 콘텐츠는 문광부, 정보화는 행자부와 중복되어 경쟁하기도 하고 다투기도 합니다. 이 또한 조화롭게 되도록 역할을 하는 것이 장관님이 하실 일이 아닌가 생각합니다. 이것은 장관님이 육성해야 할 정보통신산업 진흥 정책이고, 이외에도 장관님께서 국가 사회와 타 부처를 선도할 정보화 업무가 있습니다. 정보통신산업이 공급이라면 정보화는 수요 창출로 이 또한 연계와 조화가 필요합니다. 그리고 또 하나 중요한 일로 정통부 본연의 업무이며 장관님이 직접 챙기셔야 하는 우정·금융 업무가 있습니다."

건방지다며 불쾌하게 여길 수도 있는 말이었지만 진 장관은 귀담아 듣고 있었다. 어느새 대화는 거의 나 혼자 이끌어가다시피 하고 있었다.

"지금 전 세계 어디에도 정보통신과 관련해 정부가 '무엇을 해야 한다'고 명시되어 있는 나라는 없습니다. 그러나 통신 관련법에는 정부가 기본 계획을 수립하고 기술개발과 표준화를 하고 인력양성과 산업을 육성한다고 명시되어 있습니다. 이것이 1983년에 제정된 전기통신기본법인데, 그런 법은 우리나라에만 있고 그랬기에 정보통신이 발전할 수 있는 원동력이 되었다고 생각합니다. 그 법을 제가 실무적으로 입안했으므로 바로 그것이 두 번째로 제가 세계에서 최초로 한 일입니다.

"그럼 세 번째는 뭐요?"

"세계 다른 나라는 주파수를 할당한 대가를 일반적으로 일반 재정 수입으로 편입합니다. 그러나 전파법에 주파수 할당 대가를 정통부 장관이 받도록 하고 세계 최초로 일반회계가 아닌 정보화촉진기금으로 편입토록 규정했는데 그 또한 세계 최초입니다."

'정보화촉진기금'은 우리나라가 정보통신 강국이 되는 원동력이 된 중요한 기금이었다. 그 가치와 힘을 잘 알고 있던, 나를 비롯한 정통부 관련 공무원들은 너나없이 정보통신산업의 발전을 위해 그 기금을 지켜내려 애썼다. 하지만 그 애정은 나중에 내가 힘든 시련을 겪게 되는 이유 중 하나가 되기도 했다.

"그리고 세계 최초는 아니지만 적어도 우리나라에서 제가 처음 만든 용어가 또 하나 있습니다."

진 장관은 또 무슨 얘기를 하려나 하는 흥미로운 표정이었다.

"스톡옵션을 우리말로 뭐라고 부르는지 아십니까?"

스톡옵션에 대해 누구보다 잘 알고 있을 진 장관이었다. 그는 장관으로 발령받으며 100억 원에 가까운 삼성의 스톡옵션을 포기했다.

"주식매입선택권이라고 합니다. 그 용어도 제가 최초로 번역하여 문서화하였습니다."

주식매입선택권이 탄생한 것은 2대 정통부 장관과 경제수석을 지낸 이석채 현 KT 회장 덕이었지만, 그것까지 다 이야기할 시간은 없었다. 진 장관이 시계를 보더니 입맛을 다셨다. 다음 일정만 없었다면 나를 더 붙들어 두고 싶은 얼굴이었지만, 약속한 20분에서 20분이 이미 더 지나가 버렸다.

진 장관은 장관실 밖까지 나를 따라 나왔다. 엘리베이터 앞에서 장관은 내 어깨를 툭 치며 말했다.

"당신은 다면평가가 꼴찌더구만."

나는 빙긋 웃으며 말했다.

"장관님도 다면평가한다면 그리 좋게 나올 거 같진 않은데요."

그러자 진 장관이 파안대소했다.

"맞아. 그 다면평가라는 거 문제가 있긴 하더군."

"장관님도 매사 수월하게 넘어가는 상사는 아니셨을 거 같은데 일 힘들게 시키는 윗사람 좋아할 직원이 몇 되겠습니까."

"그래서 나도 그런 문제점을 대통령께 건의를 했었지."

실제 진 장관은 참여정부 시절 대통령 주재 장관급 연석회의에서 다방면 평가제도 도입에 대해 부정적인 의견을 내놓았다. 그것은 노 대통령의 공약이기도 했으므로 매우 조심스런 이의 제기였다. 그러나 진 장관은 삼성에서도 시도해 보고 실패한 제도를 정부에서 뒤늦게 왜 하려 하느냐고 강도 높게 비판했다고 한다.

공무원은 언제나 국가를 우선순위에 두고 판단해야 하는데, 다면평가 제도는 사람들에게 인기 있는 순위로 인물을 평가하게 되는 우를 범할 수 있다. 그러면 소신 있게 일하는 사람을 뽑을 수 없다.

하지만 나는 나중에 본부에 복귀한 뒤로는 다면평가에서도 좋은 점수를 받았다. 외부에 나가 보이지 않는 사람보다는 당장 눈앞에 있는 사람에게 더 많은 점수를 줄 수밖에 없고, 아무리 무기명이라 해도 자신의 인사권을 쥔 직속 상사에게는 어쩔 수 없이 후해질 수밖에 없기 때문이다. 그것이 다면평가의 문제점이고 한계였다.

며칠 후 본부 복귀에 대한 기대를 접고 서울체신청에서 내 마지막이 될지도 모를 업무에 집중하고 있는데 내일부터 전산원에서 일을 하라는 명령이 내려왔다. 정통부는 당시 전자정부 건으로 행자부와 대치하고 있던 상황이었다. 그들과의 토론에서 밀리면 안 되었기에 그간의 상황을 가장 잘 알고 있는 사람이 필요하다고 했다.

그 며칠 뒤에는 아예 본부로 들어와 일을 하라고 했다. 그리고 마침내 2003년 4월 14일 정보화기획실장으로 발령을 받았다. 그동안 진 장관은 나에 대해 좋은 말도 들었고 그에 못지않게 나쁜 말도 많이 들었지만 능력이 없다는 비난은 들은 적이 없다고 했다. 그런데도 나를 좋게 이야기하는 사람들의 말에 귀기울이지 않았던 것은 그렇게 일을 잘하는 사람이 왜 본부에 남아 있지 못했을까 하는 의혹 때문이었다고 한다. 가장 잘 나가던 실세 국장이고 가장 오랫동안 본부국장직을 수행하던 사람이 승진은 고사하고 쫓겨가다시피 나가 있었으니 무언가 문제가 있어서 도태되지 않았을까 하고 의심한 것이었다.

 나를 추천하는 사람들에게 그렇게 뛰어난 사람이 왜 본부에서 밀려났었느냐고 물어 보기도 했다고 한다. 아마도 그 누구도 속시원히 이야기해 주지 못했을 것이다. 바로 그것이 나를 써서는 안 되는 이유이면서 또 써야 할 이유이기도 했으니까.

IMT-2000 사업자 선정

위기는 또 다른 기회다

2001년 7월, 산학연협동연구소장 황선우 씨가 찾아왔다. 말 그대로 산産과 학學과 연구소를 연결하고, 나아가 정政과 재財계까지 연결하여 국가 발전을 도모하고 인재육성을 하는 분이었는데, 성격이 원만하여 인적 네트워크가 많았다.

내가 하고 있던 일과 관련하여 도움이 될 만한 이런저런 이야기 끝에 그가 뜻밖의 말을 했다. 김대중 대통령의 비서실장이었던 김중권 씨가 이번 토요일 몇몇 인사들과 함께 골프대회를 하는데, 내게도 조만간 연락이 올 거라는 것이었다. 또 정통부 양승택 장관의 말씀도 있을 거라고 덧붙였다. 김중권 씨는 당시 강력한 차기 대권주자로 꼽히던 분이었다. 나는 웃으며 고개를 저었다.

"그럴 리가 있나요? 저는 그분을 알지도 못하고 그분 또한 나를 알 리가 없는데 왜 내게 연락이 오겠습니까."

그런데 토요일에 골프 회동이 있으니 나오라는 전화가 걸려왔다.

당시 나는 통신업계 판도를 바꿔 놓을지 모른다고까지 하던 IMT-2000 당시 통신시스템의 문제점인 단말기의 이동성과 전송 속도의 한계를 극복하여 어떤 곳에서도 다양한 정보를 빠른 속도로 주고받을 수 있도록 하는 첨단통신 시스템 사업자 선정을 맡은 주무 국장이었으므로 업계와 언론은 내 일거수일투족에 관심을 기울이고 있었다. 게다가 그날은 사업자 선정 관련 업무 때문에 쉽게 몸을 뺄 수 있는 형편이 아니었다. 골프 실력도 미국 AT&T에 파견 근무할 때 무작정 시작한 얼치기여서 그런 자리를 같이하기에는 많이 부족했다. 나는 완곡하게 가기 어렵다는 뜻을 비쳤다.

그런데 다음날 양승택 장관이 불렀다. 서울대 병원장이었던 한만청 이사장이 산학연 정책과정 1기 학생을 모집하니 도와주면 좋겠다며 자신도 참가할 예정이니 골프대회에 함께 가자고 했다.

토요일이 되었다. 서둘러 보려고 했지만 일이 끝났을 때는 이미 오후 1시가 다 되었다. 나는 점심도 먹지 못하고 곧장 지인에게 부탁해 두었던 차를 타고 분당 한성 골프장으로 향했다.

골프대회는 생각보다 규모가 컸다. 대략 열 팀 돼보였는데 유명 연예인들도 눈에 많이 띄었다. 운동 후 식사하고 나서 참석자들이 인사를 나눈 후 하나 둘 돌아가기 시작했다. 양 장관은 그들이 모두 떠나갈 때까지 남아서 일일이 배웅한 후, 단 둘이 남자 자기 차에 타라고 했다.

"시간이 늦었습니다. 내일도 출근해 할 일이 있습니다."

그러자 양 장관이 약간 언성을 높였다.

"당신 바쁜 거야 잘 알고 있으니, 일단 차를 타라지 않소."

무언가 할 말이 있는 듯했다. 그것이 오늘 뜬금없이 골프대회에 나를 참석시킨 이유일지도 모른다는 생각이 들었다.

"알겠습니다. 저도 타고 온 차가 있으니, 장소를 가르쳐 주시면 뒤따라가겠습니다."

약속 장소는 고급 술집이었는데, 내가 도착하자 양 장관은 양주와 맥주를 섞어 폭탄주를 만들기 시작했다. 나는 맥주를 마시겠다고 했다.

"맥주가 아니라 이 술로 꼭 같이 한 잔 합시다."

얼굴 표정이 약간 굳어 보여서 어쩔 수 없이 앞에 놓인 잔을 들었다. 잔을 비운 후에도 양 장관은 말이 없었다. 방 안 공기가 더없이 무거웠다. 얼마간 시간이 흐른 후 양 장관이 가라앉은 목소리로 입을 뗐다.

"석 국장, 해야 할 말이 있소."

"네, 말씀하십시오."

마치 뒤통수를 쇠망치로 후려치듯 양 장관이 말했다.

"아무래도 석 국장이 본부에서 나가 줘야겠소."

나는 충격으로 잠시 할 말을 잊었다. 그러나 어느 정도 각오하고 있던 일이라 마음을 가라앉히는 데 그리 긴 시간이 걸리지 않았다.

양 장관의 무거운 표정 뒤에 이기호 경제수석의 얼굴이 떠올랐다. 마침내 올 것이 왔다고 직감했다. 이런 결과를 두려워했다면 그때 청와대에서 이 수석과 대치했을 때 적당히 타협하고 넘어갔을 것이다. 그러나 그만한 강단도 없이 소신을 지켜낼 수는 없는 일 아니겠는가.

나는 정상적인 경우라면 본부에서 나가는 것이 아니라 내일 당장 승진해도 될 최고참 국장이었다. 정보통신정책실 정책심의관을 비롯해 정보화기획실 정보화기반심의관, 우정국장, 전파방송관리국장, 정보통신지원국장 등 주요 보직은 이미 거의 다 거쳤다. 본부에서 근무한 경력만 따지면, 행정부를 통틀어 '최장기 국장을 지낸 사람'이라는 또 하나의 기록을 세우게 될 만큼 승진 외엔 더 이상 할 만한 보직도 없었다. 그걸 모를 리 없기에 비굴하게 매달리고 싶지 않았다. '왜 그래야 합니까?'라는 질문이나 불평 한마디 내놓지 않고 나는 즉시 대답했다.

"알겠습니다."

강한 저항이 있을 거라 각오했을 양 장관이 오히려 당황한 눈치였다. 나는 준비를 하고 있었던 것처럼 대안을 내놓았다.

"그렇다면 저를 기관장으로 내보내 주십시오. 저는 아직 한 번도 제대로 된 현업 근무를 해보지 못했습니다."

현업 기관에 있는 공무원들은 승진하면 지방 기관장으로 나갔다가 돌아오는 것이 일반적이었다. 더구나 정통부는 전국 각 지역에 크고 작은 우체국과 지방 체신청이 있었으므로 기관장을 거치고 들어오는 게 관례처럼 되어 있었다. 하지만 나는 승진을 해도 지방으로 보내주지 않았다. 한 번쯤은 현업에서 책임자로 리더십을 발휘해 보고 싶었지만, 그럴 기회를 얻지 못했다. 대신 몇 차례 파견을 나가거나 지방으로 발령받은 적은 있었다. 서기관으로 승진했을 때는 '석호익 체신공무원교육원 기획연구과장으로 보함'이라는 발령장을 받았는데, 그와 함께 뒷장에 '서기관 석호익 국가기간전산망조정위원회 파견을 명함'이라는 또 다른 발령장이 같이 붙어 있어서 본부를 떠나지 못했다.

스위스 제네바의 국제전기통신연합ITU에 파견되고 나서 2년 후 복귀했을 때 전파연구소로 발령을 받은 적이 있었지만, 그때도 내려가지는 못했다. 우리나라 유사 이래 최대 이권 사업으로 재계 판도를 바꾼다는 '제2이동통신 사업자 선정'이라는 중요한 업무가 맡겨졌기 때문이다.

다음에는 청와대 경제수석비서실 행정관으로 근무하다 승진하기 위해 체신부로 복귀했을 때인데, 부처 개편 때문에 승진이 동결되어 국장급 일을 하면서도 승진은 미루어졌다. 그러다가 초대 정통부 장·차관으로 경상현 장관, 이계철 차관이 임명된 후 첫 번째 인사에서 비로소 국장으로 승진할 수 있었다. 예상보다 늦어지기는 했지만 국장 승진은 21회 행정고시 동기 중 과학기술처 권오갑을 제외하고는 내가 가장 빨랐다. 국장 승진 후 정보통신연구관리단으로 발령받고 처음으로 서울을 떠나 대전으로 내려갔다. 이번에는 관사까지 받았기에 본부의 바쁜 업무에서 잠시 벗어날 수 있을 것 같았는데 대전으로 내려가서도 계속 일을 시키는 바람에 거의 서울에 있다시피 해야 했다. 서류상 직책만 대전이었고 일은 서울에서 한 셈이다. 그리고 이석채 장관이 취임하고 나서 5개월 뒤에는 아예 올라올 수밖에 없었다.

"저를 꼭 내보내야만 한다면 제 고향인 경북체신청장으로 보내주십시오."

사실 그곳은 막 승진한 초임 국장의 자리이지 승진을 앞둔 최고참 국장이 갈 자리는 아니었다. 한마디 불평 하지 않고 양보를 했으니 그 정도는 들어줄 거라고 생각했다. 그러나 양 장관은 고개를 저었다.

"그 자리는 안 되오."

나는 숨을 크게 들이마시며 다시 한 번 마음을 다스렸다.

"좋습니다. 그렇다면 아무데든 기관장으로 보내주십시오."

"미안하지만 그것도 곤란하오."

"그렇다면 장관님이 생각하고 있는 자리는 어디입니까?"

"당신은 정통부 국장 보직 중 '가장 나쁜 자리'로 가야 하오."

나는 국민의 정부가 들어선 뒤 이름만 들어도 벌벌 떨 정보기관과 수사기관에서 수많은 조사를 받았다. 공무원으로 불명예스럽게 퇴진시킬 합법적인 구실을 찾기 위해서였다. 하지만 그 숱한 조사에서 내 하자를 찾지 못했다. 그러자 퇴진을 시키지 못하는 대신 좌천시키는 방법을 택한 것 같았다. 이것이 그들이 생각한 차선책인지 모른다. 명분은 전혀 없었다. 그러나 나는 따지지 않았다.

"그곳이 어디입니까?"

양 장관이 생각한 곳은 정보통신정책연구원KISDI 파견 공무원 자리였다. 이 분야 최고의 박사들로 구성된 국내 최고의 국책연구기관이자 세계적으로도 널리 알려질 만큼 명성이 높은 곳이다.

그러나 말 그대로 연구원이기에 공무원의 경우는 신참 국장을 파견해 본부의 장·차관이나 실·국장이 부여한 업무를 연구원과 같이 연구하거나 특정 프로젝트를 담당하도록 하는 자리였다. 나 같은 최고참 국장이 가는 경우는 없었다. 그렇다 하더라도 양 장관은 내가 맡고 있는 책임만은 다 해주길 바랐다.

"IMT-2000 사업자 선정 최종 발표일이 한 달도 남지 않았으니 그때까지는 임무를 다해 주고 그 후에 나가 줘야겠소."

그러고는 덧붙였다.

"그 대신 6개월이 지나면 본부 통신정책국장으로 불러들여 1급 공무원으로 승진할 수 있도록 해주겠소."

"그 말씀은 안 들은 것으로 하겠습니다."

나는 고개를 저었다.

"책임지지도 못할 약속을 하실 필요는 없습니다. 지금 자리도 지켜주지 못하는데 6개월 후인들 뭐가 바뀌겠습니까."

나는 깨끗하게 받아들이기로 했다.

"알겠습니다. 인사권자는 장관님이니 저는 명령하시는 대로 따르겠습니다."

양 장관은 끝까지 나를 본부로 불러들이지 않았다. 잠시 보내는 거라고 했던 그 자리를 본인이 퇴임할 때까지 그대로 두었지만, 곧 불러 승진시켜 주겠다던 말은 당시에는 진심이었을 것이라고 생각한다.

양 장관 후임으로 온 이상철 장관현 LG 유플러스 부회장은 있을 수 없는 인사 조치라며 나를 본부로 다시 불러들이려고 했다. 하지만 여의치 않자 서울체신청장으로 발령을 냈다. 본부로 복귀시키지는 못하지만 최소한의 예우라도 해서 명예롭게 나갈 수 있게 하려는 배려였을 것이다.

양 장관에게 전출을 통고받은 다음 날에도 아무 일도 없었던 것처럼 똑같이 보냈다. 헤어질 때 끝마무리를 더 잘 해야 한다고 나는 평소에 생각하고 있었다. 그래서 오히려 더 정성을 다해 내가 떠난 후 이 사업에 어떠한 흠집도 남지 않도록 완벽하게 점검했다.

한 달 후 어떤 일이 벌어질지 아무에게도 말하지 않았으므로 가까운 동료·후배들은 물론, 나의 일거수일투족을 예의 주시하고 있던 언론도 눈치채지 못했다. 통신업계의 향방이 바뀔 수도 있는 IMT-2000 사업이 무사히 끝나면 주무 국장은 틀림없이 승진할 거라고 점치는 기자들이 많았다. 아내에게는 마음의 준비를 하도록 미리 말해 두었지만 얼른 받아들이지 못하는 듯했다. 이 일에 내가 얼마나 혼신을 다하고 있는지 누구보다 잘 알기에 은근히 그에 대한 보상을 기대하고 있었는지도 모른다.

마침내 한 달이 지난 2001년 8월 25일, LG텔레콤이 동기식 사업자로 선정되면서 오랜 시간 매달렸던 IMT-2000 사업자 선정 작업이 마무리되었다. 비동기식 사업자로 SK텔레콤과 KT가 선정된 것이 전해인 2000년 12월 15일이었지만 동기식 사업자 선정은 해를 넘기고 나서야 마무리를 지을 수 있었다. 그만큼 어렵고 힘든 작업이었다. 틀림없이 후유증이 클 것이라고 언론에서 예측했지만 아무런 잡음도, 이의 제기도 없었다.

8월 30일, 대통령 주재로 열린 '이동통신산업 해외진출 전략회의'에서 양 장관은 '모바일 비전Mobile Vision 2005'에 대해 보고했다. 그때 김대중 대통령이 양 장관을 크게 칭찬했다는 소식을 기자들이 전해 주었다.

IMF 경제위기 상황에서는 국가 재정, 특히 외화 확보가 중요했다. IMT-2000 사업자 선정 작업과 한국통신 민영화, 한국통신 주식의 해외 DR주식예탁증서 발행 등에 수고한 공무원들에 대해 대통령이 치하했다는 말도 덧붙이며 기자들은 말했다.

"한국통신 민영화 또한 석 국장님이 한 일이니 승진이야 당연지사일 거고 훈장도 받을 게 틀림없습니다."

"진작 1급이 되었어야 하는데 국장으로 머물고 계신 게 대체 몇 년째입니까. 그렇게 오래 본부에 있는 국장도 흔치 않지만 주요 요직에서 그

■ 2000년 12월 15일 IMT-2000 사업자 발표회에서 기자들에게 선정 결과를 자세히 설명하고 있다.

만큼 중요한 일만 도맡기도 어려울 겁니다."

나는 웃음으로 대답을 대신했다. 왜냐하면 바로 그날 승진 대신 좌천 발령을 받았고, 그 토요일이 내가 오랫동안 정열을 바쳤던 정보통신부 본부에서의 마지막 날이었기 때문이다.

땀과 열정을 같이했던 동료들이 침통한 표정으로 지켜보는 가운데 말 없이 짐을 꾸렸다. 정보통신에 바쳤던 나의 기록들이 집으로 오자, 설마 했던 아내는 소리없이 눈물을 흘렸다.

그리고 9월 3일 아무 내색도 하지 않고 서울 삼성동 코엑스에서 열린 'IMT-2000 사업 전략을 위한 국제 워크숍'에 참석해 IMT-2000에 대한 미래 비전을 펼쳐 보였다.

9월 6일자로 정통부에 인사이동이 있다는 발표가 있었다. 그러나 나의 인사발령은 그때까지 보도자료도 내지 않은 상태였으므로 대부분 알지 못했다. 일부 눈치 빠른 신문에서 8월 30일자에 거론하긴 했지만 3일

워크숍에서 만난 통신업계 사람들 어느 누구도 믿지 못하는 눈치여서 심지어 내게 성급하게 축하 인사를 건네는 사람도 있었다.

이런 일이 있기 얼마 전, IMT-2000 사업자 선정 작업을 하느라 정신없이 바쁠 때 김희선 국회의원으로부터 만나자는 연락이 왔다. 일면식도 없던 정치가가 단 둘이 만나자고 하는 의미를 알 수가 없었다. 조선호텔 1층 식당에서 오찬을 하며 곧이곧대로 내가 가진 국가관과 소신을 피력하자, 김 의원은 정말 훌륭한 공무원이라며 이런 사람이 나라에는 꼭 필요하다고 추켜 주었다. 능력 있는 사람이 제대로 힘을 발휘할 수 있도록 자신이 도와줄 수도 있다고 하기에 나는 감사하다고 말했다.

그런데 나중에 들은 이야기로는 김 의원이 나를 내보내는 데 가장 앞장선 사람 중 한 명이었다고 한다. 훌륭한 공무원이라고 칭찬했던 그날의 대화와는 반대로, 내가 국민의 정부뿐만 아니라 김 대통령까지 욕을 하고 다녔다는 것이다.

내게는 몇 가지 삶의 원칙이 있다. 나를 아는 사람이라면 다 아는 사실이지만, 결코 본인이 없는 자리에서 뒷말을 하지 않는다는 것이다. 실제 행정을 집행하는 공무원으로 살아온 터라 대안도 없이 헐뜯는 것을 가장 싫어한다. 하물며 그날 처음 만난 김 의원을 상대로 정부나 최고 인사권자인 대통령에 대해 무슨 욕을 했겠는가. 내가 지방으로 발령이 나자 터무니없는 부당한 인사라며 나보다 더 분개하는 지인들도 있었고, 동정을 하거나 내가 울화를 삭이다 병이 들지 않을까 염려해 주는 사람들도 많았다. 그러나 극복해야 할 것은 외부에 있지 않고 바로 나 자신에게 있다는 것을 깨닫는 데는 그리 오래 걸리지 않았다.

사람에게는 누구나 나我와 또 다른 나非我가 있다. 그 둘은 일치할 때도 있지만 서로 갈등을 하기도 한다. 특히 생활이 어렵거나 곤궁할 때면 그 간극이 넓어지거나 아예 정반대 입장에 서는 경우도 많다. 사람은 누구나 남을 속일 수는 있다. 부모, 형제, 친구, 심지어 가장 가깝다는 부부 간에도 때로는 속인다. 그러나 자기 자신을 속이기는 힘들다.

건방진 이야기일 수 있지만, 나는 나 자신을 속이지 않고 나와 또 다른 나를 일치시키려 노력하며 살아왔다는 말을 내가 죽을 때 자신에게 떳떳이 말할 수 있어야 한다고 생각한다.

현실은 목표가 아니고 과정일 뿐이다. 강을 건넌 후를 생각한다면 강을 건너는 과정에서 나를 던져버려서는 안 된다. 승진이나 출세를 목표로 살지는 않겠다고 다짐해왔는데, 여기서 분노한다면 그것은 지는 것이다. 내 삶의 마지막 목표가 최소한 자신에게 정직한 삶을 살자는 것이라면, 자신에게 정직하기 위해 겪어내야 할 어려움이 있는 것은 당연하다. 이 또한 거쳐야 할 과정인 것이다.

2001년 9월 6일자로 부임한 정보통신정책연구원에서는 내게 방을 하나 주었다. 여직원도 한 명 있었다. 당시 연구원장은 윤창번 박사였다. 윤 박사와는 초면이 아니었다. 내가 1991년 제네바 국제전기통신연합에서 파견근무를 할 때, 윤 박사가 송언종 장관을 수행하고 왔던 적이 있었기 때문이다. 능력은 물론 대인관계가 매끄럽고, 특히 영어를 잘하는 윤 박사에게 나는 첫눈에 호감을 가졌다. 그래서 평소에 정통부 장·차관이나 간부들에게 능력 있는 분이라고 말해 왔고, 통신·방송 융합이 진전되면 통신뿐 아니라 방송 분야에서도 학계 제1인자가 될 수 있도록 SBS 사외이사로 추천한 적이 있었다.

윤 원장은 내가 그곳으로 발령받자 나를 도와줄 수 있는 대학원생 계약직 연구원도 붙여 주고, 간부 박사들을 모아 영전 축하 오찬을 하면서 '앞으로 국가를 위해 큰일을 하실 분이니 우리 연구원에 계시는 동안 최대한 도와드리라'는 당부를 여러 차례 했다.

나는 그동안 일만 하느라 소홀했던 나 자신을 되돌아보고 자신을 되찾는 데 신경을 쓰기로 마음먹었다.

첫 번째는 늘 마음에 두고는 있었지만 시간을 낼 수 없어 거의 포기했던 박사학위 논문을 쓰는 것이었다. 직장에서 가까운 성균관대학교 대학원에 야간으로 등록은 했지만 IMT-2000 사업자 선정 작업을 맡게 되면서 중단한 상태였기 때문이다. 다시 시작한 학문의 세계는 더없이 즐거웠다. 나는 정보통신의 미래는 방송과 융합되어야 더욱 발전할 수 있다고 생각하고 있었다. 그리고 마침내 2002년 2월 〈통신·방송의 융합 요인과 효과에 관한 비교〉라는 논문으로 박사학위를 받았다.

어떤 일이든 혼자 할 수 있는 것은 없다. 윤 원장은 방송 분야에 해박한 김국진 박사에게 부탁해 내가 논문 쓰는 데 큰 도움을 주었다. 그리고 지도교수인 김성태 교수도 헌신적이고 애정어린 지도를 아끼지 않았다. 내가 박사학위 논문을 쓴다는 것을 안 양 장관도 윤 원장을 만난 자리에서 석 국장이 논문을 쓰는데 도와주라는 말을 했다고 한다. 그 후 양 장관이 "석 국장 논문 쓰고 박사학위 받는 시간을 배려해 주느라고 KISDI로 파견했다"고 하길래 "네, 장관님 덕분에 학위를 받았습니다"라고 대답했다.

두 번째는 운동을 시작한 것이었다. 체력보강 운동과 더불어 골프를 배우기 시작했다. 외국에 있을 때 채를 잡긴 했지만 정식으로 배운 게 아니다 보니 폼도 실력도 엉성했기에 골프 프로에게 완전 초보라 생각하고 기초부터 가르쳐 달라고 했다. 아침 일찍 집을 나와 운동을 하고 출근했는데도 나는 연구원에 일찍 출근하는 사람 중 한 명이었다.

세 번째는 담배를 끊은 것이다. 그때까지 나는 소문난 골초였다. 하루에 서너 갑, 한창 IMT-2000 사업자 선정에 매달렸을 때는 다섯 갑까지 피워 댔으므로 잠자기 전까지는 손에서 담배가 떨어질 틈이 없었다. 그러나 2002년 2월 2일을 기해 담배를 끊었고, 그 이후 지금까지 단 한 개비도 피우지 않고 있다.

또 하나 덧붙이자면 표정관리였다. 나는 매일 출근하기 전에 화장실 거울 앞에 서서 활짝 웃었다. 어린 시절 어른들이 붙여준 나의 별명은 '잘 웃는 아이'였다. 그런데 오랫동안 긴장하며 살다 보니 어느새 날카롭고 딱딱한, 때로는 냉정해 보이기까지 하는 얼굴로 바뀌고 말았다. 원래 얼굴을 찾기 위해 하루로 빠짐없이 거울을 보며 나 자신에게 웃음을 보여주었다. 그리고 하루도 빠지지 않고 출근했다. 내가 나가지 않아도 무어라 할 사람은 없었지만 그럴수록 나 자신에게 엄격해야 했다. 제일 어려운 일이긴 하지만, 반드시 이겨내야 할 상대는 바로 자기 자신이기 때문이다. 일이 주어지지 않으면 정통부를 찾아가 일을 찾아내서라도 했다.

그러는 동안 찾아오는 손님이 끊이지 않았다. 본부에서 같이 일하던 공무원들이 찾아와 때로는 조언을 청했고, 같이 근무했던 후배들이 새로 발령을 받으면 거의 예외 없이 인사차 다녀갔다. 본부에서 나가긴 했지만 여전히 주위 사람들은 나를 높이 보아주었고 통신업계에 미친 공로를 인정해 준 것이다. 사람들은 나를 놀라워하다 못해 독하다고 말했다. 그런 상황에 처하면 속을 끓이다가 건강을 해치고 주위 사람들에 대한 원망으로 자칫 사람까지 망가질 수도 있었기 때문이다.

하지만 나는 그 일 년 동안 골프는 수준급이 되었고, 박사학위를 받았으며, 담배를 끊었다. 또 인상이 너그럽고 편안해졌다는 말을 듣기 시작했다. 비관하거나 자포자기하는 대신 주어진 현실을 최대한 긍정적인 요소로 바꾼 것이다. 위기는 또 다른 기회가 될 수도 있다. 물론 주위 사람들의 협조와 격려가 있었기에 가능했던 일이었다.

사람들은 궁금해했다. 왜 잘 나가던 국장이 하루아침에 본부에서 쫓겨날 수밖에 없었는지. 때로는 조심스레 묻기도 했다.

"도대체 무슨 일이 있었던 겁니까?"

정통부 '파격 인사' 앞두고 술렁

양승택 정보통신부 장관이 국회 국정감사를 앞두고 전면적인 실·국장 인사를 단행할 계획이어서 정통부 조직이 술렁이고 있다. …… 체신부 출신인 석호익 국장은 한국정보통신정책연구원KISDI으로 파견될 예정. 양 장관 부임 후 처음 실시되는 인사에서 이처럼 파격적인 자리바꿈이 실시됨에 따라 정통부 내부에서는 '장관의 취향에 맞춘 자리배치'냐 '보복성 인사'냐 등의 뒷말이 무성.

— 〈한국일보〉, 2001. 8. 30, 한기석 기자

정통부 파격 인사… 배경은?

정보통신부가 4일과 5일 이틀에 걸쳐 9명의 실·국장급 인사를 단행했다. …… 특히 지원국장으로 통신산업 구조조정을 맡았던 석호익 국장이 정보통신정책연구원KISDI로 파견됐다는 점에서는 다소 의외라는 지적도 나오고 있다…….

— 〈머니투데이〉, 2001. 9. 5, 최상현 기자

…… 이기호 경제수석이 전화를 해서 왜 차관을 바꾸지 않느냐고 물었다. 나는 경제수석이 차관 인사에 개입하는 것이 못마땅했다. 외부에서 왔으니 당분간 내부 출신인 차관을 그대로 두겠다고 했다. 그랬더니 왜 직원 인사 단행은 하지 않느냐고 묻는다. 나는 직원을 더 관찰해 보고 적재적소에 배치하는 인사를 하겠다고 대답했다. 그랬더니 자기가 김아무개를 1급감으로 준비하고 있노라고 말하는 것이다. 나는 정통부 인사의 외부 입김은 결국 이기호라는 것을 알게 되었다…….

— 양 승 택 _ 전 정보통신부 장관 저서 《끝없는 일신日新》, 312쪽

정보통신은 나라의 미래이며 희망

굶어죽을지언정 씨나락은 까먹지 않는다

IMT-2000 서비스를 우리나라에 도입하기 위한 사업자 선정 때문에 눈코 뜰 새 없이 바쁜 나날을 보낼 때였다. 그 문제로 안병엽 장관은 하루에도 몇 번씩 나를 찾곤 했다.

안 장관은 행정고시 합격 후 경제기획원에서 줄곧 근무하다가 이석채 정통부 장관이 정보화기획실을 신설하면서 초대 실장으로 발탁되었는데, 그 후 정통부 차관과 장관을 지냈다. 거시경제 관점에서 우리나라 정보화 촉진과 정보산업 육성에 많은 기여를 했으며, 성격이 온화하고 부하들의 의견을 주의 깊게 듣는 분이었다.

2000년 어느 날, 청와대로 들어오라는 부름을 받았다. 이기호 경제수석이 부른 것이었다. IMF 상황이어서 경제위기 극복을 위한 외자 유치가 초미의 관심사였는데, 일본 NTT 도코모_{일본의 휴대전화 및 무선통신 서비스를 제공하는 기업} 그룹에서 60억 달러라는 거액을 우리나라 최대 이동통신업체인 SKT에 투자하겠다고 제의를 해왔다. 산업자원부는 즉시 이 수석에게 보고했고, 이 수석도 이 희소식을 지체없이 김대중 대통령에게 보고했다고 한다.

그런데 6개월이 지나도록 투자자금이 유입되지 않았다. 초조해진 이

■ 일본 NTT 도코모 그룹이 60억 달러를 투자하겠다고 제의했으나 정통부의 반대로 성사되지 못했다.

수석이 산업자원부에 그 이유를 묻자, 산자부는 IMT-2000 사업자 선정을 핑계로 정통부가 규제하는 등 비협조적이기 때문이라고 했다는 것이다. 이 수석이 그 담당자인 나와 김동선 차관을 청와대로 불러들인 것은 바로 그 때문이었다. 내세운 명분은 NTT 도코모 투자 건이 아니었다. IMT-2000 사업자 선정 추진 상황과 당시 국가 최대 관심사 중의 하나인 공기업 민영화 중에서 관심의 대상이던 한국통신 민영화 추진 상황을 보고받고 싶다는 것이었다. 한국통신 민영화나 IMT-2000 사업자 선정 같은 당시 정보통신의 중요 업무는 경제수석의 소관이었다.

김동선 차관은 의례적인 인사말만 하고 이 수석의 질문에 대한 대답은 주로 내가 했다. 이 수석과는 전부터 잘 아는 사이였다. 문민정부 초기, 이회창 국무총리 시절에 나는 청와대에서 경제수석실 행정관으로 근무한 적이 있다. 그때 경제조정관이던 이 수석은 후일 참여정부 때 국무총리가 된 경제수석실의 한덕수 산업통신 비서관과 업무보고 및 협의를 하러 종종 내 사무실을 찾아오곤 했다.

이윽고 이 수석은 NTT 도코모의 투자를 도울 방법을 생각해 봐야 하지 않겠느냐는 말로 운을 뗐다. 직접적인 언급은 피했지만 필요하다면 당시 IMT-2000의 기준을 변경해서라도 NTT 도코모의 투자가 가능하도록 하라는 것이 요지였다. 그 무렵은 IMT-2000 사업자의 기술 방식인 북미 방식의 동기식과 유럽 방식의 비동기식 간에 한창 치열한 논쟁이 벌어지고 있던 중이었다.

처음에는 "검토해 보겠습니다"라는 정도로 즉답을 피했고, 다음은 "노력은 해보겠지만 어려울 것 같습니다"라는 말로 이 수석이 원하고 있을 대답을 해주지 않았다. 해줄 수가 없었다. 오히려 어떤 어려움이 있어도 그것만큼은 반드시 지켜내야 한다고 속으로 각오를 다지고 있었다.

몇 달 후, 이 수석이 다시 불렀다. 보통 경제수석에게는 장관이나 차관이 가는 것이 예우였으나 김 차관은 "당신이 경제수석을 잘 알고 업무도 잘 아니까 이번에는 혼자 가서 설명하는 게 더 좋겠다"고 했다. 세 번째부터는 청와대 경제수석실도 아예 나만 불렀다.

그러나 그때에도 이 수석의 요구를 들어주지 못했다. 이 수석은 불쾌한 기색을 감추지 못했다. 이 수석과 나와의 충돌은 예견된 일이었다. 다섯 번째인가 청와대로 불려갔을 때 마침내 크게 부딪히고 말았다.

이 수석은 IMF 경제위기 극복을 위해 전 국민이 합심해서 도와도 부족할 판에 같은 정부 부처인 정통부가 이 좋은 기회조차 막고 있다며 당장 외자도입을 할 수 있도록 하라고 했다. 그 돈만 들어오면 경제위기 극복에 큰 도움이 될 텐데 장·차관도 아닌 일개 국장인 당신이 뭐라고 이렇게 버티느냐고 노여움을 감추지 못했다.

"수석님, 수석님께서는 전문 경제 관료이시며 현재 사실상 경제정책의 수장이십니다. 일본이 왜 60억 불이나 되는 거금을 한국에 투자하려

하겠습니까? 그들은 SKT나 우리나라가 일본식, 구체적으로 말하면 NTT 도코모의 비동기식 통신 방식 채택을 전제로 투자하겠다는 겁니다."

나는 완곡하게 표현하긴 했지만 그동안 몇 번 해왔던 말을 조금 더 강하게 피력했다. 투자를 빌미로 그 속에 숨겨놓은 커다란 함정을 이 수석이 알아주길 진정으로 바랐다.

"우리나라는 수출이 잘 될수록 대일무역 적자가 늘어나는 구조입니다. 아시다시피 기계와 부품을 일본에 거의 의존하기 때문입니다. 그런데 비교적 대일의존도가 낮고 무역적자가 적은 산업이 정보통신 분야입니다. 그중에서도 거의 독립된 분야가 이동통신 분야입니다."

동기식이든 비동기식이든 어느 쪽으로든 우리는 결정하게 될 것이다. 하지만 우리 자신의 힘으로 하는 방식이어야 했다.

"우리는 모든 산업이 일본에 뒤지고 있습니다. 그러나 현재 이동통신만은 일본과 비슷하거나 부분적으로는 앞서고 있습니다. 만일 NTT 도코모가 원하는 대로 일본식 비동기식으로 하면 지금은 그리 큰 문제가 아니겠지만 나중에는 이동통신 분야까지 NTT 도코모에 종속되어 그것마저 일본에 의존해야 하는 상황이 반드시 올 것입니다."

'이동통신을 넘겨준다는 것은 우리가 일본을 이길 수 있는 기회까지 넘겨주겠다는 말과 같을 수도 있습니다' 라는 말은 꿀꺽 속으로 삼켰다.

"지금 우리나라 전체 경제 상황이 얼마나 심각한지 아시오? 불확실한 나중 일 때문에 발등에 떨어진 불을 끌 기회를 놓치겠다는 말이잖소. 일은 선과 후가 있는 거요."

정권 실세라고 하는 이 수석에게 이렇게 겁 없이 맞서다가 나중에 개인적으로 어떤 불이익을 당할 수도 있다는 염려보다는 겨우 싹을 틔우기 시작한 이동통신의 미래만이 내 머릿속을 온통 차지하고 있었다. 나는 어떠한 일이 있어도 이것만은 지켜내야 한다는 굳은 각오로 말했다.

"저는 농촌에서 태어나 자란 농부의 자식입니다. 우리 선조들은 아무리 어려운 춘궁기에도 굶어죽을지언정 씨나락은 까먹지 않았습니다. 봄에 뿌릴 씨앗은 어려움을 버텨낼 수 있는 삶의 희망이었기 때문입니다. 이동통신은 앞으로 우리나라가 살아나갈 씨종자입니다. 이것만은 절대 내주어서는 안 됩니다. 그렇게 되면 우리는 분명 후대에 역사의 죄인으로 남게 될 겁니다."

순간 이 수석이 격분해서 옆에 있던 휴지통을 집어들어 던졌다. 휴지통은 아슬아슬하게 나를 비껴가 벽에 부딪히고 떨어졌다.

"나를 매국노 취급을 하는 거요? 당신만 나라를 생각하는 줄 아나?"

이 수석은 쉽게 화를 가라앉히지 못했다. 하지만 나는 한 발짝도 움직이지 않고 수석과 정면으로 맞섰다. 여기서 굴복하면 절대 안 된다, 나는 마음을 더욱 다잡았다.

"수석님도 나라를 위해 하시려는 일인 줄은 잘 압니다. 하지만 현재 IMF 위기가 심각하다고는 해도 이것은 어떤 식으로든 극복될 겁니다. 그 훗날을 위해 우리를 먹여 살릴 수 있는 씨종자는 꼭 남겨두어야 합니다. 당장 급하다고 모든 것을 다 내놓고 나면 IMF를 극복한 후 우리에겐 아무것도 없게 됩니다. 이동통신은 우리나라의 미래이고 희망입니다."

'시키는 대로 하겠습니다' 라는 대답은 들을 수 없을 거라는 메시지를 담은 결연한 목소리로 나는 말했다.

"죄송합니다. 꼭 하셔야 한다면 차라리 저를 바꾸고 하십시오. 아니면 수석님께서 대통령님을 모신 자리에서 관계 장관을 불러 결정하십시오. 그건 저로서도 어쩔 수 없지만 이 자리에서 이 업무를 담당하는 한, 저는 절대 동의하지 않을 겁니다."

그 뒤로 이 수석은 나를 부르지 않았다. NTT 도코모 투자 건도 성사되지 못했다. 장관의 결정으로도 하지 않았고, 대통령 주재 국무회의에서도 이 문제는 거론되지 않았다.

　사실 정무적으로 결정한다는 것은 웬만한 자신감과 책임감 없이는 힘든 일이다. 앞으로 발생할 정치적·도의적 책임까지 다 감당하겠다는 뜻이므로 정권적 차원에서 부담이 큰 도박에 가까운 결정이기 때문이다.

　마음 같아선 나를 교체시키고 싶었을 것이다. 그러나 당시 나는 경제계의 판도를 바꿀지 모른다는 IMT-2000 사업자 선정을 총책임진 주무 국장이었다. 언론은 내 말과 행동 하나하나에 관심을 갖고 행여 중요한 내용을 놓칠세라 취재를 하고 있던 터라 내 얼굴이 하루도 빠짐없이 신문과 텔레비전에 나오고 있었다. 관련 사업자들도 내 말에 촉각을 곤두세우며 IMT-2000의 향방을 가늠하느라 분주했다.

　따라서 나를 교체하게 되면 사업자 선정 과정에 대한 의혹의 시선을 받을 위험이 있고, 선정 후에도 정권 실세의 압력설로 시끄러워지리라는 것은 불을 보듯 뻔했다.

　나는 식사도 외부에서 하지 않고 주로 구내식당을 이용했다. 어느 신문은 내가 칼국수를 좋아한다는 것을 알고 기업 쪽 사람들이 직장 근처 내가 잘 가는 칼국수집에서 나를 만날 수 있지 않을까 기대하며 매일 기다리고 있다는 가십성 보도까지 냈다.

　업체 사람들과 식사라도 해야 할 경우에는, 밀실 담합이라는 의혹이 생기지 않도록 사업을 준비하는 모든 업체 임원들을 불러 다함께 했다. 특정 업체와 꼭 해야 할 경우가 있으면 여러 사람들, 그리고 우리 직원들과도 함께 했다. 사업자를 선정할 때 투명하고 공정하게 하는 것은 물론, 선정 과정을 모두 공개하고 기록으로 남겼으므로 일의 중대성에 비해 사람들이 신기하다고 할 만큼 조그마한 잡음도 발생하지 않았다.

　그러므로 시끄러워질 게 분명한 여론을 무시하면서까지 주무 국장을 교체할 만한 명분도 없었고, 말썽의 소지가 많은 IMT-2000 사업자 선정을 나 대신 맡기기에 적당한 사람을 찾기도 어려웠을 것이다.

당시 안병엽 장관은 대부분의 보직 인사는 차관에게 맡겼지만 IMT-2000 사업자 허가 업무 관련 인사는 직접 했다. 가장 적임자로 전파방송국장이던 나를 지명했는데, 그 인사 원칙은 첫째 전문성과 경험이었으며, 둘째 투명성에 대해 버틸 수 있는 내구력 혹은 감내력, 이 두 가지였다고 한다.

그 보직 이동과 관련해 청와대 관계 비서관들의 난상토론이 있었다는데, 그 회의에서 내가 적임자인 이유 세 가지와 그 일을 맡겨서는 안 될 세 가지가 거론되었다고 한다.

나를 시켜야 하는 이유는 첫째, 이미 제2이동통신 사업자 선정을 해본 경험이 있다. 누가 봐도 정보통신 분야의 전문가로 큰일을 감당해 낼 능력이 있다. 둘째, 혹시 문제가 생겼을 경우 남에게 책임을 전가하지 않고 저 혼자 책임지고 죽을 사람이다. 셋째, 기업에겐 사활이 걸린 매우 민감한 사업이므로 기업도 납득할 수 있는 인물을 선정해야 나중에 뒷말이 없다.

맡기면 안 될 이유는 첫째, 소신이 너무 강해 호락호락 말을 듣지 않을 것이다. 둘째, 원칙대로만 일하므로 자칫 정권에 부담이 되는 결정을 내릴 수도 있다. 셋째, 키워서는 안 될 인물인데 성공적으로 끝내고 나면 너무 커버릴 위험이 있다.

경제수석이 나를 부르지 않는 대신 사직동팀_{경찰청 형사국 조사과. 청와대에서 직접 지시와 보고를 받는 사실상의 청와대 정보부서}에서 조사가 들어오기 시작했다. 사직동팀이 2000년 10월 16일 폐지되었다는 신문 발표를 보긴 했지만, IMT-2000 사업자 선정이 끝나는 날까지 나는 늘 누군가의 감시를 받았다.

아내와 가끔 들르는 우리 집 앞 호프집에도 조사하러 왔었다는 사실을 주인이 말해 주었다. 그들은 내가 누구랑 오는지, 와서 무얼 하는지, 무엇을 먹는지, 언제 왔는지 등을 꼬치꼬치 물었다고 한다.

이유 없이 인사이동을 시킬 수는 없으니 법적인 하자를 찾기 위해서였던 것 같다. 그들은 내가 사업자들의 운명을 바꿔 놓을 수도 있는 큰일을 맡고 있으므로 열심히 뒤지고 털어내다 보면 틀림없이 무언가가 나올 거라고 확신했던 것 같다.

나를 아끼던 정보부 쪽 사람이 슬쩍 귀띔을 해주었다. 전화 통화를 할 때 늘 누군가가 들을 거라 생각하며 말을 조심하고, 집 전화를 될 수 있으면 쓰지 말라고 말이다. 그래서 집안 식구들은 전화가 오면 몹시 불안해했고, 아내는 전화에 대해 공포심 같은 것이 생겨 꼭 해야 할 전화조차 하지 못하곤 했다.

내가 조사받은 것은 사직동팀이 처음이 아니었지만, 그들 역시 내게 혐의를 씌우지 못했다. 대검 중수부, 서울지검 특수2부, 중앙정보부안기부, 심지어 보안사의 조사를 받은 적도 있었다. 체신부 시절부터 정통부에 이르기까지 민감한 업무들을 많이 맡다 보니 눈에 띌 수밖에 없었던 모양이다.

이 수석과는 정보화촉진기금에 대해서도 논쟁을 했다. 당시 IMT-2000 사업자 출연금은 선정된 사업자당 1조 3000억 원이었는데, 그것은 모두 내가 입안한 전파법에 따라 정보화촉진기금으로 전입하게 되어 있었다. 그런데 그 기금을 정통부만 쥐고 있지 말고 다른 부처에도 나누어 주라는 것이었다.

정보화촉진기금은 그 전신이 정보통신연구진흥기금으로, 그동안 우리나라 정보통신의 발전, 특히 연구개발을 위해 핵심적인 역할을 해왔다. 윤동윤 체신부 장관 때 기초를 만들었고, 경상현 정통부 장관 때인 1995년 8월 4일 제정하여 1996년 1월부터 시행한 정보화촉진기본법에

준거하여 설치한 준조세였다.

정통부는 기간통신사업자들의 시장진입을 허가하는 조건으로 이 기금을 걷어 IT산업 육성과 국가사회정보화 촉진에 활용한다는 목표를 세우고, 주로 중소 IT기업 기술개발 지원자금, 창업지원 표준화, 인력양성 등에 사용하는 연구개발계정과 국가사회정보화 촉진을 위한 일반계정으로 구분해 활용해왔다.

이 수석은 IMT-2000 사업자 선정으로 막대한 기금을 추가로 확보할 수 있을 테니 그 자금을 풀라는 것이었다. 하지만 그 돈은 정부가 필요할 때 쓰려고 비축한 자금이 아니라 정보화 촉진, IT 연구개발 등에 투자해 IT산업을 발전시키고 세계 최고의 정보 인프라를 구축하여 한국을 IT 초강국으로 건설하기 위한 종자돈이었다.

나는 이 기금이 마련된 본래의 목적을 설명하며 이것이 미래 IT산업 발전의 디딤돌이 될 것임을 이해시키려 애쓴 끝에 마침내 얼마간 타협점을 만들어냈다. 정보화촉진기금을 과기부·문광부·산자부 같은 부서에도 풀긴 했지만 원칙을 세워 반드시 정보통신 관련 일에만 준 것이다.

그래서 그 기금을 쓴 업무에는 모두 '정보'라는 두 글자가 붙여졌다. 이를테면 과기부나 산자부에는 정보통신기기 및 부품 개발자금으로, 농림부는 농업 정보화, 문광부는 정보화 콘텐츠 육성을 위한 기금 등이었다. 2001년 8월 설립된 한국문화콘텐츠진흥원도 그때 그 기금으로 만든 것이다. IT산업 발전이라는 기금의 본래 목적과 완전히 들어맞는 건 아니었지만 광의로 보면 결국 정보화 육성에 쓰게 한 것이다. 이처럼 정통부가 아닌 다른 부처가 기금을 쓴다 해도 본래 만들어진 기금의 성격에서 벗어나지 않도록 했다.

그때 일본이 제시했던 60억 달러는 당시 환율로 환산하면 대략 7조 8000억이었다. 엄청난 금액이었다. 그 돈을 받았더라면 우리는 경제위기를 더 쉽게, 더 빨리 극복할 수 있었을지 모른다. 그리고 SK그룹도 어려움을 당하지 않았을지도 모르겠다.

그러나 나는 그때 끝까지 버텨낸 나 자신에게 자부심을 갖고 있다. 예전엔 감히 상상도 못할 만큼 빠른 속도로 발전해가고 있는 이동통신을 보면 더욱 그렇다. 그때 이동통신을 지켜내지 못했더라면 지금 우리나라는 결코 정보통신 강국이 되지 못했을 것이라고 확신한다. 그리고 지금까지 SK그룹이 재계 선두 자리를 지키게 된 것도 어느 누구에게 빚진 것 없이 스스로의 힘으로 어려움을 슬기롭게 극복했기 때문이 아닐까 하고 감히 생각한다.

반대로 정보통신이라는 미래 산업 유치에 우리보다 한 발 뒤진 일본 경제는 현재 침체를 면치 못하고 있다. 그때 우리가 60억 달러를 받았더라면 그들 경제에 큰 활력소가 되었을 것이다. 대신 우리나라는 지금과 같은 이동통신의 비약적인 발전을 기대할 수 없었을 것이다.

나는 앞으로도 우리나라가 살아갈 수 있는 길은 정보통신 분야라고 생각한다. 기름 한 방울 나지 않지만 누구보다 부지런하고 호기심 많고 머리 좋은 우리 국민은 정보통신이라는 무궁한 자원을 이미 갖고 있다. 이 훌륭한 자산을 어떻게 키워가야 하는가는 정치권에서 맡아야 할 몫이다.

우리는 IMT-2000 사업자 선정을 훌륭히 끝냈다. 후일 방송통신위원회 기조실장이 된 이기주 통신기획과장을 비롯해 서석진 서기관, 홍진배·박노익·송상훈 사무관, 고창휴 주무관, 박동욱·이홍재·김한주 박사 등이 모두 한마음이 되어 몸을 사리지 않고 힘든 과정을 함께 헤치고 나온 결과였다.

처음 나에게 맡겨졌을 때, 이 일이 일단락된 후 일어날 수 있는 최악의 사태를 상상할 수 있었다. 이해관계가 달려 있으니 누군가 그 결과에 불만을 가질 것이기 때문이다. 기업의 사활이 걸린 문제라 불만을 터뜨리는 정도가 아니라 반발할 수도 있다고 생각했다. 잘못하면 그 모든 책임을 나 혼자 지고 청문회에 서게 될 수도 있을 것이고, 더 나쁜 일이 생길 수도 있을 것이다.

그러나 주어진 일을 피할 생각은 없었다. 오히려 소신껏 일하며 그 과정을 하나도 빠짐없이 기록으로 남겼다. 지금도 그 기록이 남아 있을 만큼 사업자 선정은 투명하고 공정하고 합리적으로 이루어졌다.

오랫동안 젊음을 불살랐던 정통부 본부를 떠날 수밖에 없었던 뒷날, 청와대 쪽에서 흘러나왔다는 말을 전해들을 수 있었다.

"석호익이 다시는 살아날 수 없도록 확실하게 처리하시오!"

그로부터 10여 년이 지난 2010년 재경대구경북 신년하례회 때였다. 김범일 대구시장과 김관용 경북지사의 인사말에 이어 많은 분들이 축사를 한 후, 마지막으로 박근혜 대표가 짧은 인사말을 했다.

식이 끝나고 박 대표는 참석자들과 차례로 악수를 하며 인사를 나누었는데 나를 보더니 활짝 웃는 얼굴로 손을 내밀었다.

"참 오랜만이네요."

나도 반갑게 박 대표의 손을 마주 잡았다.

"네, 반갑습니다. 저는 지금 KT에 부회장으로 가 있습니다."

박 대표는 특유의 따뜻한 미소로 답했다.

"네, 알고 있어요."

짧은 대화였지만 그 뒤에 있던 김성조·서상기·김태환 의원 등이 "박 대표가 이 많은 사람들 중에 석 부회장에게 먼저 말을 건네다니, 그리고 현재 어디 있는지 기억하고 있다니 석 부회장 역시 대단하다"고 농담을 했다. 박 대표와의 인연은 IMT-2000 사업자 선정, 한국통신 민영화, 한솔DCS 매각, 벤처게이트 등, 정보통신 분야의 의혹이 연일 신문과 방송에 보도되고 있던 국민의 정부 시절부터였다.

■ 재경대구경북 신년하례회에서 박근혜 전 대표와 악수하며 활짝 웃고 있는 모습.

　국회 개회 때마다, 특히 국정감사 때는 이들 문제가 주요 쟁점이 되어 국회의원과 정통부 간에 심한 공방이 오가곤 했다. 의원들을 상대로 안병엽 장관이 원칙적인 답변을 하고 실무에 관한 구체적이고 민감한 답변은 주무 국장인 내가 주로 맡았다. 나는 소신껏 답변하여 의원들로부터 교감을 많이 얻기도 했지만 때로는 설전이 벌어지기도 했다.

　특히 초선인 원희룡 의원은 수능 전국 1등에 서울대 법대를 나온 이력답게 탄탄한 실력을 가지고 있었다. 공격적이면서도 논리적으로 예리하게 정부 정책 판단의 오류와 사업추진 과정의 의혹을 집중 추궁하곤 했다. 원 의원과 한 치 밀리지 않는 질의와 답변으로 고성이 오가자, 김형오 위원장의 제지와 경고를 받기도 했다.

　그래서 회의 기간 외에도 자주 국회의관회관을 찾아 여당은 물론 야당 국회의원들에게도 정통부가 추진하는 주요 사업과 앞으로의 계획을 설명하며 설득하려 애썼다. 그 과정에서 야당인 원 의원과는 여러 차례 격론을 벌이고 얼굴을 붉힌 일도 있었다. 그러나 원 의원은 젊은 나이답지 않게 솔직하고 포용력을 갖추고 있어서 진지하게 경청하며 합리적인 결론을 도출하기 위해 성의를 다해 주었다.

우리는 가장 많이 논쟁했고 서로 다른 의견으로 팽팽하게 맞섰지만, 마음속으로는 서로를 인정해주고 있었다. 국민에게 도움이 되는 길을 항상 먼저 생각했으며, 어떠한 힘 앞에서도 소신을 굽히지 않는다는 기본적인 자세는 같았기 때문이다. 그래서 오히려 지금까지 가깝게 친분을 유지하는 국회의원 중 한 분이 되었다.

참여정부 시절 과학기술정보통신위원회 소속이었던 박근혜 의원은 신중하고 무게 있는 언행으로 당시 공무원들 사이에 인기가 많았고 깊은 신뢰를 받고 있었다. 일부 의원들이 그러듯이 전시용으로 의미 없는 질문은 결코 하지 않았으며, 본질을 벗어난 인신공격성 발언 또한 절대 하는 법이 없었다. 또 장관 등 공무원들에게 언제나 존댓말을 썼다.

박 대표는 일을 키우거나 사건화해서 신문에 활자화될 만한 이슈를 만들기 위해서가 아니라 문제를 실제적으로 해결하는 것을 목적으로 하는, 몇 안 되는 의원들 중 한 명이었다. 그래서 국회가 끝나면 정통부 장관은 물론 간부들은 박 의원이 지적한 사항만큼은 반드시 신중하게 점검하고 그 결과를 직접 혹은 보좌관을 통해 설명하곤 했다.

나는 국회의원회관에 있는 박근혜 의원실에 가끔 들러 정통부의 당면 과제 및 업무를 보고하며 설명을 드리곤 했는데, 어느 날 박 대표가 의원실 문밖까지 배웅을 나와서 내 손을 두 손으로 꼭 잡으며 말했.

"참고 열심히 하세요."

박 의원이 과학기술정보통신위원회에 있던 그 시기에 나는 정통부에서 추진하는 중요하고 민감한 일을 도맡아하고 있었기에 국회에 출입할

자신을 스스로 다스려야 나가야만 하는 길고 힘든 시간을 보내던 어느 날.

일이 많았다. 그 덕에 국회의원들 사이에서 나는 일에 대한 집념이 강하고 성실하며 우수한 공무원으로 상당히 알려져 있었다. 그런데도 승진 인사 명단에 내 이름이 늘 누락되었던 시기였으므로 김효석 의원 등 여당 의원은 물론, 야당 의원들도 내가 받고 있던 차별적 대우나 불이익에 대해 안타까움을 넘어서 동정심까지 보여주는 경우가 많았다.

그날 문밖까지 나왔던 박 대표는 중지로 내 손바닥을 지그시 누르면서 안쓰러운 듯 말했다.

"우리 당이 집권하면 장관 하세요."

그러나 세상의 이목이 집중되었던 어려운 일을 성공적으로 마무리한 후 나는 승진이나 영전 대신 좌천되었다. 나를 잘 알고 있던 국회의원들 사이에서 잘못된 인사라며 의견이 분분했다고 한다. 그 부당함에 대해 질의했던 의원도 있었지만, 번복되지는 않았다. 그때부터 자신을 스스로 다스려 나가야만 하는 길고 힘든 시간이 시작되었다.

공무원 재직 중 가장 힘들었던 시절

그릇 깰 것이 두려워 설거지를 피하진 않는다

1998년 가을, 우정국장이었던 나는 검찰로부터 출두해 달라는 전화를 받았다. 이듬해 만국우편연합UPU 총회를 열게 된 중국의 초청을 받아 2주 동안 출장을 다녀온 지 며칠이 지나지 않았을 때였다.

조사받을 만한 일이 없다고 생각한 나는 검찰 요청에 응하지 않았다. 그러자 담당 검사가 직접 전화를 걸어 왔다. 조사가 필요하다면 정식으로 영장을 보내 달라고 소환 거부 의사를 거듭 밝혔는데도 담당 검사는 참고인으로 잠시 왔다 가는 거니까 협조해 달라고 부탁했다.

국회 국정감사가 진행되고 있던 때여서 실무책임자가 시간을 내는 것은 쉽지 않았다. 그래서 배순훈 장관과 안병엽 차관에게 검찰로부터 출두 요청이 왔다는 사실을 보고하고 허락을 구했다. 여러 사람이 비슷한 일로 어려움을 겪고 있던 터라 장·차관은 무슨 일인지 모르지만 잘 해명해 오해가 없도록 하라며 걱정했다.

무슨 일로 부른 건지 몰랐기에 검찰청에 가는 길이 편안할 리 없었다. 그 불안감이 오랫동안 무의식 속에 잠재되어 있던 예전 기억을 끄집어냈다. 일 속에 파묻혀 살긴 했지만 그동안 그 일을 잊고 있었던 나 자신이 놀라울 지경이었다.

수사기관에 불려간 것이 처음이 아니었기 때문이다. 1984년 어느 날, 나는 보안사령부 밀실에 갇혀 있었다. 당시 보안사령부는 경복궁 오른편, 지금은 지구대 병원으로 사용하고 있는 건물에 있었다.

나는 체신부 사무관 시절부터 민감하고 핵심적인 일의 주요 실무자로 참여하곤 했다. 그래서 중요한 보고서나 결재 문서에 내 서명이 많을 수밖에 없었다. 어떤 문제가 생기거나 정치적으로 이슈화될 때는 대개 앞장서 일하는 사람들이 먼저 거론되기 마련이었다. 그들은 억압적인 분위기에서 나를 얼러댔다.

"당신은 아무 죄 없는 거 아니까 사실만 말하면 그냥 보내주겠소."

그들은 나를 통해 최순달 체신부 장관이 개인적으로 리베이트를 받았다는 혐의를 확인받으려 했다.

그 무렵 우리나라는 통신 역사, IT 역사에 한 획을 그을 만한 전국 전화 자동화·국산화라는 국가적 프로젝트를 추진하고 있었다. 그래서 최광수 장관과 오명 차관 때 시작한 국산 전전자식 교환기TDX 개발을 위해 그 당시로는 어마어마한 금액인 240억 원을 1982년부터 3년간 투입할 계획이었다. 이를 위해 전자통신연구소의 연구개발 책임자로 양승택 박사와 국방과학연구소장이었던 서정욱 박사에게 TDX 사업단을 맡겼다. 그리고 최광수 장관 뒤를 이어 최순달 장관이 부임하며 이 프로젝트는 더욱 박차를 가하게 되었다.

그러나 국산 전전자식 교환기 개발과 양산에 성공하기까지는 수많은 어려움을 넘겨야 했으므로 시간이 걸릴 수밖에 없었다. 국산화만큼 중요한 또 하나의 정책인 '즉시 가설, 즉시통화 체제'의 조기 완성을 위해 당분간은 스웨덴 L. M. Ericsson 사의 AXE-10 전전자교환기 농어촌 교환기를 추가 공급하는 것이 불가피했다.

이에 최순달 장관은 전두환 대통령에게 국산 농어촌 교환기 TDX-10

대신 외국 기종인 AXE-10을 18만 4000회선, 내 기억으로는 1억 달러 정도를 들여 추가 도입해야 한다고 보고했다. 보안사에서 바로 이 AXE-10 도입 과정에 모종의 거래가 있었을 것으로 본 것이었다. 내가 불려가게 된 것은 바로 이 보고서를 작성한 사람이 나였기 때문이다.

그러나 그들은 내 입에서 자신들이 원하는 대답을 듣지 못했다. 나는 우리가 장관을 설득해 추가 도입하도록 했으며, 장관이 시켜서가 아니라 최 장관이 오기 전부터 계획되어 있었던 것이라고 말했다.

경제기획원 주관으로 전 부처에서 '제5차 경제사회개발 5개년계획' 수정 작업을 시작한 것은 최 장관이 부임하기 전이었다. 체신부에서의 제5차 계획의 핵심은 당시 통신정책의 숙원이자 핵심 과제인 전국전화 자동화와 전화 적체 해소였는데, 당초 1988년까지 시설을 설치 완료하여 다음 해 완성할 계획이었지만 2년 단축하여 88올림픽 이전에 완성하도록 수정되었다.

그 무렵만 해도 백색전화 남에게 가입권을 팔 수 있는 전화 한 대가 강남 소형 아파트 한 채 가격과 맞먹던 시절이어서 장관이나 국회의원 또는 군 장성이 되면 전화를 설치해 주는 것이 큰 특혜처럼 인식될 만큼 전화 적체가 심각했다. 이러한 통신의 불편사항이 우리나라 경제발전의 가장 큰 애로 요인으로 꼽히기도 했으므로 국가 발전을 위해서라도 어떻게든 해결을 해야 했다.

이 작업의 총괄은 기획관리실이 맡았다. 통신기획과 서영길·이성옥·신종선 계장, 통신기술과 김노철 과장과 김창곤·노희도 계장, 통신업무과 고용갑 과장과 한춘구·김동수·공종렬 계장, 특수통신과 박성득 과장과 담당 계장 등이 맡아 했던 것이다.

그런데 이해욱 통신정책국장과 이인학 통신기획과장은 내게 통신 부문을 총괄하도록 맡겼다. 통신 부문이다 보니 기술적 전문성이 많이 요

■ 1984년 아시아태평양 전기통신협의회 서울총회 대표단 환영 행사에서.

구됐는데, 이때 기술고시 출신인 통신기술과의 김창곤·노희도 계장이 TDX 개발 등 기술개발과 인력양성 계획 수립에 많은 도움을 주었다.

김창곤 계장은 후일 체신부와 정통부의 주요 보직을 거의 다 거쳤는데, 통신지원국장·정보화기획실장·기획관리실장과 정통부 차관을 거쳐 전산원장도 역임했다. 또한 내가 통신정책국으로 전임했을 때 전기통신, 특히 통신기술에 문외한인 나에게 많은 자문과 지도를 해주었다. 노 계장은 통신기술뿐만 아니라 상식이 풍부하고 주위 사람들에 대한 배려심도 깊어서 상사는 물론 후배들에게도 평이 좋았다.

나는 일의 진행 과정에 대해 누구보다 상세하게 알고 있었으므로 수사관의 어떤 위협에도 당황하지 않았고 유도 질문에도 말려들지 않았다. 내 대답에 그들은 어이없어했다. 말귀를 못 알아듣는 벽창호라 하기도 했고, 너무 순진해 세상 돌아가는 물정을 모른다고도 했다. 그런 식으로 모두 떠안아 버리면 내가 대신 구속될 수밖에 없다고 했다.

하지만 나는 장관에게 책임을 떠넘기는 대답을 끝내 하지 않았으며, 오히려 통신 업무에 대해 그들을 이해시키려 들었다.

그 무렵은 보안사에 불려갔다 하면 무사히 풀려나기 쉽지 않은 때였지만, 그들은 결국 나를 풀어주었다. 너무 순진해서 세상 돌아가는 것을 모르니 말이 통하지 않는다고 생각한 것 같기도 하고, 고집이 세서 회유가 불가능하다고, 아니면 자신이 하는 일에 확고한 소신을 갖고 있는 괜찮은 공무원으로 봐준 것 같기도 했다.

처음과 달리 나를 풀어줄 때가 되자 그들은 우호적이었다. 대신 여기 와서 조사받았다는 사실을 아무에게도 말하지 말라는 겁박을 잊지 않았다. 나는 국·과장은 물론 최순달 장관에게도, 심지어 아내에게도 그 사실을 말하지 않았다. 그들이 두려워서가 아니었다. 지금 생각해 보면 신기할 만큼 그곳을 나오는 순간 완전히 잊어버렸다.

1982년부터 몇 년 동안 일요일은 물론 휴가라는 것도 없었고, 명절에도 출근하다시피 했을 만큼 정신없이 바빴던 터라 내 머릿속에는 오로지 일밖에 없었다. 전기통신기본법 및 사업법 제정, 한국데이타통신주식회사 설립, 국가기간통신망 통합, 한·미 간 경부고속도로 광케이블 관로 공동건설 등, 내가 관여하고 있던 일들이 너무 많아 머릿속에 다른 일이 끼어들 여지가 없었던 것이다.

그런데 14년이 지나 비슷한 일을 다시 겪게 되자 데자뷰를 보는 듯 그때의 광경이 한순간에 되살아났다. 보안사 밀실에서의 장면이 머릿속에 불이 켜진 듯 환하게 떠오르자 오히려 마음이 차분해졌다. 이번에도 어떤 어렵고 힘든 일이 닥치더라도 사실을 왜곡하거나 소신을 굽히지 않겠다고 결심했다.

14년 전 그때, 위협을 이겨내지 못하고 그들의 요구대로 최순달 장관이 시켰다고 대답을 했었더라면 최 장관은 물론이고 나 또한 증인의 입장으로 더 힘든 나날을 보내게 되었을지도 모른다. 그리고 육체적 고통보다 나를 더 괴롭혔을 고통은 자신을 속였다는 자괴감이었을 것이다.

검찰청에 갔지만 정작 검사는 만날 수 없었다. 덩치 큰 조사관이 나를 곧장 어느 방으로 데리고 갔다. 방 한가운데는 책상과 의자가 있었다. 그가 음침한 목소리로 말했다.

"이 방은 정대철 의원이 조사받았고, 건너편 방은 전 안기부장 권영해가 조사받았지."

지금 생각해 보면 미리 겁을 줘 기를 죽여 놓기 위해서였는데 나는 왜 그런 말을 하는지 영문을 몰라 고개만 갸우뚱했다. 덩치 큰 조사관이 방을 나간 후 방 안을 둘러보았다. 한쪽에 샤워실과 목욕탕이 있었다. 손을 씻고 돌아오니 달리 할 일이 없었다. 의자를 끌어당겨 앉았다. 의자는 쿠션이 있어서 느낌이 그리 나쁘지 않았다.

갑자기 피로가 몰려왔다. 국회가 열렸기 때문에 중국 출장에서 돌아오자마자 바로 일에 뛰어들어야 했으므로 노독을 풀 시간이 전혀 없었다. 내가 있다는 걸 잊어버리기라도 한 듯 밖에서는 아무런 기척이 없었다. 두 팔로 얼굴을 감싸안고 책상에 엎드렸다. 소음이 완벽하게 차단된 밀실은 잠자기에 더없이 좋은 곳이었다. 몇 시간, 어쩌면 그것보다 훨씬 짧은 시간이었을지 모르지만 오래간만에 깊이 잠을 잔 것 같았다.

"여기가 어디라고 잠을 자는 거야!"

누군가 고함을 질러댔지만 단잠에서 깨어나고 싶지 않았다. 간신히 눈을 뜨자 아까와 다른 조사관이 서 있는 것이 보였다. 그 역시 덩치가 컸다. 그는 다짜고짜 내가 앉아 있는 의자를 발로 걷어찼다. 하마터면 나동그라질 뻔했으나 간신히 몸의 균형을 잡고 일어섰다. 그 조사관이 문 쪽을 향해 소리쳤다.

"어느 새끼가 이런 의자를 가져다 놨어! 당장 바꿔!"

바뀐 것은 낡은 철제 의자였다. 덩치는 내게 가지고 있는 소지품을 모두 꺼내게 했다. 남김없이 꺼냈는지 손으로 일일이 옷을 더듬어 확인하더니 허리끈을 풀라고 했다. 허리끈을 풀자 바지가 금방이라도 흘러내릴 것 같았다. 덩치는 당장 폭력을 휘두를 듯 공포 분위기를 자아내며 기를 죽였다. 그런 후 책상 위에 조서를 펼쳐놓고 철제 의자에 앉게 했다.

철제 의자는 몹시 불편했고 조금 움직이면 끼익 쇳소리를 내 더 을씨년스러웠다. 그는 볼펜을 주며 조서에 내 신상부터 적게 했다. 볼펜을 잡자 비로소 손이 떨려 왔다.

"손이 떨려 이름도 쓰기 어려운데요."

내가 씩 웃으며 말했다. 현재의 감정 상태를 솔직하게 입 밖으로 내뱉자 오히려 마음이 차분해지는 것 같았다.

"우리는 모든 정보와 자료를 다 가지고 있어. 그러니 거짓말할 생각은 애초에 안 하는 게 좋을걸."

그러면서 덩치가 딱딱거리며 의기양양하게 복사한 서류 뭉치를 보여 주었는데 어느 중소업체의 메모지를 복사한 거라고 했다. 받는 사람의 이름은 가려져 있지만 날짜별로 성명과 품목, 금액이 적혀 있었다.

"어때? 이것을 본 소감과 생각을 말해 보시지."

이들이 함정을 파놓고 있다는 것을 직감했다.

"이것만으로는 정확하게 알 수 없지만 체육대회·을지연습훈련 등 중요한 이벤트가 있을 때 산하기관에서 음료수나 식사 값을 찬조해 준 것 같은데……. 이런 경우 검찰도 그렇게 하고 있지 않습니까?"

나는 질문으로 대답을 대신했다. 덩치는 내가 업계 사람들을 모아놓고 회의 때 발언한 자료, 각종 전시회에서 업체의 참여를 권유했던 발언과 문서 등을 제시하며 심문했다. 업체를 참여시키려 한 것에 비리가 있다는 쪽으로 몰고 가려는 듯했다. 하지만 나는 일일이 반론을 제기하고 오히려 공무원으로 그렇게 하지 않는 것은 직무유기라고 주장했다.

"이건 이런 문제 때문에 빼고, 저건 저런 문제 때문에 빼고 나면 할 수 있는 게 뭐가 있습니까? 행여 다칠까 봐 몸을 잔뜩 도사린 채 일손 놓고 지내는 복지부동 공무원이 되는 게 옳다는 말을 하려는 건 아닐 거라 생각합니다마는."

덩치가 잠깐 내 얼굴을 보았지만 험악한 인상을 펴지는 않았다. 얼마 후 서류를 들고 나가더니 긴 시간이 흘렀다. 앞으로 무슨 일이 닥칠지 알 수 없는 불안감과 덩치가 자아낸 공포 분위기로 인해 사방에서 벽이 몸을 죄어오는 듯했다.

시간이 꽤 흐른 후 다시 문이 열렸다. 덩치와 함께 새로운 얼굴이 나타났는데, 덩치와는 달리 인상이 너그러웠다.

"자네 혹시 또 실례를 범한 건 아닌가?"

그는 덩치 큰 조사관을 나무라더니 더없이 면구스런 표정을 지었다.

"죄송합니다. 중앙부처 중요 보직의 핵심 국장님이신데 결례를 많이 한 거 같습니다. 혹시 직원이 잘못한 게 있다면 제가 대신 사과드리겠습니다."

그러더니 이번에는 그가 심문을 하기 시작했다. 내 편인 것처럼 달래며 내 입장을 충분히 이해한다는 듯이 부드럽게 말했다. 그러다가 하나라도 허점이 드러나면 날카롭게 파고들어 말꼬리를 집요하게 물고늘어졌다. 경험이 많은 수사관처럼 보였다. 만일 내가 거짓말을 했다면 그의 예리한 촉수를 벗어나기 힘들었을 것이다.

그들은 협박과 달래기를 거듭하며 그들이 원하는 자백을 강요했다. 이런저런 트집을 잡은 것은 나를 코너로 몰아 위기감을 느끼게 하기 위한 것이었고, 주된 이유는 따로 있었다.

그 무렵 어느 신문 가판에 한나라당 정책위원장과 전 과기처 장관을 지난 국회 통신과학기술위원회 위원인 이상희 의원이 정통부 간부를 동원해 수천만 원을 유용했는데, 거기 동원된 정통부 간부가 석모 국장이라는 기사가 실린 적이 있었다. 첨단게임산업협회 회장을 지내기도 한 이상희 의원은 현재 우리나라 컴퓨터게임산업을 세계 최고 수준으로 올리는 데 큰 역할을 한 분이다.

그들은 내가 개인적 야망을 위해 업체로부터 200억 원을 받아 이 의원에게 전달하면서 배달사고도 냈다는 제보를 받았다고 했다. 그는 내게 이 의원에게 200억 원을 주었는지 물었다. 나는 그렇다고 대답했다. 너무 순순히 인정하자 그는 어이없다는 표정을 지었다. 나는 뒤이어 그의 예상을 뛰어넘는 말을 덧붙였다.

"만일 더 줄 수만 있었다면 더 많이 주었을 텐데 그것밖에 못 준 게 안타깝습니다."

조사관은 책상을 쾅 치며 위협했다.

"이봐, 당신, 그게 무슨 뜻인지 알아? 직권남용을 인정한 거라구. 지금 그 말만으로도 충분히 구속감이야, 알아?"

그는 먹잇감을 찾아낸 맹수처럼 으르렁댔지만 나는 사실을 말한 것이었다. 많을 때는 정보화촉진기금을 일 년에 1조 2000억 원 정도 연구계·학계·업계에 배분한 적도 있었다. 그중에서 지금 그들이 문제삼고 있는 것은 이상희 의원의 첨단게임산업협회에 준 기금이었다.

초기 우리나라 게임업계는 많은 어려움을 겪었다. 이상희 의원은 게임소프트산업이 스포츠 효자 종목인 양궁처럼 앞으로 금메달 산업이 될 것이라 주장하며 첨단게임산업협회를 창립해 힘들게 이끌어가고 있었다. 그러던 중에 정보통신부가 발족했고, 정홍식 정보통신정책실장 밑에서 내가 정책심의관으로 있을 때 소프트웨어산업에 2000억 원을 융자해 주었는데, 그중에서 200억을 게임산업에 우선적으로 주도록 했던 것이다.

■ 1985년 태국에서 열린 유엔 국제사회이사회 통신정책회의에 한국 대표로 참석했을 때.

　당시 우리나라 게임산업은 걸음마 단계였다. 하지만 나는 게임산업이야말로 앞으로 시장 규모가 엄청나게 커질 분야라 생각해 다른 산업보다 우대를 했다. 이를테면 다른 건 90점이라야 융자해 주었다면, 게임산업은 60점만 넘어도 융자를 해주는 식이었다. 똑같은 조건으로 경쟁시키면 게임산업은 도저히 다른 산업을 따라잡을 수 없어 결국 뒤처질 게 뻔했기 때문이다.
　게임산업과 소프트웨어산업을 육성하기 위해서였지만 악의적으로 해석하면 특혜를 주었다고 할 수도 있었으니, 확고한 소신이 없었다면 쉽게 하기 어려운 일이었던 것만은 틀림없다.
　번갈아 드나들며 내가 지치도록 위협하던 수사관들이 한동안 들어오지 않았다. 다시 수사관이 들어온 후에도 더 이상 심문하지 않았다. 대신 종이를 내주면서 지금까지 말한 내용을 글로 쓰라는 것이었다. 다 쓴 조서를 주자 꼼꼼히 읽더니 별 의견을 달지 않았다. 그리고 귀가해도 좋다고 말했다.

"그렇다고 혐의가 다 해소된 것은 아니니 다시 소환될지도 모릅니다. 그때 잘 협조해 주기 바랍니다."

나중에 전해 들으니 검찰에 소환되어 깨울 때까지, 그것도 한 시간 넘게 푹 잘 자는 배짱 좋은 사람은 처음 봤다고, 그리고 심문할 때 진실을 말하는 것 같긴 한데 너무 당당하고 소신이 강해 한번 꺾고 싶은 생각이 들었다고 했다. 이상희 의원에 대한 혐의도 가벌성이 없는 것으로 내사가 종결되었다.

그 한 해 전에 정보화기획실 정보심의관으로 있을 때에도 비슷한 일이 있었다. 청와대에서 김대중 대통령 주재로 제1차 전략회의가 열렸는데, 여러 가지 상황 때문에 실·국장을 사실상 겸임하고 있던 나도 참석을 하게 되었다.

그날 회의는 직전까지 정통부 장관을 지낸 강봉균 정책기획수석비서관이 주선하고 배순훈 정통부 장관이 사회를 보았다. 4대 보험 통합을 위한 전산망 통합 방안, IT 수출 확대 방안 등 주요 안건이 다뤄졌는데, 이건수 동아일레콤 회장도 토론자로 참석해 중요한 의견을 피력했다.

회의를 마치고 청와대를 나온 지 한 시간이 채 안 되었을 때, 이 회장이 전화를 걸어 대뜸 물었다.

"석 국장 감옥에 안 갔지?"

그게 무슨 소리냐고 물었더니 이렇게 대답했다.

"정보통신업계에서 당신 구속되었다고 소문이 쫙 퍼졌어. 내가 방금 청와대에 같이 있었다고 해도 사람들이 믿지 않아 전화 해보는 거야."

이 회장은 성격이 직선적이어서 반감을 느끼는 사람들도 있지만, 우리나라 IT 기술과 산업 발전에 지대한 역할을 한 분이다. 특히 중국과 베트남에 대한 IT 외교는 이 회장으로부터 시작되었다고 해도 과언이 아니다. 또한 정통부에서 동고동락을 같이했던 박창환 부이사관과 천조운 중앙전파관리소장이 과중한 업무로 인해 별안간 유명을 달리하는 비보를 접하게 되자, 자녀들의 대학 학비를 책임지겠다고 즉석에서 약속하고 끝까지 그 약속을 지켰을 만큼 인정이 많고 통이 큰 분이기도 하다.

이 회장이 들은 소문이 완전히 사실무근이라고 할 수는 없었다. 그런 소문이 날 만큼 나는 그 무렵 여러 기관의 감시를 받고 있었다.

설거지를 하던 딸아이가 그릇을 깼다. 좀 비싼 그릇이었던가, 아내가 딸아이를 심하게 나무랐다. 딸아이는 불만 가득한 목소리로 말했다.

"알았어, 이젠 다시 설거지 안 할 거야. 그러면 그릇 깰 일도 없잖아요. 이제 엄마가 모두 다 해요."

결국 아내와 딸은 서로 감정이 상하고 말았다. 아들은 두 사람을 달래며 화해시켰고 아내는 그런 아들을 대견스러운 눈으로 쳐다보았다. 차려준 밥만 먹고 설거지는 하지 않은 동생이 상대적으로 착한 사람이 된 것이다.

나는 설거지를 하는 사람이다. 그렇지만 쉽게 그릇을 깨지는 않을 것이다. 마음을 다하면 그릇을 깨지 않을 수 있다고 생각한다. 깨질 가능성이 큰 위험한 그릇이 있다 해도, 나는 설거지를 피하지 않으면서 살아왔고, 앞으로도 피하지 않을 것이다.

…… 내가 정통부에 부임한 이래 안기부 출입자인 김ㅇㅇ이라는 사람이 있었는데 전혀 엉뚱한 보고서를 청와대와 당에 주기적으로 제출하고 있었다. 청와대에서는 박지원 수석이 내게 알려주었고 당에서는 김중권 대표가 내게 알려주었다. 그들에게 나는 전혀 그런 일을 한 적이 없다고 했다. 나는 아직도 왜 그 김ㅇㅇ이라는 사람이 그런 엉터리 보고서를 보냈는지 알 수가 없다. 이 사람은 나중에 사건에 연루되어 홍콩으로 도망가 버렸다.

양 승 택 _ 전 정보통신부 장관 저서《끝없는 일신日新》, 312쪽

최 순 달 _ 전 체신부 장관, 현 카이스트 명예교수

출간을 진심으로 축하합니다. 저는 내일 미국 워싱턴D.C.로 갑니다. 모든 것이 순조롭기를 기원합니다.

백 기 훈 _ 방송통신위원회 기획조정실 정책기획관

항상 그러하셨듯이 부지런하고 치밀하고 다부지게 일을 추진하시는 모습을 존경합니다. 최근에는 스마트워크포럼 의장을 맡으셨더군요. 모든 기록이 생생한 사실에 입각하고 있어 잘못된 내용은 없다는 판단입니다.

오 창 규 _ 전 문화일보 논설위원, 현 디지털타임스 국장

저에게는 영원한 석 국장님입니다. IMT-2000 때의 인상이 컸기 때문입니다. 당시에는 석 국장을 미워했어요. 조강지처이면서 'IT코리아'의 상징인 동기식을 버리고 비동기식으로 하루아침에 가는 것이 못마땅했기 때문입니다.

SK가 글로벌 사태를 해결하기 위해 한국이 개발한 동기식에서 유럽식 비동기로 바꾼 것으로 기억합니다. 'IT코리아'의 기를 꺾고 3세대에는 IT의 기선을 제압하려는 일본의 술책에 말려들어간 것이지요. SK 입장에서는 외자유치를 할 경우 출자총액제한 조치를 받지 않아 SK글로벌 사태를 막을 수 있었지요.

그러나 일본 NTT 도코모는 SK를 2년여에 걸쳐 갖고 논 뒤 결국 투자도 안

했지요. 대한민국을 철저하게 갖고 논 것입니다. 결국 SK글로벌 사태는 터졌고, 세계에서 가장 앞섰던 한국의 이동통신 기술은 비동기식이라는 평준화의 길로 가게 됐지요.

그것을 지켜내려 한 석 국장의 노력을 잘 알고 있어요. 정의는 항상 불이익이 따라다니는 법입니다. 그러나 삶의 의미를 더해주지요. 가시덤불에 찔리고, 돌부리에 넘어지고, 도랑에 빠져 보지 않은 삶은 아름다운 여행이 아닙니다. 예수님이 오늘날까지 찬사를 받는 것은 바로 이 때문입니다.

서 석 진 _ 방위사업청 KHP사업단 민군협력부장, 부산지방우정청장

당시 SK그룹의 상황, NTT 도코모의 투자 제안 배경 등 전체적인 흐름과 상황 설명이 부회장님께서 원고에 기술하신 내용이 틀림없는 것으로 기억하고 있습니다. 출간되면 우리나라 정보통신 도약기에 선배님들께서 얼마나 고민하고 노력했는지 잘 보여줄 수 있는 기록물이 될 것 같습니다. 후배들에게도 좋은 지침서가 될 것으로 생각합니다.

박 동 욱 _ 정보통신정책연구원 박사

부회장님께서 하셨던 IMT-2000 사업자 선정과 이를 기록한 백서는 10여 년이 지난 지금도 주요 허가 정책의 전범으로 정책 당국자나 연구자들에게 회자되고 있습니다. 저와 이홍재 박사는 부회장님께서 이끄셨던 태스크포스 일원으로 IMT-2000 사업자 선정 작업에 참여했던 일에 대해 항상 보람과 긍지를 느끼고 있습니다.

고 창 휴 _ 방송통신위원회 해외사업담당 과장

국장님을 모시고 IMT-2000 선정 작업을 했던 기억이 새롭지만, 그 일을 함에 있어서 국장님의 고충을 이제야 이해하게 되었습니다. 존경의 맘을 항상 갖고 국장님을 기억토록 하겠습니다.

이 성 식 _ 정보통신연구진흥원 단장

워낙 기억력이 좋으셔서 하나도 빠짐없이 잘 된 것 같습니다. 훌륭한 부회장님을 모시고 같이 근무했던 제가 자랑스럽기까지 합니다.

송 상 훈 _ 방송통신위원회 방송통신녹색기술팀장

　IMT-2000 사업자 선정 TF에서 부회장님을 모신 것을 영광으로 생각하고 있습니다. 특히, 당시 정책 방향과 철학을 담아 VIP 보고서를 직접 작성하신 일이 지금껏 기억에 생생합니다. 국내 산업의 미래를 위해 끝까지 표준정책을 고민하시고 어려운 상황에서도 기술표준협의회를 구성해 운영하시면서 업계간 합의를 원만히 도출해내신 것도 귀감의 대상이었습니다.

정 임 수 _ 순심 동기, 전 경찰청 감사담당관·고령경찰서장·총경
현 서울특별시 송파구 감사관

　"뜨거운 감자를 만졌으나 데인 적이 없다"에 본인은 공감과 함께 전적으로 인정합니다. 지난날 석 동기는 주요 국책사업 등을 입안·추진·집행하는 과정에서 전방위 로비 유혹의 덫에 한 번도 걸리지 않은 그야말로 청렴한 공직자임에 틀림없다고 봅니다. 왜냐하면 날밤을 지새우며 받았던 경警·검檢 중앙 수사 파트의 집요한 수사 과정에서 한결같이 '혐의 없음'으로 종결된 것을 저는 잘 알고 있기에 감히 피력하는 바, 새삼 다산의 《목민심서》와 석 부회장을 의미 있게 한 번 생각해 봅니다.

3부
체신과 우정

그동안의 노력이 헛되지 않아 마침내
별정우체국 직원들도 퇴직연금을
받을 수 있는 길이 열렸을 때
나는 더없이 행복하고 뿌듯했다.
최선을 다하면 누구든지 세상을
바꿀 수 있다는 자신감도 갖게 되었다.
그해 연말, 나는 국회에서 보내온 소포를 받았다.
넥타이, 다이어리, 탁상용 달력 등이
황 의원 친필 서명이 든 인사장과 함께
들어 있었다. 인사장의 내용은
'귀하의 헌신적인 노력이 없었으면
별정우체국 직원의 연금 마련이
불가능했을 것'이라는 것이었다.

별정우체국 직원도 연금 혜택을 받다

마음이 세상을 바꾼다

1981년, 나는 여의도 국회의원회관으로 향했다. 민정당 간사 황설 의원 사무실로 들어가 명함을 내밀자 비서관이 난감한 표정을 짓더니 황 의원에게 내가 온 사실을 알렸다.
"체신부에서 사람이 왔습니다."
그리고 나를 힐끗 쳐다보더니 면구스러운 듯 덧붙였다.
"근데 석호익 사무관이라고 합니다."
"무슨 소리야, 사무관이라니!"
황 의원의 노한 음성이 내 귀에까지 들려왔다.
황 의원은 그 무렵 중요한 안을 하나 내놓았는데, 그것은 별정우체국 직원들에게도 다른 우체국 공무원들에게처럼 연금을 주자는 것이었다. 그것을 법으로 만드는 일은 담당 부처인 체신부가 해야 할 일이어서 책임자가 와주면 좋겠다고 요청했던 것이다. 그런 만큼 황 의원은 장관하고 직접 논의를 해보고 싶었을 것이다.
그런데 명색이 집권당 간사인 국회의원의 요청에 장관은 고사하고 국장도 과장도 아닌, 갓 삼십을 넘긴 새파랗게 젊은 사무관이 달랑 혼자 찾아왔으니 모욕감을 느꼈을 법했다. 대노한 황 의원은 사무관하고는 할 말이 없다며 처음에는 나를 만나려고 하지도 않았다.

그러다가 일단 왔으니 들어오기는 하라고 방으로 불러들였다. 나와 정책을 논하려는 것이 아니라, 체신부가 얼마나 큰 무례를 범한 건지 내가 본부에 돌아가 똑똑히 전해 주길 바랐다.

하지만 당시 체신부는 국회의원을 만나러 내가 올 수밖에 없는 사정이 있었다. 5공화국이 출범하기 직전에 먼저 창설된 국가보위비상대책위는 각 부처의 능력 있는 인물들을 차출받아 구성했는데, 체신부에서는 평소 능력을 인정받고 있던 이해욱 우정국장이 차출되었다. 이 국장은 성품이 너그럽고 포용력이 있어 후배들이 많이 따랐는데 후일 체신부 차관, 한국통신 사장을 거쳐 한화그룹 회장을 지낸 후, 평생 몸담았던 삶과는 다른 제2의 인생을 시작한 흔치 않은 인생관을 가진 분이다. 그는 모든 것을 정리하고 사모님과 함께 전 세계를 여행했는데, 젊은 사람들도 감당하기 버거웠을 고달픈 여정을 몇 차례 연 사진전에서 확인할 수 있었다. 한국기록원으로부터 세계 모든 나라 땅을 밟은 첫 한국인으로 인증 받았을 만큼 그는 일에 대한 집념이 남달랐다.

이 국장이 국보위로 가는 바람에 국장 자리까지 대행하게 된 서순조 우정계획과장은 곱절로 바빠질 수밖에 없었다. 게다가 그 무렵 체신부는 한국전기통신공사를 분리해내는 큰 작업을 진행하고 있었다. 그로 인해 우정사업 자립화 방안을 세우느라 눈코 뜰 새가 없었다. 나중에 서울 체신청장을 지낸 서 과장은 머리가 비상하고 성실해 장·차관의 신망이 두터웠던 탓에 해야 할 일이 더 많았다.

당시 우정사업은 적자를 면치 못했는데 그동안은 전화 업무에서 상당 부분을 보조받아 유지하고 있었다. 그러므로 한국전기통신공사가 분리되고 나면 그 이후 대책을 마련하는 것이 시급한 과제였다. 그것이 별정우체국과 우정사업 분야 투자를 담당하는 계장이던 내가 황 의원의 부름에 대신 갈 수밖에 없었던 이유였다.

모욕감으로 얼굴이 벌겋게 된 황 의원이 말했다.

"국가 정책을 의논하겠다고 분명히 말했건만 이게 뭐 하자는 거요? 이건 일을 하자는 게 아니라 귀찮으니 얼렁뚱땅 체면치레만 하고 넘어가자는 거잖아. 이 일을 분명히 문제화할 거고 장·차관에게도 엄중히 따질 테니 내 말 한마디도 빼놓지 말고 그대로 전하시오."

그러고도 화를 못 삭인 황 의원이 덧붙였다.

"장·차관이 와도 될지 말지 하는 판에 어떻게 이렇게 무성의할 수가 있나. 이런 식으로 일을 하니 체신부가 하위 부처라는 소리를 듣지."

당시에는 정부 부처 중에 가장 힘없는 부처로 체신부와 문교부가 꼽혔다. 산업화 사회에서 가장 중요하게 생각하는 금력·권력에서 비껴나 있기 때문이었다. 그러다 보니 고시 합격자들도 체신부에는 들어가고 싶어하지 않았다.

체신부로 발령받았을 때 고시에 합격하면 바로 군수라도 되는 줄 알았던 시골 부모님을 비롯하여 주위 분들이 많이 실망했다. 옮길 것을 권유하는 분들도 많았다. 실제로 부처 이동이 가능한 기간이 있었고, 내가 마음을 정하면 내무부로 옮길 수 있는 기회도 있었다.

그러나 유일하게 반대하는 사람이 있었다. 처외삼촌인 김오영 씨였다. 우리나라 최연소 교육감을 지내고, 일반인은 해외에 가기 힘들던 시절에 수시로 일본을 드나들며 사업을 하던 분이었다. 폭넓은 사고와 앞날을 내다보는 혜안을 갖고 계셨는데, 다른 사람들과 달리 체신부의 앞날을 매우 고무적으로 보았다.

"우리나라는 일본보다 대략 50년 정도 뒤져 있어. 그러니 한동안은 일본을 뒤쫓아갈 수밖에 없지. 지금 일본은 우정성 역할이 매우 커. 굳이 일본을 예로 들지 않더라도 앞으로는 체신부가 우표 정도만 만지는 부서가 아니라 어떤 식으로든 큰 역할을 담당하게 될 거야. 지금은 당장 돈이 되는 곳이나 권력이 중요하고, 상의하달식 명령 체계이지만, 두고 봐. 조만간 서로 소통하는 것이 중요하게 여겨지는 때가 올 테니. 체신부는 국가와 국민의 미래를 준비하는 큰 역할을 하게 될 것이네. 자네는 중요한 출발선에 서 있는 거야."

처외삼촌이 왜 공무원의 길로 들어섰는지 내게 물었을 때, 보다 넓고 크게 봉사하기 위해서라고 대답했다. 1977년 행정고시 합격 후 경북 김천시 금릉군에서 수습을 할 때도 그렇게 말했다.

"내가 하는 일이 국가 미래에 도움이 되도록 하겠습니다"라고.

그때 금릉군 박종휴 군수가 나를 눈여겨본 것 같았다. 그는 어느 자리에 초대되어 갔을 때 장래에 장관까지 능히 할 분이라며 나를 소개했다. 나는 웃으며 대답했다.

"과분한 칭찬 감사합니다. 장관까지는 알 수 없는 일이고 제가 가진 목표는, 내가 하는 일이 국민은 물론 국가 미래에 큰 도움이 되도록 하는 것입니다. 그러기 위해 40세 전까지는 박사학위를 따서 전문성을 갖추려고 합니다."

나는 그 목표를 위해 1979년 3월 서울대 행정대학원에 입학했다. 5월 4일 체신부로 발령이 나자, 나는 즉시 본부로 찾아갔다. 당시 이경식 차관의 비서관은 한춘구 선배였다. 한 비서관은 차관을 만날 수 있도록 주선해 주었다. 한 선배는 후일 통신정책국에서 같이 근무하게 되었는데, 통신업무과장·통신위원회 상임위원·통신지원국장 등을 지내면서 우리나라 통신 발전에 큰 기여를 한 분이다. 인사말과 의례적인 덕담이 오간 후 나는 찾아온 용건을 꺼냈다.

"차관님, 저를 서울에 있도록 해주십시오. 보직은 어디든 상관없습니다. 서울대 행정대학원에서 석사과정을 시작했습니다. 야간이므로 업무에는 전혀 지장 없도록 할 수 있지만 근무처가 서울이 아니면 어려워질 것 같습니다."

"그러면 대학원을 다니지 않으면 되겠군."

이 차관이 떠보듯 말했다.

"죄송합니다만 그렇게 되면 체신부를 떠나 서울에 보직을 줄 수 있는 다른 부처를 찾아볼 수밖에 없습니다. 그러나 저는 체신부에서 일하고 싶습니다. 그리고 공무원으로서 업무를 수행하는 데 필요한 전문 지식을 더 갖추고 싶습니다. 일반적으로 기업이나 국가가 인재를 키우기 위해서는 학문을 폭넓게 접할 기회를 주는 것으로 알고 있습니다. 하지만 저는 지금 키워달라는 부탁을 하는 것이 아니라, 학교에 다닐 수만 있도록 해달라는 것입니다. 저를 쓰기 위해 체신부로 부른 것 아닙니까. 기왕이면 서울에서 써달라는 부탁을 드리는 겁니다."

이 차관은 발령받자마자 차관실로 찾아와 부탁부터 하는 햇병아리 사무관을 당돌하게 생각했을 법한데, 내가 나간 직후 신임 사무관 발령 기안서를 가져오라고 하여 나의 발령처를 확인했다고 한다. 이처럼 나는 일 못지않게 공부에 대한 갈증이 컸다.

마침내 6월 20일 체신부 우정국 우표계장으로 첫 보직을 받았다. 그 후 부처를 옮기지 않겠느냐는 이야기가 몇 차례 더 있었지만 나는 체신부를 떠나지 않았다. 그때 나는 젊었고 의욕이 넘쳤다. 누가 뭐라 해도 내게 맡겨진 우정 일이 세상에서 제일 중요한 일처럼 여겨졌고 보람도 컸다. 그만큼 금력과 권력에 관심이 없고 순진했던 건지도 모른다. 거기에 처외삼촌이 해주신 격려는 체신부를 바라보는 주위의 시선에 대한 훌륭한 방패막이 되어 준 것은 물론, 긍지와 자신감을 갖게 했다.

나는 그 팔팔하게 살아 있는 패기로 황 의원과 맞섰다.

"의원님이 잘못 알고 계신 게 있습니다. 저는 이곳에 사무관 석호익으로서가 아니라 장관님을 대신해 온 겁니다. 입법부는 어떤지 모르지만 행정부에서는 윗사람을 대신할 경우 상관의 대리인 자격을 가집니다."

황 의원은 이런 맹랑한 젊은이를 봤나, 하는 눈빛으로 나를 훑어보았다. 이 만남이 수많은 별정우체국 직원들의 노후를 지켜주게 될 연금법 제정의 중요한 출발점이었다. 내가 워낙 자신만만하게 굴자, 황 의원은 긴가민가하면서도 법 제정에 대한 구체적인 자신의 생각을 이야기했다.

우정국에서 실무를 담당하며 별정우체국에서의 처우개선이 필요하다고 생각해 왔던 나로서는 황 의원이 이런 안건을 먼저 내놓은 것이 더할 나위 없이 고마웠다. 같은 일을 하는데도 일반 우체국 직원과 별정우체국 직원의 대우가 다르다는 것은 불공평한 일이 아닐 수 없었다.

"국장·과장이 국회의원을 만나러 오지 못할 만큼 바쁘다면, 언제 일을 시작할지 모르겠군. 아니, 아예 시작할 성의가 없는 것 같아 보이네."

황 의원은 화는 어지간히 풀렸지만 맥이 풀린 눈치였다. 미루어서는 안 된다, 거론될 때 바로 시작해야 일이 이루어질 수 있다. 그날 나는 어떠한 일이 있어도 별정우체국 연금법을 반드시 만들겠다고, 황 의원과 나 자신에게 약속했다.

별정우체국 연금법이란 기존의 법을 개정하는 게 아니라 이전에 없던 새로운 법을 만드는 것이었으므로 쉬운 일이 아니었다. 법대 출신도 아닌 내가 법을 만들겠다고 의욕만 갖고 겁 없이 시작한 것이다. 하지만 무턱대고 밀어붙인 것은 아니었다. 그랬다면 이 법은 탄생하지 못했을 것이다.

그 법을 만들기 위해 공부를 얼마나 많이 했는지 모른다. 일반 법조문은 물론 공무원연금법, 사립학교교원연금법, 군인연금법까지 다 들여다보았다. 내용을 완전히 이해하는 것은 물론, 나중엔 외울 정도로 들여다보고 또 들여다보았다. 별정우체국과 그에 종사하는 직의 상황에 맞는,

누가 봐도 합리적인 법을 만들기 위해 밤낮없이 연구하고 또 연구했다.

나는 그 법을 만드는 일에 사명감을 갖고 있었다. 당시 우편집배원의 형편은 열악하기 짝이 없었다. 공무원 자격인 우체국 직원과 집배원은 퇴직 후에도 보장이 되지만 별정직 우체국 직원, 특히 집배원은 직장을 그만두는 순간 막막하기 짝이 없었다. 박봉으로 근근이 살아가던 터라 모아둔 돈이 있을 리도 없었다. 나는 그들을 위해 공무원연금에 버금가는 제도를 만들고 싶었다.

그러나 저항도 만만치 않았다. 경제기획원은 물론 주관 부서인 체신부 내에서도 기득권을 지키고 싶어하는 일부 사람들이 이 법의 제정에 대해 부정적인 입장을 보였다. 정치권에서는 정치적 이해관계 때문에 제동을 걸었다. 당연한 이야기지만 황 의원과도 의견 차이가 있었다.

황 의원이 정치적 관점으로 하는 요구는, 체신부 장관이 결코 받아들이지 않을 것이라며 피해 갔다. 체신부는 물론 관계 부처인 경제기획원에서 반대의 뜻을 비치면, 국보위와 민정당에서 추진하는 중요한 정책이라며 밀어붙였다. 일개 초년 사무관이 이런 법을 혼자 만들고 있다는 것이 알려지게 되면 일이 쉽게 진행될 리 없었다. 내가 누군가의 뜻을 대신해 일하는 것처럼 보이는 점을 나는 최대한 이용했다.

법조문을 만들고, 법을 만들기 위한 제안 문안을 만들고, 홍보까지 다 혼자 했지만, 김용국 주사의 도움이 없었다면 힘들었을 것이다. 별정직 업무를 담당하고 있던 김 주사는 실무 작업을 맡아주었다. 그는 별정직에 관해 해박한 지식을 갖고 있었다. 그 지식을 최대한 활용해 모든 통계와 참고자료를 일목요연하게 정리해주어 얼마나 큰 힘이 되었는지 모른다. 김 주사는 후에 별정우체국연합회 연금기금을 담당하는 사무국장으로 발령받았다.

앞서 말한 것처럼 우정국의 형편상 그런 일에 매달릴 수 있는 사람은 나밖에 없었다. 1981년은 체신부가 한 단계 올라서게 된 계기가 마련된 중요한 해였다. 최광수 장관, 오명 차관 주도로 진행된 한국전기통신공사 설립은 아무나 하기 어려운 엄청난 일이었다. 업무는 물론이고 6만 5000명이나 되는 체신부 직원들이 한국통신과 체신부로 나뉘어졌는데 우리나라 역사상 가장 큰 규모의 인사이동이었다. 그런데도 잡음 하나 없이 마무리되었을만큼 최 장관과 오 차관의 리더십이 뛰어났다.

그 와중에 국장까지 부재중이었으니 서 과장은 다른 일에 관심을 가질 겨를이 없었다. 별정우체국 업무는 내게 일임할 테니 어떻게 진행되고 있는지 가끔 보고만 해달라고 했다.

마침내 별정우체국설치법 안에 연금법을 삽입하는 형식의 법안이 완성되었다. 국회에서 법을 통과시키려면 먼저 행정 절차를 밟아야 했다.

법무담당관이던 이성옥 법제계장을 거쳐 이종순 과장에게 보고하고 타 부처의 협조를 구하러 갔다. 당시 체신부의 모든 법의 재·개정은 이 과장을 통해야 했는데, 이 과장은 타 부처 협의를 거의 전적으로 도맡고 있었다. 후에 미 대사관 통신협력관, 한국인 최초로 국제기구의 수장인 아시아태평양전기통신협의체APT 사무총장을 지내기까지 한 이 과장은 서울대 법대를 나와 법 이론에 정통할 뿐만 아니라 체신부 소관 법령에 대해서도 잘 알고 있는 전문가로 정평이 나 있었다.

이 과장은 내가 만든 법을 한참 들여다보기만 할 뿐 선뜻 동의하거나 협조를 해주려 하지 않았다. 자신이 알고 있는 법 이론과 너무 맞지 않는다는 것이었다. 우선 법 형식면에서 별정우체국설치법 원 조문은 열 몇 개에 불과한데 개정하고자 하는 그 부수 조문인 연금 관련 내용이 더 길고 복잡할 뿐만 아니라 법조문 수가 너무 많다고 했다. 그렇다 보니 법명과 내용이 일치하지 않게 되었는데, 그것은 법의 논리에 벗어나므로 다른 이름의 법으로 새로 만들어야 한다는 것이었다.

그러나 내가 몰라서 그런 형식을 취한 것은 아니었다. 새로운 이름을 붙인 법을 만들려면 법을 새로 제정하거나 전면 개정해야 했다. 그러자면 일이 복잡해지고 시간이 많이 걸릴 뿐만 아니라 사회적 동의가 필요해 행정부나 국회 통과가 그만큼 불확실해질 수밖에 없었다.

그래서 우체국직원연금법이라는 새로운 법을 제정하면서 그것을 원래 있던 별정우체국설치법 부수 조문에 넣은 것이었다. 사실상 제정이지만 개정 형식을 취한 것이다. 그러다 보니 부수 조항이 원 조문보다 더 복잡하고 길어질 수밖에 없었다.

그렇게 한 이유를 설명하며 설득하자, 이 과장은 의도를 이해할 수 있으니 반대는 하지 않겠지만 도와주는 것은 이것까지만 하겠다고 했다. 명색이 서울대 법대를 나온 사람이 이렇게 논리가 맞지 않는 법을 승인받겠다고 이곳저곳 들고 다닐 수는 없지 않느냐는 것이었다. 그리고 헛고생을 하는 거지 성공하기는 어려울 것이라는 충고를 덧붙였다.

하는 수 없이 내가 경제기획원과 법제처 같은 유관 부처를 다녀야 했다. 국회에 상정되었을 때 개별 국회의원이나 보좌관, 상임위 전문위원들에게 설명을 하고 다니는 것도 내 몫이었다.

법이 통과되기까지 황 의원의 노력이 컸다. 법무담당 계장이던 이성옥도 많은 도움을 주었다. 이성옥은 행정고시 21회 동기로 체신부에 같이 들어와 같은 날짜에 정보통신부를 그만두었다. 명예퇴직을 할 때까지 정보화기획실장 등 체신부와 정통부의 요직을 두루 거쳤으며, 사회에 나가 정보통신진흥원장 등을 역임하는 등 정보통신 발전에 큰 업적을 남겼다.

그동안의 노력이 헛되지 않아 마침내 별정우체국 직원들도 퇴직연금을 받을 수 있는 길이 열렸을 때 나는 더없이 행복하고 뿌듯했다. 최선을 다하면 누구든지 세상을 바꿀 수 있다는 자신감도 갖게 되었다.

그해 연말, 나는 국회에서 보내온 소포를 받았다. 넥타이, 다이어리, 탁상용 달력 등이 황 의원 친필 서명이 든 인사장과 함께 들어 있었다. 인사장의 내용은 '귀하의 헌신적인 노력이 없었으면 별정우체국 직원의 연금 마련이 불가능했을 것'이라는 것이었다. 동료들이 부러움 반 농담 반으로 말했다. "지금까지 아는 바로는 체신부 공무원이 국회의원에게 선물을 주는 것은 봐도 받는 것은 처음 보았다"고.

■ 별정우체국중앙회가 준 감사패.

법을 만들던 당시 나는 연금 기금 관리를 맡길 만한 기관을 찾다가 '별정우체국연합회'라는 친목단체가 있는 것을 알고 그 단체에 맡기기로 했다. 체신부 산하기관으로 만들어 연금 관리도 하고 잘 운영될 수 있도록 하기 위한 것이었다.

그 직후 나는 우정국을 떠나게 되었다. 그런데 나중에 별정우체국연합회는 기금 운영 기관이 되고, 별정우체국 직원들의 친목을 위해 '별정우체국중앙회'가 새로 만들어진 것을 알게 되었다. 본래 의도는 친목과 기금 운영을 병행하도록 했던 것인데, 내 뜻과 달리 기금 운영을 위해 기존에 있던 단체의 이름을 뺏은 셈이 되고 만 것이다.

내가 우정계획과에 있었던 기간은 6개월 정도였지만, 그때 만든 제도로 오늘날 760여 개 별정우체국 직원들이 공무원들과 비슷한 대우를 받을 수 있게 된 것을 더없는 보람과 긍지로 여긴다. 그때 일을 떠올리면 나도 모르게 흐뭇해져 미소가 지어진다.

우정 역사상 115년 만의 첫 흑자

고인 물의 물꼬를 트다

1998년 6월, 우정국장으로 발령받은 후 첫 장관 주재 간부회의에서 나는 중요한 약속을 했다.

"우정국장으로서 금년 안에 우편 업무 흑자를 기록해 흑자 원년을 만들어 보겠습니다."

순간 조용해지더니 시선이 내게로 집중되었다. 어이없다는 표정이었다. 우체국은 1884년 우정총국이라는 이름으로 창설된 이래 100년이 훨씬 넘는 그때까지 단 한 번도 흑자를 내본 적이 없었다. 우편 업무 자체가 국민의 편익을 위해 운영하는 것이지 수익성을 따지는 것이 아닌 만큼 만성적인 적자를 당연시하는 분위기였다.

여기저기서 충고가 쏟아져 나왔다. 불가능한 약속을 함부로 하면 안 된다는 충고도 있었고, 내가 정보통신 쪽에서만 근무한 탓에 우정사업에 대해 잘 모르니 그런 말을 하는 거라고 했다. 흑자를 고집하다 보면 서비스 질이 낮아져 결국 국민들이 피해를 볼 수밖에 없다고도 했다.

나는 그럴수록 오랫동안 고착돼 있는 인식을 깨야겠다는 각오를 새롭게 다졌다. 그렇지 않으면 발전은 요원할 것이기 때문이다. 당시 체신부 장관은 대우전자의 '탱크주의'로 유명한 배순훈 장관이었다. 배 장관이 물었다.

"무슨 수로 흑자를 낸단 말입니까? 특별한 방법이라도 있습니까?"

나는 서슴없이 대답했다.

"지출은 줄이고 수입을 늘리면 흑자가 될 게 아닙니까."

와하하! 사람들이 박장대소했다. 지극히 상식적인 말이니 농담을 한 것으로 알았을 것이다. 하지만 진리는 단순한 법이다.

나는 지체없이 행동을 개시했다. 그동안의 적자 규모를 살펴보니 상상했던 것보다 심각했다. 최근 5년간 연평균 846억 원 적자였는데 당시 우리나라 경제 규모로 보면 엄청난 액수였다.

먼저 배순훈 장관과 정홍식 차관에게 말씀드려 우정 분야에 평생 몸바쳐 일한 이정길 과장과 이승모 과장을 특별 승진 시켰다. 우정국 발족 이후 최초로 과장 두 명이 부이사관으로 거의 동시에 승진한 경우여서 본인들은 물론, 우정국 직원들의 사기 충전에도 도움이 되었다고 생각한다.

그리고 우정국 직제를 개편해 고시 출신의 젊은 과·계장을 대거 영입했다. 새로 개편한 우정국의 우정기획과에는 정경원 과장, 양환정 정책기획계장과 이맹주 계장, 그리고 새로 명칭과 기능을 바꾼 우정개발과에는 노영규 과장, 남준현·박인환 계장, 국내 우편과에는 왕진원 과장, 박동주 계장, 국제우편과에는 김준호 과장, 손준호·송경희 계장, 우표실에는 박종석 실장 등, 초호화 멤버가 포진하게 되었다.

대부분 우정 업무가 처음이어서 안정적으로 업무 수행을 하는 데 시간이 걸리고 어려움이 있겠지만 업무 개혁에 대한 사명감은 누구에게도 뒤지지 않는 인재들이었다. 또한 이성식·김익환·박한필·유극현·김태명·변상기·공종식·유천균·정지찬·한병수·김재홍 등, 경험이 풍부한 기존 우정국 멤버들을 중용하여 업무의 연계성과 조화를 놓치지

■ 1981년 우정국에서 근무하던 시절, 전국 우표전시회장에서.

않도록 했다.

조직이 갖춰지자 먼저 부실 우체국 정리 작업에 들어갔다. 국사기획 담당인 김익환 계장에게 각 우체국의 경영 상태를 정밀분석해 적자 우체국들을 분류하도록 했다. 그 가운데는 김포공항, 대법원, 군부대, 각 대학교 우체국이 들어 있었다. 김 계장이 난처한 얼굴로 말했다.

"김포공항이나 대법원 같은 곳까지 없애는 건 한 번 더 재고해 봤으면 합니다. 김포공항은 우리나라를 상징하는 관문이고 대법원은 우리나라 최고사법기관 아닙니까. 그런 곳에 우체국이 없으면 얼마나 곤란하겠습니까."

나는 고개를 저었다.

"우리는 우체국 설치 여부를 담당하는 공무원입니다. 국제 관문국이나 최고사법기관에 우체국을 계속 두어야 할지 폐쇄해야 할지 여부는 그 업무를 담당하는 기관에서 판단할 일이지 우리가 걱정할 문제가 아닌 것 같습니다. 우리는 어떻게 하면 국민에게 편리한 우편 서비스를 최대한 경제적으로 할 수 있을지, 그 방법을 찾아 우체국을 신·개축하는 문제를 고민하고 판단해야 합니다."

그래서 김포공항과 대법원에 있던 우체국을 누적된 적자로 인해 불가피하게 없앨 수밖에 없는데, 절대 없애면 안 되는 이유가 있다면 이의신청을 해달라고 통지문을 보냈다.

직원들의 염려와는 달리 법원이나 공항에서는 우체국을 없애겠다는 통고를 받고도 별다른 이의를 제기하지 않았다. 없으면 불편은 하겠지만 적자를 감수하면서까지 존속시켜야 할 만큼 절박하지는 않다는 뜻이었다. 그래서 우편취급소만 설치하고 우체국은 없앴다.

그것을 시작으로 대대적인 전국 우체국 정리 작업에 들어갔는데, 저항이 생각 이상으로 거셌다. 지역구를 돌봐야 하는 국회의원이나 여론에 민감할 수밖에 없는 언론인들과 그 밖에 힘 있는 사람들을 통해, 정리 대상으로 선정된 우체국에 관한 압력이 수시로 들어왔다. 수익이 나는 극소수의 대학교만 제외하고는 모두 없앴으므로 대학생들에게도 공격의 대상이 되었다. 총학생회장 선거 공약에 우체국을 유지시키겠다는 것이 들어 있을 정도였다. 국민의 편익을 도외시하는 행정편의주의 정책이라고 비난하면, 나는 당당하게 맞섰다.

"어느 것이 국민의 이익을 위한 것인지 조금만 더 깊이 생각해 주십시오. 편한 것만 따진다면 골목마다, 아니 아예 집집마다 우체국이 있으면 더 좋겠죠. 그러나 그 비용은 누가 부담하는 겁니까. 결국 국민들이 부담하게 되는 것 아닙니까."

고집 센 국장 한 명 때문에 사방에서 쏟아지는 원성을 감당해야 하는 장관의 고충이 이만저만 아니었을 것이다. 그러나 배 장관은 그런 시달림 속에서도 끝까지 나를 믿고 일을 맡겨 주었다.

나는 군부대 우체국도 상당수 정리했다. 문민정부를 거쳐 국민의 정부가 시작되었다고 하나, 아직 군의 기세가 시퍼렇게 살아 있을 때지만 정당한 일을 하는데 까닭 없이 위축될 이유가 없다고 생각했다. 당연히 군에서도 반발이 있었다. 그들의 주장은 일리가 있었다. 군인이라는 신분은 일반인처럼 출입이 자유롭지 못하므로 군부대 안에 우체국이 있어야 할 필요가 분명히 있었다.

그러나 일방적인 예외는 곤란했다. 나는 타협안을 내놓았다. 군 우체국은 적자가 나도 존속시키겠다. 단, 조건이 있다. 대신 일반 주민들이 군부대 내의 우체국을 같이 이용할 수 있도록 해달라는 것이었다. 군인만이 아니라 일반 주민들도 그 혜택을 같이 누리게 하려는 것이었다.

그렇게 협조해 준 군부대 우체국은 존속시켰지만 그렇게 하지 않은 경우는 원칙대로 정리했다. 힘 있는 어느 군 관계기관에서 강한 협박성 압력이 들어와 직원들이 몹시 난감해한 적도 있었다. 원칙이 한번 무너지면 그 다음부터는 일을 해나가기 어려워질 것이므로 굴하지 않았다. 본보기 삼아 오히려 그것부터 먼저 없애는 배포를 보여주었다.

물론 예외가 전혀 없었던 것은 아니다. 적자가 나는 곳이라 하더라도 면 단위로 우체국 하나 정도는 반드시 살려 두었다. 개혁을 한다고 해도 국민의 복지가 우선이라는 공무원으로서의 기본 사명을 잊어서는 안 되기 때문이다. 그렇게 해서 정리된 우체국이 몇 개월 만에 83개에 달했으니 엄청난 구조조정이었다. 당연히 예산 지출이 대폭 줄어들었다. 이 엄청난 작업을 불과 몇 개월 만에 일사천리로 끝냈으니 잡음이 끼어들 여지도 그만큼 차단되었다.

예산 절약을 한 것은 그것만이 아니었다. 지금도 그렇지만 연말이면 보도블록 교체 등, 이런저런 공사를 하는 모습이 눈에 많이 띈다. 다음 회기 예산은 전년도에 쓰인 예산을 기준으로 책정되므로, 예산을 남기게 되면 다음 해 예산이 줄어들게 된다. 그러니 어떻게든 책정된 예산을 해를 넘기기 전에 다 사용하려는 것이다. 정부기관인 우체국도 마찬가지였다. 나는 새로운 발표를 했다.

"연말에 남은 예산을 억지로 쓰지 말라. 앞으로는 전년도 예산에 대한 참조 없이 새롭게 예산을 수립하는 영 기준 예산 ZBB Zero Based Budget 방식으로 예산 책정을 할 것이다. 그리고 전년도에 예산을 아낀 체신청에 오히려 우선적으로 예산 책정을 해주려고 한다. 물론 무조건 아끼기만 해서 되는 것은 아니며, 경영평가도 반영할 것이다."

그렇게 해서 쓸데없이 낭비될 예산을 아낄 수 있었다. 그러는 한편 수익 창출을 위한 일을 진행했다. 먼저 우체국 환경을 대폭 개선하도록 지시했다. 우체국은 우편사업만 하는 것이 아니라 금융 수익도 큰 몫을 차지하고 있으므로 수익을 늘리려면 한 사람이라도 더 찾아오도록 해야 했기 때문이다.

쾌적하고 편안한 분위기로 바뀐 지금의 우체국을 보면 얼른 상상이 가지 않겠지만 불과 10년 전만 해도 우체국은 딱딱하고 삭막한 전형적인 관공서였다. 그리고 잘하든 못하든 일정한 월급을 받는 직원들은 경직된 표정으로 사람들을 맞이하곤 했다.

나는 제일 큰 광화문우체국을 대표적으로 지목하여 혁신을 요구했다. 당시 우체국 전체 공간의 절반을 과장이 차지하고 그 아래 계장과 30~40명의 직원들이 나머지 공간을 차례로 차지하다 보니, 정작 이용자들이 사용할 수 있는 공간은 비좁기 짝이 없었다. 그렇다 보니 앉아 쉴 곳이 없어 사람들은 볼일 보기 바쁘게 우체국을 나갔다.

나는 배치를 바꾸도록 했다. 반 이상 차지하던 과장의 공간을 줄이고 일하는 직원들의 공간을 넓혔다. 무엇보다 가장 많이 넓힌 것은 이용자 공간이었다. 이용자들이 편히 앉아 쉴 수 있도록 소파를 두고, 그렇게 해서 넓어진 우체국 한쪽 공간에 민간 편의점을 유치하도록 했다.

편의점을 우체국 안에 둔다는 것은 상식을 완전히 깨는 일이어서 처음에는 반발이 무척 심했다. 관공서의 품위를 손상시킨다고도 했고, 돈 버는 데만 혈안이 된 우체국이라며 욕을 먹을 수도 있다고 했다.

가장 반대가 심했던 것은 편지봉투 뒷면에 광고를 넣고 돈을 받아 우편수익을 늘리자고 했을 때였다. 우편물을 광고 전단지처럼 생각하느냐는 비난이 쏟아졌다. 나는 한술 더 떠서 우체국 창구에서 이용자들이 필요로 하는 봉투나 도서상품권, 소포 박스 같은 간단한 물품을 팔자고 했다.

그런가 하면 국제특급우편·국제소포와 같이 수익성이 높은 상품에 대해서는 적극적으로 마케팅을 하도록 했고 새로운 수요 창출을 위해 경조우편카드·문화상품권 판매 등 새로운 서비스를 개발해 판매촉진을 꾀했다. 수익사업을 확대하기 위해 우체국 우편주문판매를 보다 활성화해 전산 판매를 하도록 했다. 이 작업을 위해 '정보화 담당사무관' 자리를 새로 만들고, 마케팅을 강화하기 위해 '마케팅 담당 사무관' 자리도 만들었다.

마케팅을 하는 공무원이란 당시로 보면 매우 이례적이어서 마케팅 담당 박인환 계장은 자신이 영어 명칭이 들어간 최초의 공무원이라고 말하기도 한다. 그렇게 만들어진 우편 전산 판매는 얼마 지나지 않아 완전히 자리를 잡아 지금은 우체국의 주요 수익사업 중 하나가 되었다.

그러나 급격한 변화에 따른 저항도 만만치 않았다. 업무가 늘어난 데에 대한 불만과 공무원을 장사꾼으로 만들고 있다는 창구 직원들의 불평이 잦았다. 그들을 탓할 수 없었다. 아무리 좋은 일이라 해도 누군가의 희생을 바탕으로 해야 한다면 성공하기도 어려울 뿐만 아니라 제대로 된 개혁이 아니라고 생각하기 때문이다.

지금은 완전히 정착되었지만, 내가 그 다음으로 한 개혁은 그들에게도 이익이 돌아가도록 제도를 만드는 것이었다. 일한 만큼 보수나 승진에서 혜택을 주는 인센티브제를 확대 도입한 것이다. 인센티브제가 자리를 잡을 수 있도록 그해에 별도로 예산을 269억 원 마련했고 수익성·생산성·경영목표 달성 등의 지표를 통해, 상위 50%에 해당되는 우체국에 기본급의 50~150%를 차등 지급했다.

일을 열심히 하거나 대충 하거나 늘 같은 액수를 받던 공무원들이 월급 외에 생각지도 못한 큰 금액의 인센티브를 받게 되자 감동했다. 그리고 자신의 일에 대한 보람과 긍지를 갖게 되었고, 예전보다 훨씬 더 의욕적이고 적극적인 자세로 고객을 친절하게 대하게 되었다. 그것은 그대로 국민의 이익으로 돌아오게 마련이다.

그렇다고 내가 수지 개혁에만 전념한 것은 아니었다. 우편사업 본래의 목적은 국민의 편의를 도모하는 것이므로 우편 물류 개혁에도 박차를 가했다.

당시 우편물은 최종 수요자 손에 들어가는 시간이 상당히 긴 편이어서 우편물이 손상되거나 분실되는 사고가 심심치 않게 일어났다. 우편물 운송 과정의 문제점을 점검해 보니, 어떤 곳은 최대 12군데를 거치게 되어 있었다. 지역 간의 물류 운송은 철도를 이용했는데 이것은 많은 문제점이 있었다. 철도 자체는 빠르지만, 우편물을 모아 철도까지 운송하는 단계를 거쳐 철도로 운송하고 다시 도착지에서 차를 이용하는 몇 단계 과정을 거쳐야 했기 때문이다. 또 운송 수단을 바꾸는 과정에서 우편물이 손상되는 일이 종종 있었다. 게다가 일단 철도로 넘어가면 그때부터는 철도청 소관이 되어 책임 문제도 애매해졌다.

나는 그때까지 우편이라면 철도라고 상식처럼 되어 있던 우편열차를, 트럭을 이용한 육로 운송으로 바꾸고 도어 투 도어 door to door 방식으로 개선하여 몇 단계를 생략하도록 했다. 또한 최소 면 단위로 되어 있는 우편물 배달 구역을 군 단위로 만들어 최대 12군데였던 우편 물류 체계를 5단계까지 줄였다. 대신 집배원 1600명에게 오토바이를 지급하고, 1만 3000여 모든 집배원에게 이륜차를 주어 사기를 높였다. 그러자 우편물 운송 속도가 눈에 띄게 빨라졌다.

그 밖에도 국제특급우편 방문 접수 확대로 시장점유율을 15%에서 25.3%로 높였고, 지금은 보편화된 경조우편카드 서비스를 실시했다. 그리고 연말 예산 잔액을 꼭 필요하지 않은 곳에 집행하는 일이 없도록 하는 한편, 우체국 집배원이 배달한 통신공사 전보 수수료를 현실화하고, '흑자구현거리 찾기' 등에 노력을 경주했다.

숨가쁘게 일한 시간이었다. 내가 우정국장으로 있었던 기간은 불과 6개월이었다. 그러나 그 시간은, 오랫동안 고인 물처럼 침체되어 있던 우체국이 오늘날의 모습으로 바뀌는 계기를 마련할 수 있는 충분한 시간이었다. 일은 시간이 아니라, 하고자 하는 의지와 노력이 하는 것이기 때문이다. 그 모든 것은 똘똘 뭉쳐 손발을 맞춘 우정국 직원들의 사명감이 함께 만들어낸 성과였다.

우편 매출액은 전년도 9971억 원에서 1조 59억 원으로 뛰었다. 비용은 9987억 원으로 3.4%인 349억 원을 줄였다. 1998년은 IMF 경제위기로 기업 활동이 위축되면서 기업 우편물 등 우편 물량이 전년 대비 8.4% 크게 감소한 해였다. 그것을 감안하고도 사상 첫 우편 매출 1조 원을 달성한 것이었다.

그해 연말 주요 일간지의 헤드라인마다 우리나라 우정사업 역사에 영원히 기록될 큰 사건이 커다란 글씨로 장식되었다.

'115년 만에 우편사업 첫 흑자 기록!'

'우편 매출 1조 원 시대의 개막'

나와 우리 우정국 직원들은 약속을 지킨 것이다.

열악한 근무 환경을 개선하다

법과 규정은 사람을 위해 존재하는 것이다

2002년 서울체신청장으로 재직할 당시, 나는 현장을 직접 보고 업무에 반영하기 위해 관할 지역을 일일이 방문하기로 했다. 당시 서울·인천·경기도를 관할하던 서울청은 직원 숫자가 비정규직을 포함해 2만여 명에 이르는 방대한 조직으로, 수도권 전역을 망라한 70여 총괄국 시·군·구 단위로 배치된 서기관·사무관급 국장 배치 우체관서를 통해 운영되고 있었다. 마지막 순서가 인천광역시 옹진군 백령도에 있는 백령우체국이었다.

백령도는 예로부터 뱃길이 험하기로 유명하다. 배가 뜰 수 있을지 없을지 그날 날씨에 달려 있는 곳이라 새벽 일찍 인천 연안부두로 나갔는데, 육지의 기상 상태는 괜찮은 것 같았으나 바다 상태가 좋지 못한지 출항 여부가 불투명한 소위 '대기' 상태가 계속되고 있었다. 동행한 구호환 지원국장과 권근태 주사가 걱정했지만, 날씨 때문에 계획했던 일정이 차질을 빚은 적이 거의 없었던 터라 나는 내 날씨운을 믿었다.

인천 연안부두에는 인천~백령도 간 우편물 운송을 주관하는 인천우체국의 전주호 국장이 김낙실 노조 지부장과 함께 나와 있었는데, 그 자리에서 간단한 브리핑을 받았다. 전 국장의 간단한 현황 보고에 이어 김

노조 지부장의 얘기가 뒤따랐다.

"얼마 전 해운노조와 우편화물 운임에 대해 협의했습니다. 해마다 대폭 올려달라고 요구하는 통에 협상하느라 늘 애를 먹었는데 이번에는 결과가 좋은 것 같습니다. 쉽지는 않았지만 운임을 아주 저렴하게 책정하는 데 성공했습니다. 덕분에 예산을 많이 절약할 수 있게 되었습니다."

힘든 과정을 거쳐 국민의 세금인 국가 예산을 아끼기 위해 최선을 다한 것이다. 나는 그들의 노고를 진심으로 치하했다.

오전 8시에 출발할 예정이던 배 데모크라시호는 10시가 되어서야 출항 고동을 울렸다. 배는 오후 2시 백령도 선착장에 도착했다. 백령도는 서해 5도<u>백령도·대청도·소청도·연평도·우도</u> 중 최북단 접적지역에 있는 섬이다.

인천에서 228㎞ 떨어진 외딴 섬에서 묵묵히 근무하고 있는 백령도 우체국 직원들을 만났다. 전국에서 가장 규모가 작은 초미니 총괄국이었다. 그러나 해병대 구호처럼 '작지만 강한' 우체국이라고 자부하는 송기열 백령우체국장은 물론이고, 직원들의 업무에 대한 열의가 대단했다.

우체국은 꽤 멀리 떨어진 논을 임시로 복토한 곳에 지어진 옹색한 가건물을 사용하고 있었다. 기존의 낡은 우체국을 헐어내고 그 자리에 번듯한 3층짜리 건물 두 동을 신축해 우체국과 부속 수련원으로 사용하기 위한 공사가 한창 진행중이었다.

백령도는 지역 우체국 고객들과의 만남, 낙도 오지에서 근무하는 직원 격려, 이 두 가지 말고도 다른 지역과는 달리 또 다른 큰 의미를 갖고 있는 곳이다. 그것은 바로 서해 최북단 접적지역에서 국토방위에 전념하고 있는 국군장병 위문이었다.

하고자 했던 업무를 다 끝내고 이튿날 12시 40분에 출발하는 배를 타기 위해 백령도 부두에서 대기하고 있는데, 내 눈길을 끄는 광경이 눈에

■ 2002년 서울체신청장 시절, 백령도 우체국을 방문했을 때.

띄었다. 그것은 백령우체국 우편 담당 직원이 선장에게 무언가 통사정을 하고 있는 모습이었다. 선장은 자꾸 딴청을 부리며 우편 담당자의 부탁을 거절하고 있는 듯했다.

권근태 주사에게 무슨 일인지 알아보라고 했다. 알고 보니 참으로 딱한 일이 아닐 수 없었다. 우편 담당자는 배에 소포 우편물을 실어 달라고 사정하고, 선장은 화물칸이 다 차서 실을 곳이 없다고 거절하고 있는 것이었다. 며칠 배가 뜨지 못한 데다 한창 농산물이 출하되는 가을철이라 부두에 화물들이 줄지어 쌓여 있었다.

백령도는 섬이지만 주민들의 생업은 어업보다 농업이 훨씬 더 큰 비중을 차지하고 있었다. 백령도의 농산물은 인기가 좋아 육지로 가면 좋은 값을 받고 팔 수 있기 때문이었다.

배가 뜨는 날이면 선주들은 운임이 싼 우편화물은 가급적 후순위로 미루고 돈을 더 받을 수 있는 다른 일반 화물들을 먼저 실으려고 했다.

그러니 배가 며칠 운항을 하지 못했거나 농산물 양이 많은 날이면 우편화물을 싣지 못하기 일쑤였다.

엄밀하게 따지면 그것은 위법 행위였다. 우편법에는 분명히 '어떠한 경우에도 우편화물을 최우선 순서로 실어야 한다'고 명시되어 있다. 그렇지 않을 경우에 대한 처벌 규정도 있다. 휴대폰이 발달하지 않았던 때였으므로 우편은 전화만큼 중요한 통신수단이었고, 백령도 같은 섬의 경우는 그 필요성이 더욱 클 수밖에 없었다. 그러나 현실은 법과 한참 동떨어져 있었다.

나는 체신청으로 돌아오자마자 양병관 경기항만청장에게 전화를 걸어 백령도에서 보고 들은 것을 이야기하고 협조를 요청했다. 모든 화물 중 우편물을 가장 우선적으로 싣게 되어 있는 우편법과 현실과의 괴리를 이야기하자, 항만청장은 그런 일이 있다면 즉시 시정하겠다고 했다.

항만청장의 도움으로 당분간 개선이 되긴 하겠지만 그것은 일시적인 미봉책일 뿐이었다. 법을 지키지 않는 그들을 탓할 수도 없었다. 그들에게는 그것이 생계 수단이므로 국익이나 공익보다 당장 자신에게 돌아올 이익이 더 중요할 것이다. 그러니 더 많은 돈을 받을 수 있는 일반 화물을 선호하는 건 당연한 일이었다. 이해관계가 얽힌 이런 문제는 법의 논리로도, 공익이나 애국심에 호소해 해결할 수도 없었다.

그동안 법안을 제정하거나 정책을 세울 때마다 지키고자 하는 몇 가지 원칙이 있다. 그중 하나가 '사람은 사람으로 봐야 한다'는 것이었다.

온 국민이 저녁밥 한 끼만 굶으면 우리나라 국민 모두가 부자가 될 수 있는 확실한 방법이 있다고 치자. 그러나 쉬워 보이는 이 일은 결코 지켜질 수가 없다. 누군가는 굶어야 한다는 것을 잊어버리는 바람에 밥을 먹을 것이고, 굶는 것을 참을 수 없어서 몰래 먹는 사람도 있을 것이다. 심지어 반항심으로 일부러 보란 듯이 먹는 사람도 있을 것이다.

인간의 속성을 도외시한 채 이상만 추구하는 것은 잘못이라고 나는 생각한다. 우편법을 지키지 않는 선주에게 법을 들먹이며 처벌할 수도 있겠지만, 그것은 무리한 법 집행이다. 왜냐하면 사람은 자신에게 유리한 쪽으로 행동하게 마련이기 때문이다. 법조문대로 처벌을 한다 해도 일시적일 뿐, 그런 법은 지켜지기 어렵다. 그리고 강제로 집행하면 불만만 키우게 된다. 같은 일이 또다시 반복되지 않게 하려면 먼저 문제의 원인을 해결해야 한다.

그렇게 해서 절약되는 예산이 얼마나 되는지 알아보았다. 백령도 우체국 규모로 보면 큰 액수지만 서울청 전체 예산에 비하면, 그다지 큰 금액이 아니었다. 나는 즉시 업무국 신순하 국장과 노한영·탁봉한·간종욱 과장 등 담당자들을 불러 우편화물의 운임을 일반 현실가로 올리라는 지침을 내렸다.

의외의 명령에 국·과장들은 얼른 대답을 하지 못하고 난감한 표정을 지었다. 예산이란 공무원들이 제 마음대로 인심 쓸 수 있는 돈이 아니다. 절약하기 위해 온갖 궁리를 다해도 모자랄 판인데 해운노조와 싸워가며 간신히 맞춘 운임을 오히려 올려주라니. 나는 한술 더 떴다.

"일반 화물 운임보다 더 올리는 방법도 강구해 보십시오."

지금까지 국민의 세금인 예산을 어떻게 하면 절약할 것인지에 관해서만 연구를 해온 직원들은 이 명령을 어떻게 받아들여야 할지 모르겠다는 듯이 서로 얼굴만 쳐다보았다. 누군가가 답답한 듯 말했다.

"하지만 청장님, 이건 지금까지 관례나 규정에 없던 일입니다. 게다가 예산을 그렇게 과다하게 쓰면 틀림없이 감사에도 걸릴 겁니다."

감사관을 불렀다. 당시 감사관은 사호선이었는데 일처리가 명확하고 빈틈이 없는 사람이었다. 그 역시 안 된다고 했다. 그런 과다한 예산 지출을 본부인 정보통신부에서 용인해 줄 리 없다는 것이었다.

그러나 우편화물을 싣기 위해 직원들이 항상 선주들에게 사정하다시피 해야 하는 상황은 반드시 바꾸어야 했다. 예산이 문제라고 하지만, 그것은 필요한 곳에 쓰기 위해 준비된 돈이다. 최대한 절약을 하는 것이 마땅하지만, 절약하는 것이 목표가 되어 써야 할 돈조차 쓰지 못한다면 본말이 바뀐 꼴이 아니겠는가.

법은 보다 나은 현실을 만들기 위해 존재하는 것이다. 법과 현실이 맞지 않는다면 바꾸어야 할 것은 현실이 아니라 법이다. 그리고 또 다른 문제는 직원들의 사기였다. 일할 때마다 늘 그렇게 사정을 해야 한다면, 자신의 일에 긍지는 물론 미래에 대한 책임감을 갖는 것도 쉽지 않을 게 뻔했다. 그것은 당장의 돈보다 더 중요한 일일 수 있다. 사 감사는 나를 설득하려 했다.

"청장님의 취지는 충분히 알겠습니다. 그러나 그럴 만한 특별한 일이 발생한 것도 아닌데 별안간 예산이 과다 지출된다면 분명히 엄중한 문책이 있을 겁니다. 그렇게 되면 청장님은 물론, 우리 서울청 모든 사람들이 곤란해지고 담당 실무자들은 인사상 불이익까지 감수해야 할지 모릅니다."

윗사람의 엉뚱한 고집 때문에 피해는 결국 아랫사람에게 떨어질지도 모른다는 말이었다. 그들에게는 생계가 걸린 문제일 수 있었다. 그들도 나의 뜻 자체가 잘못되었다고 생각하는 것 같지는 않았다. 그동안 '예산 절약'을 최선으로 여겨온 틀을 깨트리는 것이 어려울 뿐이었다. 개혁은 그만큼 위험도 감수해야 하는 일이었다. 나는 국·과장들을 모두 소집해 그 자리에서 새로운 제안을 했다.

"여러분이 무엇을 걱정하는지 충분히 알겠습니다. 그러면 이렇게 하기로 하지요. 이 서류에는 나만 결재를 하는 겁니다. 담당자 어느 누구도 이 서류에 서명을 하지 않는 거로 합시다. 그것은 예산 지출이 대폭 늘어난 것에 대한 모든 책임은 청장인 내가 지겠다는 겁니다. 이것이 문제가 되면 나 한 사람만 책임지게 되는 겁니다."

결재 서류란 아래부터 순서대로 밟고 올라오는 것이 원칙이다. 즉, 그 행정 시행에 공동의 책임을 진다는 의미가 담겨 있다. 그런데 그 순서를 생략하겠다는 것은, 만일 문제가 생긴다 하더라도 그들에게 아무런 피해가 가지 않도록 모든 책임을 내가 지겠다는 확고한 의지를 보여준 것이었다. 최종결정자권만 홀로 서명한 채 법령을 집행한다는 것은, 웬만한 뚝심이 아니면 할 수 없는 일이다. 잘못될 경우 그 책임과 부담이 몇 배로 돌아올 위험까지 홀로 떠안아야 하기 때문이다. 그만큼 나는 이 문제를 반드시 해결해야 한다는 신념을 갖고 있었다.

마침내 강영길 운송업무계장, 탁봉한 운수업무과장, 신순하 업무국장의 양해 아래 결재 서류 모든 서명란은 공백으로 비워둔 채 청장의 사인만 있는, 일찍이 예를 찾을 수 없는 이상한 서류가 만들어지게 되었다.

그렇게 해서 우편화물 운임을 대폭 올리게 되었다. 심지어 일반 화물보다 운임을 더 높게 책정하자 예전과 입장이 완전히 바뀌었다. 배가 뜰 때면 선주들이 스스로 우체국을 찾아와 화물이 있으면 제발 자기에게 달라고 경쟁적으로 부탁하는 상황이 된 것이다. 이 일을 통해 우편 전달 기간이 훨씬 단축된 것은 물론이고, 직원들의 사기 또한 높아졌으리라고 생각한다. 직원들이 제일 우려했던 문책도 없었다. 본부에 들어가 현장 상황을 충분히 설명하고 이해를 구하기도 했지만, 정통부 공무원들에게 내가 비교적 신뢰를 얻고 있었던 덕분이기도 했다.

당시 정치 여건상 정통부를 떠나 현업 기관으로 나올 수밖에 없었지만, 오랫동안 나는 정통부에서 핵심적인 일을 맡아 해왔다. 정통부에 있을 때에도 법령제도의 형식적인 해석보다 무엇이 국가와 국민을 위한 일인지 정책의 합목적성을 먼저 고려하려고 노력했다. 그러다 보니 고

정 상식을 깨트리거나 한 발 앞서가는 모험을 한 적이 많았는데 그 결과가 대개 좋았던 것을 사람들이 인정해 준 것이다.

과다지출 예산 문제도 쉽게 해결되었다. 더 지출을 하게 된 예산은 정통부 본부까지 갈 필요도 없이 서울청에서 충분히 감당할 수 있을 만큼 내가 재직했던 6개월 동안 서울체신청 사업 수익이 급격히 늘어난 덕분이었다.

2003년 4월, 나는 1급으로 승진하여 본부로 다시 가게 되었다. 서울체신청장이라는 자리가 생긴 이래, 승진하여 본부로 복귀한 최초의 사례였다. 7개월이라는 짧은 재임 기간이었지만 그동안 우편물 소통 품질 향상을 위해 우편집중국 3개 관서를 개국했고, 침체되어 있던 조직을 활성화하기 위해 젊고 능력 있는 직원을 발탁 승진시켜 일선 직원들의 사기를 북돋워 주고자 노력했다.

그때까지만 해도 서울체신청은 해마다 전국 체신청을 대상으로 하는 경영평가에서 늘 중하위에 머물렀다. 2만 명이 넘는 종사원과 1050여 개소의 우체국과 취급소를 관장하는 규모가 제일 큰 체신청이다 보니, 움직임이 둔할 수밖에 없다며 그런 결과를 당연시하는 분위기였다.

하지만 그해 연말, 서울체신청은 전국 체신청 평가에서 가장 경영을 잘한 체신청으로 평가되어 내 후임인 황중연 서울체신청장이 경영대상을 수상하는 영예를 안게 되었다.

이는 우정사업본부 이교용 본부장을 비롯한 간부 및 직원들의 적극적인 도움과 서울청 우체국 직원들의 혁신적인 노력, 그리고 이항구 노조위원장을 비롯한 노조 임직원들의 적극적인 협조가 있었기에 가능한 일이었다고 생각한다.

서울체신청 본청 간부 사업지원국의 구호환 국장과 박하영 총무과장, 이만병 회계과장, 이재기 고객지원과장, 그리고 영업국의 이윤수 국장과 윤병천 우정계획과장, 임성식 우편영업과장, 조재옥 예금영업과장, 신태균 보험영업과장, 업무국의 신순하 국장과 노한영 집배업무과장, 탁봉한 운송업무과장, 간종욱 소포업무과장, 정범채 국제과장, 그리고 사호선 감사관, 정보통신국의 박정렬 국장, 최명수·정용승·정인기·최동훈 과장과 직원들이 얼마나 사명감을 갖고 자신의 일에 더없이 열성적으로 매달렸는지 잘 알기에 지금도 감사하게 생각한다.

백령도를 방문하기 전, 국제우체국을 방문했을 때 이런 일도 있었다. 1988년 5월 이래 국제우체국은 목동에 있었는데 세계화가 진전되면서 우편물이 급격히 늘어나게 되자 새로운 시설의 국제우체국이 필요하게 되었다. 인천으로 곧 이전할 계획이다 보니 오래되고 낡은 기존 건물은 거의 손을 보지 않고 있었다.

국제우체국 직원들은 다른 우체국보다 채용 기준이 높아 까다로운 시험을 거쳐 뽑은 터라, 단순 우편 분류 업무를 하는 직원들도 거의 정규직이었다.

그 무렵에는 외국을 드나드는 것이 쉽지 않았으므로 외제 물건은 곧 최고급품이라는 인식이 팽배해 있었다. 국제우편물 중에는 소포가 많았는데 외국에서 오는 소포는 이른바 다 '외제'인 셈이었다. 그러다 보니 도난이나 분실 사고가 더러 있었다. 그것을 막기 위해 국제우체국 직원은 더 엄격한 시험과 면접을 거쳐 선발을 했던 것이다.

그런데 실제로 가서 보니 환경이 예상했던 것보다 훨씬 더 열악했다. 내가 방문한 때는 무더위가 물러난 9월이었다. 사무실에 들러 변근섭 우체국장으로부터 브리핑을 받고 나서 시설을 둘러보다가, 소포를 분류하는 작업장을 찾았을 때였다. 들어서는 순간, 열기가 훅 끼쳐 왔다. 가득 쌓인 소포들과 분주하게 움직이는 사람들이 뿜어내는 열기 때문에 작업장 안은 한여름 무더위를 방불케 했다.

오래된 건물이다 보니 에어컨은 없고, 선풍기는 편지나 가벼운 소포들이 바람에 날려 뒤섞여 버릴까 봐 켜지 못하고 있었다. 소포 중에 귀중품도 있을 터라 마음놓고 문을 열 수도 없었다. 천장 가까이 있는 창문 몇 개가 간신히 공기를 소통시켜 주고 있었지만, 더위를 쫓는 데 전혀 도움이 되지 않았다.

직원들은 얼굴이 벌게져 땀을 뻘뻘 흘리며 정신없이 일을 하고 있었다. 그 무렵 직원들을 더 뽑았는데도 그보다 더 빠른 속도로 국제우편물이 늘어나는 바람에 눈코 뜰 새가 없어 보였다.

청장이 들어서자 직원들은 긴장한 눈빛이었지만, 나는 인사 같은 건 하지 말고 하던 일을 계속하라고 말한 후 그들의 일에 방해가 되지 않도록 신경을 쓰며 작업장을 유심히 살펴보았다. 대개 남자들이었는데 그 사이에 한 여직원이 내 시선을 끌었다. 소녀라고 해도 될 만큼 앳된 얼굴에 체격도 자그마했는데 자신의 몸집만한 소포 상자를 나르느라 안간힘을 쓰고 있었다. 일이 익숙하지 않은지 서툰 몸짓이 더 힘들어 보여 안쓰럽기 짝이 없었다.

국제우체국 분류 작업은 다른 우체국 작업보다 더 힘든 편이었다. 편지 같은 일반 우편보다 소포가 훨씬 많고, 외국으로 마음먹고 보내거나 오는 것이다 보니 부피도 컸다. 그 무렵에는 외국에서 한국 음식을 구하기가 쉽지 않았으므로 한국에서 외국으로 보내는 소포는 음식물인 경우가 많아 상당히 무거웠다.

나는 여직원에게 다가갔다. 여직원은 자신이 일을 너무 어설프게 해서 그런 줄 알고 당황해 어찌할 바를 몰랐다. 땀에 흠뻑 젖은 머리카락이 이마에 달라붙어 있었다. 땀방울이 뺨을 흘러내리더니 툭 떨어졌.

나는 부드럽게 고향이 어디냐고 말을 붙였다. 전남 목포가 고향인데 결혼 후 남편을 따라 서울로 올라온 지 일 년이 채 되지 않았다고 했다.

그러다가 시험 공고를 보고 응시했는데 '운 좋게' 합격을 했다고 한다. 그녀의 말 속에는 아직도 강한 남도 사투리 억양이 남아 있었다.

하지만 나는 이게 과연 운이 좋은 상황인지 알 수가 없었다. 무더위에 에어컨은커녕 선풍기조차 틀지 못한 채 제 몸집만한 소포들과 씨름하기에는 그녀는 너무 약해 보였고, 나이도 어렸다.

본부로 돌아온 후에도 땀에 흠뻑 젖어 일하던 작업장의 직원들이 눈에서 떠나지 않았다. 곧 이전을 한다고 하지만 이건 아니다 싶었다. 그리고 새 청사 계획만 잡혀 있을 뿐이지, 정작 공사를 시작한 것도 아니었다. 그렇다면 앞으로 몇 년을 더 이런 데서 고생을 해야 되는지 알 수 없는 상황이었다. 나중에 좋은 건물에서 일하게 될 테니 그때까지 참으라며 직원들을 마냥 고생시킬 수는 없었다. 그들은 기계가 아니고 사람이 아닌가. 이전 계획이 아무리 빨리 진척된다 해도 3~4년 안에 이루어지지는 않을 것이다.

즉시 에어컨 설치를 위한 건물 개보수를 지시하자 직원들은 난감해했다. 조만간 철거될 건물에 돈을 쓴다는 것은 누가 봐도 말이 안 되는 일로, 전형적인 예산 낭비의 사례라고 비난받을 수도 있었다.

게다가 에너지 절약을 위해 모든 관공서는 에어컨도 될 수 있는 대로 켜지 말라는 정부 지시 공문이 내려와 있었다. 에너지 절약을 잘 한 관공서가 우수 사례를 발표하기도 했고, 그 반대인 관공서 기관장은 경고 조치를 받기도 했다. 나는 그런 정부 시책과는 반대로, 언제 철거가 될지 모를 건물에 에어컨 시설을 하라고 한 것이다.

그러나 그 없앨 건물 속에서 사람이 일을 하고 있었고, 나는 그것이 어느 규정보다 더 중요한 일이라고 생각했다. 어차피 공사를 시작할 바에는 건물 벽을 보강하도록 했다. 언뜻 생각하면 돈을 아끼지 않는 것 같지만, 길게 보면 훨씬 돈을 절약할 수 있는 방법이었다.

직원들은 건물 벽이 얇아 더 덥기도 했지만, 겨울에는 추위 때문에 더 고통스럽다고 했다. 그러니 상대적으로 난방비가 많이 들 수밖에 없었다. 난방을 위한 벽 보강 공사를 하면 당장 목돈은 들어가지만 난방비를 절약할 수 있을 뿐만 아니라 직원들이 추위에 떨지 않아도 된다. 나는 진정한 에너지 절약은 근본적인 문제를 해결하는 것이라고 생각했다.

에어컨 때문에 드는 전기료나 난방비를 아껴 봐야 직원들만 힘든, 전시 행정이 될 뿐 절약되는 비용은 사실 그다지 크지 않다. 건물 자체에 충분한 보온이나 환기시설을 해준다면 절약되는 비용이 훨씬 크다.

건물 공사를 위해 한꺼번에 많은 예산을 쓴다는 것은 사실 공무원들에게는 부담이 많이 되는 일이었다. 그러나 나는 소신대로 밀고 나갔다. 몇 년 후가 될지 모르지만 국제우체국이 인천으로 옮겨가기 전까지 조금은 더 나아진 작업 환경에서 직원들이 일할 수 있게 되기를 진심으로 바랐다.

지금 국제우체국은 2007년 10월 29일 마침내 최첨단 시설을 갖추고 인천국제공항 화물터미널에서 '국제우편물류센터'라는 이름으로 새로이 문을 열고 지금은 국제화 관문으로서 중요한 역할을 하고 있다.

내가 서울체신청장을 맡았을 때 무엇보다 중요하게 여긴 것은 현장을 직접 눈으로 확인하고 현장의 소리를 듣는 것이었다. 이 사회에 반드시 필요한 소통의 매개 역할을 맡고 있는 우편업 종사자들이었기에 늘 귀를 열어 두려 노력했다.

이때 현장에서 많은 목소리들을 들었는데, 그중 하나가 상시위탁집배원의 목소리였다. 그들은 비정규직이어서 여러 가지 신분상 불이익을 감수할 수밖에 없었기에 겪어야만 했던 안타까운 사연들이 많았다. 현장을 같이했던 시간 동안 그들이 얼마나 사명감을 가지고 현장을 누비고 다니는지 알 수 있었지만 행정적인 문제에 부딪히면 서울체신청장의

■ 서울체신청장으로 있을 때인 2002년 10월 23일, 체신노조 여성지부장 워크숍에 참석했을 때.

힘으로 도움을 줄 수 있는 데는 한계가 있었다.

그래서 2005년 본부 정책홍보관리실장으로 승진 발령을 받았을 때 상시위탁집배원을 정규직으로 만들 수 있는 방법을 모색하기 시작했다. 관련 부처들을 설득하는 등 많은 노력 끝에 마침내 864명의 정규직 집배원을 증원하는 성과를 이끌어낼 수 있었다.

정보통신 관련 중요 업무를 많이 맡긴 했지만 내가 공무원으로서 첫 출발한 곳은 체신부 우표과였다. 그런 만큼 우편 업무의 중요성을 누구보다 잘 알고 있었다. 우리나라가 '정보통신 강국'으로 눈부신 도약을 하게 된 데는 우정국으로 출발한 우편 업무가 든든하게 받쳐주었기에 가능했다는 사실을 결코 잊어서는 안 될 것이다.

체신 금융망과 은행 금융망을 연결하다

관점을 달리하면 문제해결의 실마리가 보인다

노태우 정권 때인 1992년 11월, 나는 청와대 비서실 파견근무를 명받았다. 서영길 과장에 이어 청와대에서 근무하는 두 번째 체신부 공무원이 된 셈이다. 후일 정통부 정보통신지원국장과 TU 미디어 사장을 지낸 서 과장은 인품이 훌륭해 많은 사람들이 신뢰를 하며 지금도 내게 애정어린 멘토 역할을 아끼지 않는 분이다.

11월부터 근무하긴 했으나, 정식 발령장을 받은 것은 새 정부가 들어선 1993년 4월 17일이었다. 당시만 해도 신원조회가 무척 까다로워 한 달 이상 걸렸는데, 그게 끝나자 정권교체기여서 발령이 다시 미루어졌기 때문이다.

정권 초기에는 많은 변혁과 개혁이 이루어졌다. 그중에서 빼놓을 수 없는 중요한 일이 체신금융사업 폐지를 둘러싼 논의였다.

새 정부의 경제비서실을 이끌게 된 박재윤 경제수석은 김영삼 대통령 후보 시절에 경제특보를 했던 서울대 교수였는데, 언론에 "멀리 앞을 내다보는 국가적 기획 업무에 치중하겠다"고 수석으로서의 포부를 밝힐 만큼 미래에 대한 비전이 있고 경제문제에 대한 식견이 높은 분이었다. 그런데 청와대에 들어오기 전에 금융통화위원회 위원을 했던 박 수석은 우체국에서 금융 업무를 하는 게 맞지 않다고 생각했다.

체신 금융은 이전에도 70년 동안의 역사를 접고 1977년에 한 차례 폐지되었던 수난을 겪은 적이 있었다. 그러다가 1982년 12월 31일, 오명 차관의 지시와 김군회 우정국 환금과장의 노력에 힘입어 '체신예금·보험에 관한 법률'이 만들어지고 1982년 7월 1일 시행규칙이 제정되면서 간신히 되살아났다.

당시에도 재무부와 농협 예금을 가지고 있는 농수산부의 반대가 심했는데, 부활한 이후에도 다른 경제부처에서 우체국 금융의 문제점을 꾸준히 제기하고 있던 터였다. 문민정부가 들어서기 전, 대통령에 당선될 경우에 대비해 수립한 신경제계획과 경제개혁 얼개 중 금융개혁 초안에도 '체신금융 폐지'에 관한 안이 들어 있었다. 이를 위해 1993년 봄 일요일 오후에 회의가 소집되어 구체적으로 논의가 이루어지기 시작했다.

경제비서실은 후일 보고Vogo펀드 회장이 된 변양호 행정관, MB 정부의 경제수석이 된 김대기 행정관을 비롯해 조세심판원장이 된 허종구 행정관, 이하룡 박사 등 대개 경제기획원과 재무부에서 파견된 사람들로 구성돼 있었는데, 그중 재무부는 과거 체신 금융을 없애는 일에 앞장섰고 되살아날 때에도 심하게 반대를 했던 부처였다.

전문성이 결여된 우체국에서 금융 업무를 한다는 것은 불합리하다, 금융 통제가 어렵다는 등의 주장이 강하게 대두되면서 방향은 거의 폐지 쪽으로 흘러가고 있었다. 그대로 두면 우체국 금융이 다시 사라질 판이었다. 폐지를 주장하는 쪽은 비서관과 행정관이 그 자리에 함께 나와 있는 반면, 체신부의 입장을 대변하며 존속을 주장하는 사람은 행정관인 나 혼자뿐이었다.

내가 발언할 차례가 되었다. 금융이라는 데 초점을 맞춰 논의가 이루어지고 있는 자리에서 나는 '금융'이 아니라 '체신 금융'이 가지는 특수

■ 청와대 경제비서실 근무 시절. 1992년 11월부터 근무했으나 정식 발령장을 받은 것은 이듬해 4월 17일이었다.

성에 대해 설명했다.

"정부 정책에는 경제정책이나 노동정책, 금융정책, 부동산정책과 같은 다양한 정책들이 있습니다. 지금 논의하는 것은 금융정책에 대한 것이고, 그 관점에서 볼 때 체신예금·보험이 금융정책에 맞지 않다는 거 아닙니까. 체신예금·보험을 단순히 금융정책의 일환으로만 본다면 그 말씀이 맞을지도 모릅니다. 하지만 관점을 달리하셨으면 합니다."

경제에 대해서라면 누구도 이의를 달 수 없을 만큼 최고의 전문가들이 모인 경제비서실이었다. 하지만 우체국이 가지는 특수성까지 모두 알 리는 없었다.

"우체국은 주 업무인 우편사업에만 매진하고 금융은 전문기관으로 넘기는 게 옳다고 하셨는데, 얼핏 생각하면 그게 합리적일 것 같지만 실상은 그렇지 못합니다. 체신 금융을 금융정책의 일환으로 하는 것이 아니라, 우편사업의 특수성 때문에 하고 있는 겁니다. 우편사업은 보편적 서비스를 해야 하지만 그렇게 하기에는 항상 적자이기 때문입니다."

후에 '우정 역사 115년 만의 첫 흑자'라는 경이적인 기록을 남기게 된 계기가 마련된 것은 이때였을 것이다.

홀로 고군분투했던 이날의 절박했던 심정을 5년 후 우정국장이 되었을 때 기억해낸 나는 발령받은 날 즉시 우체국 개혁을 시작했다. 그만큼 우리나라 우체국은 오랫동안 만성적인 적자에 허덕이고 있었다.

"그건 우리나라뿐 아니라 다른 나라도 마찬가지입니다. 세계 어느 나라도 우편사업만 가지고 흑자를 내지는 못합니다. 그래서 나라마다 여러 가지 방법을 모색하고 있습니다. 첫째, 내가 근무한 적이 있는 스위스를 예로 들자면 모든 공과금은 물론 사적인 물품대금 지급 등, 후불로 내는 것은 반드시 우체국을 통하도록 해서 우편사업의 적자 부분을 보전하도록 하고 있습니다. 둘째, 과거 우리나라와 같이 전기통신과 우편 업무를 한 부처에서 하도록 해서 전기통신의 초과 수익으로 우편사업의 적자를 보전하고 있는 나라가 있습니다. 셋째, 현재 우리나라와 같이 체신 금융을 허용하여 적자를 보전하는 나라도 있습니다. 만일 지금 논의되고 있는 것처럼 체신금융업을 폐지한다면 우편사업의 적자를 일반회계에서 보전하든지, 아니면 우편요금을 대폭 올려 수지를 맞추든지 해야 합니다. 그런데 우편요금을 대폭 올린다면 국민들의 저항이 만만치 않을 것입니다. 문제는 그런 저항을 감수하면서까지 올린다 해도 실효를 거둘 수는 없을 거라는 점입니다. 우편사업은 독점사업이긴 하지만 요금이 비싸지면 우편을 이용하기보다 차라리 수요자가 직접 배달하든지 다른 인편을 이용하는 새로운 방법을 찾게 될 것입니다. 그렇게 되면 결국 수지타산도 맞추지 못하면서 국민들의 불편만 가중시켜 원성만 듣게 될 것입니다."

'그러므로 우편 업무 그 자체로만 수지타산을 맞추라고 하는 것은 무리다. 게다가 우리나라는 다른 나라에 비해 우편 비용이 더 들면 더 들지 적게 드는 편이 아니다. 남쪽 바다로 가면 작은 섬들이 많은데 그런 섬의 한두 명을 위해서라도 우편은 배달돼야 한다. 배를 이용해야 하니 상대적으로 단가가 올라가지만, 서울 같은 대도시는 그리 많이 들지 않는다. 그렇다고 금융 원리를 그대로 적용해 섬 주민에게는 수익자 부담으로 비싼 요금을 적용하고 대도시 주민들에게는 싼 요금을 적용할 수는 없지 않냐. 요금이란 비용에 맞춰 무작정 올릴 수도 없지만 올린다 하더라도 세수입이 무한정 늘어나는 것도 아니다. 게다가 우체국 직원도 공무원이므로 수익이 나건 안 나건 그들에게 월급은 줘야 한다.'

체신 금융 폐지에 대한 논의를 하는 이 자리에서 동시에 우편 수지 적자를 해소할 다른 대안을 찾아야 마땅하다고 나는 역설했다. 그러고는 하나 더 덧붙였다.

"나는 금융전문가가 아니라서 여기 계신 분들만큼 금융에 대해 잘 알고 있지는 못하지만 솔직한 생각을 말씀드리자면 왜 체신 금융이 금융 정책에 부합하지 않는지 모르겠습니다. 우체국은 금융을 다룬다고 하지만 여신은 하지 않고 오직 수신만 하고 있지 않습니까. 국가로 보면 누가 하든 예금 많이 하도록 하는 것이 득이 될 텐데 굳이 없애야 하는 이유를 알지 못하겠습니다."

"금융기관도 아니면서 금융업을 하니까 금융 통제가 되지 않아 정책 수립에 혼선을 빚게 되잖습니까."

누군가 대답했다. 나는 재빨리 받아쳤다.

"그렇다면 우체국의 체신 금융업을 폐지시킬 게 아니라 반대로 우체국을 똑같이 금융기관에 넣어주면 될 게 아닙니까? 차라리 이 기회에 체신부도 금융기관으로 인정해 주는 방법을 생각해 보았으면 합니다."

우체국은 금융기관으로 인정되지 않아 일반 금융기관과 달리 자유로운 금융 활동을 할 수가 없었다. 일반 은행은 금리를 올리고 내릴 때 일정 기준 이내에서 자체적으로 판단하지만 체신부는 금융기관이 아니어서 새로운 예금·보험 상품을 만들려면 일일이 보고하고 승인을 받아야 했다.

보통 내가 발표하면 비서관들은 대부분 반론을 제시하지 않았다. 내가 설득력이 뛰어나서라기보다는 통신에 대해서만큼은 나보다 더 많이 아는 사람이 없었기 때문이었다. 게다가 나는 행정관이라 그들의 전문 분야가 아닌 통신 문제로 아랫사람과 논쟁을 해봐야 잘해야 본전이라는 생각도 있었을 것이다.

그날의 회의 이후 체신 금융 폐지 문제는 다시 거론되지 않았지만 재무부 등 다른 부처 출신들은 체신금융을 폐지하려다 우체국을 일반 금융기관으로 격상시키는, 그야말로 혹 떼려다 혹 붙인 꼴이 된 셈이었다.

나는 기왕 말이 나온 김에 우체국 전산망을 금융 전산망과 연결시키는 문제까지 밀고 나갔던 것이다. 우체국 전산망을 은행 전산망과 연결하는 것이 체신부의 숙원 사업 중 하나여서 윤동윤 장관도 내가 청와대에 있을 때 어떻게든 해결해 보라고 수시로 환기시키곤 했다. 나는 이것을 개혁이라는 쪽으로 방향을 바꾸기로 하고 행정수석실을 찾았다.

행정수석실에는 행정개혁위원회가 있었는데, 그 담당인 박승주 행정관은 나와 21회 행정고시 동기였다. 그에게 금융기관의 집단이기주의 때문에 체신금융 전산망과 은행 전산망이 연결되지 못하고 있다며 이 문제도 규제개혁에 포함시켜 양대망을 연결시켜 달라고 부탁했다. 박 행정관은 체신부의 입장을 충분히 이해하고 실무위원회까지 올려주었다.

그러나 실무위원회에 처음 올라갔을 때는 부결되었다. 실무위원회도 경제비서실과 마찬가지로 거의 경제 분야 학자들로 구성되어 있었기 때문에 이는 예견된 결과였다.

■ 2002년 10월 성남우편집중국이 새로 문을 열었다.

　나는 애꿎은 박 행정관에게 개혁을 한다는 사람이 그런 것 하나도 해결 못하냐고 핀잔을 주었다. 그러고는 두 망 사이의 연동은 국민에게 보다 나은 편익을 줄 뿐만 아니라 우리나라 경제활동에도 큰 도움이 된다고 말했다. 우체국은 전국 면 단위에도 있을 뿐만 아니라, 두 망이 연동되면 군이나 도시까지 가지 않고도 각 은행에서 취급하고 있는 예금의 송금과 인출이 가능하기 때문이다.
　그러자 박 행정관이 본위원회에 바로 상정하는 방법도 있다고 일러주어 그 길로 곧장 본회의에 상정하는 쪽으로 방향을 틀었다. 그리하여 본위원회에서 전산망을 연결하라는 결정을 마침내 얻어낼 수 있었다. 시작은 내가 했지만 혼자 힘으로 이루어낸 쾌거는 아니었다. 나는 안에서 돕고 밖에서는 체신부가 한몸이 되어 움직여 주었기 때문이다.
　위원회에서 마지막 회의를 할 때는 담당이 박영일 체신금융국장이었는데, 나는 재무부에는 회의 날짜를 늦게 알려주고 박 국장에게는 일찍 가르쳐주는 식으로 약간의 작전을 썼다.

윤동윤 장관에게 말씀드려 회의가 열리는 날에는 이계철 기획관리실장과 방석현 정보통신정책연구원장까지 배석할 만큼 체신부는 최선을 다했다. 그런데 재무부에서는 과장 혼자만 나왔다. 연락을 늦게 했다고는 하나 재무부는 우리만큼 절박하지 않았다는 반증도 될 수 있었다. 이 문제를 대하는 쌍방의 태도를 보고 위원들이 받아들이는 느낌이 달라질 수밖에 없었다.

결정이 난 뒤 뒤늦게 이 사실을 안 재무부 쪽에서 난리가 났다. 박 수석에게도 항의가 빗발쳤다. 나중에 내가 한 일인 것을 알게 되자, 비서실에서는 "적이 바로 내부에 있었잖아"라고 뼈 있는 말을 했다. 이 일을 진행하면서 내가 박 수석에게 보고를 하지 않았던 것이다.

그러나 박 수석은 재무부 쪽에서 이의를 제기해 오자 나를 불러 상황에 대해 물어보긴 했지만, 그것으로 그만이었다. 내가 한 일인 줄 알았지만 모르는 척 넘어가 준 것이다.

이 일을 계기로, 체신부의 오랜 숙원 사업이던 체신 금융망과 은행 금융망이 연결되는 중요한 발판을 마련할 수 있게 되었다. 체신 금융도 일반 은행만큼 성장할 수 있게 된 것이다.

배 순 훈 _ 전 대우전자 사장·정보통신부 장관, 현 KAIST 교수

우체국이 현재 잘 되고 있는 구체적인 이유를 이제 이해하겠습니다. 석호익 부회장 같은 분이 실무를 담당하여 공무원 개혁을 성공적으로 이끈 것이 결정적인 요인이라고 생각합니다. 당시 장관인 제가 우체국에 종사하는 사람들의 사기 진작을 위해 노력했던 기억은 있지만, 정책 수립 실무진들이 기울인 이런 구체적인 노력이 성공 요인으로 높이 평가받아야 할 것이라고 생각합니다. 집배원 스스로 경제위기를 극복해 나가고자 한 정신무장도 이런 정책 집행에 큰 역할을 했으리라 생각합니다 여의도우체국의 장종현 선생의 사례. 국가 위기에 수고하신 여러분의 업적이 역사의 인정을 받을 것입니다.

변 양 호 _ 전 재정경제부 이사관·금융정보분석원장, 현 보고펀드 회장

의미 있는 일을 하시는군요. 좋은 결실을 맺기 바랍니다.

박 태 길 _ 전 천평우체국장·별정우체국중앙회 부회장·경북도회 회장

별정우체국직원 연금법 초안을 제정, 발의, 국회에서 통과시키는 과정에서 정말 고생 많으셨습니다. 저도 당시 별정우체국향상회현 별정우체국중앙회 임원으로서 함께 고민하며 노력했던 기억이 생생합니다. 특히 부회장님께서 담당계장으로 별정우체국이 설치된 목적을 깊이 이해하셨기에 직원들이 혜택을 받는 좋은 결과를 얻게 된 것으로 생각됩니다.

당시 연금법 제정을 적극적으로 추진하셨기에 다행이지 그렇지 못했더라면 몇 년 더 늦어졌을 것으로 생각합니다. 앞으로도 지식경제부(우정사업본부)의 정책입안자들 중에 별정우체국 설립의 특수성과 기여성 및 역사성을 잘 이해해 석 부회장님과 같은 올바른 판단으로 별정우체국 직원들의 권익 보호와 복리 증진을 위해 헌신해 주실 분들이 계시길 바라며, 다시 한 번 석 부회장님의 업적에 깊이 감사드립니다.

정 경 원 _ 전 우정사업본부장, 현 정보통신산업진흥원장

당시 기록들을 살펴보며 몇 가지 통계 숫자 중심으로 붙임과 같이 자료를 보내 드립니다.

양 환 정 _ 방송통신위원회 국장

정리가 매우 잘 된 글이어서 특별히 보태거나 언급할 내용이 없습니다.

김 준 호 _ 전 전남체신청장, 현 방송통신위원회 국장

모시고 일할 때가 생생히 기억나 그때로 돌아간 기분이 듭니다. 내용 중에

틀린 부분은 전혀 없는 것 같습니다.

박 인 환 _ 우정사업본부 우편정보기술팀장

제가 아는 사실과 다른 내용이 하나도 없는 듯합니다. 이 모든 것을 정확히 기억하고 계신 점이 놀라울 뿐입니다.

이 정 길 _ 전 정보통신부 국장, 현 (주)체공

항상 새로운 도전을 위해 노력하시는 부회장님이 존경스럽습니다. 뜻하시는 모든 일이 반드시 이루어지리라 확신합니다.

송 경 희 _ 전 방송통신융합실 전파기획관실, 현 방통위 전파방송관리과장

부회장님을 우정국장으로 모시고 일하던 기억이 생생하게 떠오릅니다. 그때 우정사업 역사상 최초로 흑자 달성을 해서 모두 즐거워했던 생각이 납니다.

구 호 환 _ 전 서울체신청 지원국장, 현 한국정보통신기능대학 학장

치밀하게 빈틈없이 기억을 글로 옮겨놓았네요. 청장 당시 백령도 우편물 운임 현실화 정책을 추진하던 열정도 그대로입니다. 정책 도입 배경과 추진 경과를 읽으며 그때 일들이 파노라마처럼 눈에 선합니다. 저도 그 당시 석 청장님을 수행하고 백령도를 다녀왔기에 그때 일을 명확히 기억하고 있습니다.

김 낙 실 _ 체신노조 경인본부 위원장

평소 존경하는 부회장님께서 이렇게 좋은 글을 집필하신다니 정말 고맙습니다. 제가 인천우체국 지부장으로 있으며 백령도 우편물을 싣고 내리는 항운노조와 상하차비 인상 문제로 많은 어려움을 겪을 때, 청장님께서 백령도를 순시하고 오셔서 우편물 운송 관계로 그렇게 많은 고생을 하신 것을 이제야 알았습니다.

2004년으로 기억됩니다만 미래해운이란 회사에서 격일제로 백령도 모든 화물은 물론 차량까지 직접 배에 싣고 백령에 가서 바로 차량이 운송하는 큰 배가 항로를 개설하였기에, 청에 계신 정인지 운송과장님과도 백령 우편물 운송에 대해 많은 대화를 나누었습니다. 그 후 청장님 덕분에 지금은 우편차가 직접 소

포 우편물을 싣고 백령에서 하역하고, 백령 소포를 우편차에 싣고 미래해운 화물선으로 인천에 나오는 시스템으로 변경되었습니다.

신 순 하 _ 전 서울체신청 업무국장, 현 별정우체국중앙회 상근부회장

부회장님을 청장님으로 모실 때 청장님께서 인간 경영을 잘 하신 덕분에 '경영평가 최우수'를 달성할 수 있었습니다. 그래서 직원들은 항상 그 점을 자랑스럽게 생각했습니다. 청장님은 직원들 사이에서도 호평을 받으셨습니다.

당시 정통부 전체의 반 이상을 차지하고 있던 거대 수도청을 짧은 기간에 최우수청으로 만드신 것은 청장님의 진솔함과 말단 직원을 사랑하시는 '인간 경영'이 이룬 금자탑이었습니다.

송 기 열 _ 전 백령도우체국장, 마산우체국장

존경하는 부회장님! 백령도를 방문하셨을 때 뵈었던 자상한 모습이 눈에 선합니다.

탁 봉 한 _ 우체국예금보험지원단 보험사업지원실장

존경하는 청장님! 모시고 있는 동안 탁월한 혜안을 가지고 신속·과감하게 결단을 하시는 리더의 모습을 본받고 싶었습니다. 청장님의 지시로 해운업체와 운임을 협상하기 위해 여러 차례 관계자를 만나고 대폭 운임을 인상하여 우편 운송이 정상화된 것을 기억하고 있습니다. 청장님을 모시고 신설되는 집중국의 업무 수용과 개국 행사 등, 짧지만 참으로 많은 일을 하면서 배운 점이 많았습니다.

이 만 병 _ 전 서울체신청 과장·진해우체국장

왕성하게 활동하고 계시는 모습을 언론 매체를 통하여 뵙습니다. 계실 때 여러 가지로 입은 은덕 잊지 않고 살아가고 있습니다.

김 준 호 _ 방송통신위원회 국장, 청와대 파견

내용이 아주 실감나게 잘 된 것 같습니다. 재임하실 때 《월간조선》에서 우정국장이 정부 부처 50대 국장에 포함된 일이 있었는데, 그 내용을 조금 추가하

시면 좋겠다는 생각이 듭니다. 이 글이 후배들에게도 귀감이 되었으면 합니다.

권 근 태 _ 서울은평우체국 우편물류과 총괄과장

저는 평소 동료·후배들에게 청장님이 우리 조직을 위해, 특히 음지에서 일하는 직원들을 위해 애로사항을 직접 해결해 주신 이야기를 많이 하곤 합니다. 백령도 우편물 발송 애로사항에 대해서는 기술하신 내용 외에도, 안양우편집중국에서 기관장 모임인 '기청회'를 개최하고 우편집중국에 대한 내용을 홍보하며 해운항만청장께 백령도 상황을 다시 한 번 점검하는 계기를 마련하셨던 기억도 납니다.

남 준 현 _ 전북지방우정청장

우체국 주문판매제도의 최초는 석 부회장님의 지시로 시작한 우표주문판매제도가 아닙니까. 그것이 모태가 되어 오늘날 우체국 인터넷 판매로까지 발전해 왔는데, 이 중요한 업적에 대해서도 좀 더 자세히 언급했으면 합니다.

4부
정보통신의 태동

무엇보다 마땅한 용어를 먼저 찾아야 했다.
앞으로 수행될 모든 정책의 기초이자
미래를 내다볼 수 있는 용어라야 했으므로
신중하게 결정해야 했다.
수많은 용어가 후보군에 들었다가 사라지길
거듭한 끝에 마침내 '정보'와 '통신'을 결합한
'정보통신'이라는 용어가 탄생했다.
그러나 이 단어는 많은 반대에 부딪혔다.
'정보'라는 말 때문이었다.
이미 '정보'라는 용어를 사용하고 있는
정부 부서가 있었으니 바로 중앙정보부였다.

'정보통신'이라는 용어의 탄생

하루라도 빨라야 경쟁력이 있다

우리나라 사람은 머리가 좋고 부지런하다. 또 한국인 하면 '빨리빨리'라는 말이 먼저 생각날 만큼 성질이 급한 편이다. 그 '빨리빨리'는 한때 부정적으로 인식되어 우리나라 국민성의 큰 병폐로 지적되기도 했다. 그러나 정보화 사회에서는 반드시 단점이라고 볼 수만은 없다. 그것이 우리나라 정보통신이 급속히 발전하게 된 동인이 되기도 했기 때문이다. 정보통신 제품은 남보다 한 달, 아니 하루라도 빨라야 경쟁력이 있다. 특히 소프트웨어나 콘텐츠는 더욱 그러하다.

스위스 제네바의 국제기구에 근무하고 있을 때 일본 관광객들이 인솔자의 깃발 아래 줄지어 질서정연하게 관람하고 선물을 사는 모습을 흔히 볼 수 있었다. 그에 비해 우리나라 사람들은 인솔자가 다루기 쉽지 않다. 만지지 말라는 것을 굳이 손대는 사람부터 제멋대로 딴 곳으로 가버리는 사람도 있어서 인솔자는 단 한순간도 긴장을 늦출 수가 없다.

인솔자 입장에서 보면 더없이 불편한 관광객들이겠지만, 국가의 미래로 보면 결코 부정적으로 볼 수는 없다. 억제하지 못하는 호기심과 모험심 때문에 문제가 발생할 가능성도 크지만, 그만큼 적응력과 순발력 또한 발달하기 때문이다.

외국어라고는 한마디도 못하는 관광객도 인솔자가 얼마간 자유 시간을 주었을 때 제자리에 앉아 그냥 쉬는 것이 아니라, 겁 없이 흩어져 각자 구경하고 싶은 곳으로 간다. 그리고 구경할 것 다 하고, 사고 싶은 것을 다 산 후 집합 장소로 돌아온다. 외국어 한마디 모르면서 값까지 깎는 탁월한 능력을 보여준다. 이것이 한국인의 저력으로, 정보통신 발전의 원동력이라고 할 수 있다.

대량생산 대량소비 체제의 산업사회에서는 사람도 하나의 부품처럼 단결을 잘 해야 했지만, 지금은 컴퓨터 프로그램으로 생산하는 다품종 소량생산 체제이므로 개성과 창의성이 더 중시된다. 호기심 많고 모험 좋아하는 우리 국민성이 정보화 사회에 적합한 이유가 바로 이것이다.

그러나 1980년대 초까지만 해도 우리나라는 물론이고 세계적으로도 정보통신이란 개념은 물론, 용어조차 없었다. 지금도 연초가 되면 대통령 연두기자회견이 열린다. 앞으로의 정책 방향을 제시하는 중요한 회견이다. 그런 만큼 각 부처는 그때 발표될 자신들의 정책에 대해 깊이 연구한다. 정보통신산업이 발전하기까지 보이지 않는 수많은 사람들의 노력이 있었지만 그 바탕을 만든 공무원들의 헌신 또한 가볍게 보아서는 안 될 것이다.

전두환 대통령의 연두기자회견이 예정되어 있던 1982년 새해 초, 우리 체신부는 정책 방향을 연두기자회견 내용에 포함시키기 위해 노력을 많이 했다.

당시 컴퓨터는 '전자계산기'라는 이름으로 불릴 정도로 지금의 기능 중 일부만을 수행할 수 있는 단순한 기기였다. 그러나 우리 부처에서는 '전자계산기'보다 더 중요한 의미를 가진 '데이터통신'이라는 용어를 기자회견 내용에 처음으로 포함시켰다. 인터넷이 생활화된 지금의 시각으로 보면 너무나 당연한 일이지만, 컴퓨터와 통신의 결합은 당시로서는 매우 생소한 개념이었다.

그러나 대통령의 연두기자회견에 '데이터통신'의 중요성을 강조하는 이야기는 빠지고 말았다. 어쩌면 '데이터통신' 대신 '자료통신'이라는 용어를 쓴 탓일 수도 있었다. 그때만 해도 공식 문서에 특별한 경우가 아니면 외래어를 쓰지 않는 것이 원칙이어서 '데이터'를 한국어로 직역하여 '자료통신'이라는 용어를 썼던 것이다.

대통령의 연두교서에는 한정된 시간에 수많은 중요한 시책들을 포함시켜야 한다. 그날 연두교서에서 생소하고 어색한 '자료통신'이라는 용어가 제외된 것은, 우리로서는 참으로 안타깝지만 어찌 보면 당연한 일이기도 했다. 정책을 정확하게 전달할 수 있는 용어의 필요성을 절감한 순간이었다.

그때까지 세계 어디에서도 그러한 개념이 확립되어 있지 않았다. 국력에 비해 우리나라는 정보통신의 중요성을 일찍감치 깨닫게 된 셈인데, 그것은 아주 중요한 일이었다.

그 해에 체신부는 체신부와 한국전기통신공사로 분리되어, 체신부는 통신정책의 총책을 담당하고, 전신전화 업무 같은 통신사업은 한국통신이 맡기로 되어 있었다. 새로운 기구가 탄생하게 되었으므로 둘로 분리하는 작업이 쉬운 일은 아니었는데 당면 문제는 법의 재정비였다.

기존에 '전기통신법'이 있었지만 전기통신관리 주체가 체신부라는 정책 부서와 한국전기통신공사라는 사업 부서로 분리되면서 여건 변화에 따른 문제점과, 국가통신자원의 종합관리 및 조정 근거가 미흡한 것으로 드러났기 때문이다.

따라서 체신부의 정책 기능을 강화하고 체계적인 통신 발전을 유도할 수 있게 법을 새로 개정할 필요가 있었다. 법을 재정비해야 하는 중요한 임무가 내게 맡겨졌다. 통신정책국 이해욱 국장과 통신기획과 이인학 과장이 상의 끝에 신입 사무관 3년차로 당시 제도 담당 사무관이었던 내게 그 일을 맡긴 것이다.

1982년 3월 우리 국은 실무를 추진하기 위해 '법률개정 전담팀'을 만들고 전면개편 작업에 들어갔다. 나보다 나이가 많은 사무관들을 비롯해 현업에서 파견 나온 사람과 대학교수 등 5명이 전담팀에 배치되었다. 그날부터 나는 거의 밤을 새다시피 일에 매달렸다. 당시만 해도 통금이 있던 때라 자칫 늦어지면 집으로 갈 수가 없어 아예 여관으로 자리를 옮겨 일을 계속했으니 말 그대로 밤을 새운 것이다.

일을 시작하며 가장 먼저 부딪힌 문제는 앞서 말한 용어 문제였다. 세계 최초로 시작한 일이라 마땅한 용어가 없었다. '데이터통신'도 사실 영어라는 문제뿐만이 아니라, 우리가 지향하고자 하는 미래지향적 사업에 적합한 단어가 아니었다.

무엇보다 마땅한 용어를 먼저 찾아야 했다. 앞으로 수행될 모든 정책의 기초이자 미래를 내다볼 수 있는 용어라야 했으므로 신중하게 결정해야 했다. 수많은 용어가 후보군에 들었다가 사라지길 거듭한 끝에 마침내 '정보'와 '통신'을 결합한 '정보통신'이라는 용어가 탄생했다.

그러나 이 단어는 많은 반대에 부딪혔다. '정보'라는 말 때문이었다. 이미 '정보'라는 용어를 사용하고 있는 정부 부서가 있었으니 바로 중앙정보부였다. 군사정권 시절이라 중앙정보부가 갖고 있는 힘은 막강했다. 그러다 보니 중앙정보부 이외에는 '정보'라는 단어를 쓰는 것 자체가 금기시되어 있었다.

나는 사람들을 설득하기 위해 데이터data와 정보information, 지식knowledge을 구분하여 이론화하는 작업을 시작했다.

"데이터는 일반적으로 있는 그대로 흩어진 자료나 현상이며 지식은 1+1=2나 '태양은 동쪽에서 떠서 서쪽으로 진다' 처럼 모든 사람들에게 일반화된 보편타당한 정보이고, 이론 체계다. 이와 달리 정보는 증권시세처럼 필요치 않은 사람에게는 무의미한 자료지만 필요한 사람에게는 매우 중요하므로 특정인에게 의미 있게 가공한 자료data"라는 것이다. 그리고 정보통신에서 정보란 information인데, 중앙정보부의 정보는 엄밀히 말해 첩보intelligence다. 그런데 첩보부가 어감도 좋지 않고 정부 부처로 사용하기에 부적절하니 순화시켜 중앙정보부로 한 것이라며 정보통신의 '정보information'는 중앙정보부의 '정보intelligence'와 분명히 다른 의미라고 설득했다. 반대가 있었지만, 미래와 소통할 수 있는 '정보'라는 용어만은 절대 양보할 수가 없었다. 그것은 앞으로 이 사업이 나아가야 할 방향이었다.

마침내 나의 주장이 받아들여졌다. 1982년 전기통신기본법에 '정보통신'이란 용어가 처음으로 사용됐고, 1983년 법이 통과되면서 '정보통신'이라는 용어가 마침내 세계 최초로 탄생한 것이다. 이인학 과장과 이해욱 국장, 오명 차관의 아낌없는 지원 아래 이루어낸 성과였다.

이와 함께 전기통신법 개편 작업도 급물살을 탔다. 우리나라 전기통신에 관한 법령은 1885년 전신 업무가 개시된 이래 일제강점기의 일본 법령과, 해방 후 의용법의 적용을 받아 오다가 1961년 전기통신법이 제정된 후 비로소 체계를 갖추게 되었다.

이 법은 일본법을 거의 그대로 모방한 수준이어서 조문 규정은 물론 용어도 일본어를 그대로 옮겨놓아 무슨 뜻인지 알기 어려운 경우가 많았다. 이를테면 '~에 이용하기 위하여'를 '용用에 공公하기 위해'로 쓰는 식이었다.

법령 개편 작업을 위해 일본은 물론 미국·프랑스 등 선진국 법조문들을 번역해 참고했다. 그런데 미국 법조문은 영어에는 능통하지만 전기통신에 대한 전문지식이 없는 사람이 번역하여 이해하기 힘든 부분이 많았다. 이를테면 '커먼 캐리어common carrier'는 우리 식으로 말하면 '기간통신사업자'인데 그대로 직역을 해서 '보통 중계업자'로 썼던 것이다. 영어가 짧은 나도 어떤 것은 원문을 봐야 무슨 말인지 이해가 되곤 했다.

정책부서와 사업부서가 나눠진 만큼 전기통신법도 '전기통신기본법'과 '공중전기통신사업법'으로 분리 개편해야 했다. 이때 '기본법'은 국민과 정부의 관계를 규율하도록 했는데, 국민이란 일반 이용자인 국민과 통신사업자·제조업체 등을 포함한 업계 등의 국민, 또 언론·사회단체 등 모든 국민을 포괄하는 의미였다. 그리고 '사업법'은 통신사업자와 이용자의 관계를 규율하는 법으로 원칙을 정했다.

선을 분명히 그을 수 없는 것도 있어서 논의를 거쳐야 했는데, 예를 들면 '자가통신' 같은 것이었다. 자가통신이란 통신사업자가 일반 이용자에게 보급하는 공중통신과 달리 자기가 설치해 자기가 쓰는 것을 말한다. 자가통신에 관한 부분은 사업자와 이용자 간의 관계라기보다 광의의 정부와 국민의 관계로 규정해 기본법에 넣기로 최종 결정했다.

분리 개편이라고 하지만, 새로운 법을 만드는 것과 같았으므로 일본·미국·유럽 등 여러 나라 법을 참고했다. 그러나 기본 원칙은 우리나라 실정에 맞는 법을 만든다는 것이었다.

나는 우리나라에 있는 기본법은 거의 다 보았다. '농업기본법'과 상공부의 '기계공업육성법'·'전자공업육성법'도 참고했다. 법의 보편적 기준도 지키면서 정보통신이라는 특수성과 우리나라 고유성을 반영하여 실현 가능하고 미래지향적인 법을 만들려고 노력했다.

전기통신기본법 초안에는 이전에 전 세계 어느 나라에도 없는 획기적인 조문을 많이 포함시켰다. 대표적인 것이 "체신부 장관은 정보화사회를 대비한 시책을 강구해야 한다. 이를 위해 필요한 경우에는 이 법의 다른 규정은 준수하지 않아도 된다"는 부칙이었다. 그때는 물론 지금도 상상하기 어려운 법조문이었다. 이 부분은 타 부처는 물론 체신부 내에서조차 장관에게 너무 많은 재량권을 준다는 점에서 법률 상식에 어긋난다며 반대가 심했다.

나는 일반적인 법 상식을 깨는 이런 규정이 왜 필요한지 이해시키기 위해 단말기자급제 · 국가기간통신망 통합 등, 기술과 환경은 급격히 변하고 있는데 법이 뒤따라가지 못하고 있는 많은 정책에 대해 설명했다.

"기술발전과 사회변동 속도에 따라 능동적으로 대처하지 못하면 통신은 물론 다른 분야에서도 선진국이 될 수 없습니다. 통상 2년 이상 소요되는 법률 개정이 걸림돌이 되어 적기를 놓치게 됩니다."

그리고 장관에게 많은 재량권을 준다는 것에 대한 우려를 불식시키기 위해 사람들을 설득했다.

"국민의 권익을 해칠 위험이 있을 때 재량권에 대해 염려를 하는 것 아닙니까. 이것은 정치적 문제와 상관없는 것이므로 그런 것과는 성격이 다릅니다. 재량권을 줌으로써 오히려 국가 발전과 국민의 편익을 증진할 수 있게 될 겁니다."

또한 전기통신기본계획을 수립하도록 체신부 장관에게 의무와 책임을 부여했을 뿐만 아니라 기본계획에 서비스발전계획법뿐만 아니라 기술개발 및 표준화, 인력향상, 통신기기 및 부품 육성, 산업단지 조성, 수출 및 금융지원 등, 정보화사회 진전과 정보통신산업 육성 등을 위한 조문이 총망라되어 있었다.

우여곡절 끝에 마침내 우리 주장이 받아들여져 이 법은 관계 부처, 특히 상공부의 동의를 얻어내는 데 성공했다. 그리하여 내가 처음 내놓은 초안 그대로 통과될 뻔했는데 상공부의 전기전자정책국 신국한 국장이 제동을 걸었다. 그는 이 법을 보고 몹시 화를 내며 아랫사람들에게 호통을 쳤다고 한다.

"정신이 있는 겁니까. 앞으로 통신산업이 얼마나 중요한데 그걸 체신부에 다 주면 어떡하자는 거요. 이렇게 되면 앞으로 체신부가 현재의 상공부가 되는 거 아닙니까."

그래서 마지막 통과될 때 산업단지 조성, 수출 지원 등 몇 가지 조항이 빠지게 되어 초안의 90%만 반영되었다. 안타깝게도 그 초안은 우리나라에서는 기록을 찾아볼 수 없다. 하지만 일본에 가면 그 자료가 남아있을 것으로 생각된다. 당시 이 법에 대해 일본 우정성이 지대한 관심을 가졌기 때문이다. '전기통신기본법'과 '공중전기통신사업법' 초안을 본 일본 우정성은 일본법을 베끼던 한국이 자기들보다 뛰어난 법을 만든다며 놀라워했다. 그래서 일본대사관과 일본 NTT 한국지사를 통해 법률 초안과 바뀐 내용이 전달되었던 것이다.

이 법이 통과될 수 있었던 것은 오명 차관과 윤동윤 국장의 지휘 아래 박영일 과장, 이성옥 계장과 힘을 합쳐 수많은 난관을 극복한 덕분이다.

1983년 12월에 제정된 전기통신기본법과 사업법에서 '정보통신'이란 용어가 최초로 사용됐다. 그러한 의의와 함께 정부와 이용자, 사업자, 업계, 학계 등과 국민의 관계를 규율하는 사항, 통신정책을 수립하기 위한 기본적이고 종합적인 사항, 국가통신자원의 통합관리에 관한 사항을 규정했다는 점에서 그 중요성이 자못 크다.

또한 정보화 사회를 위한 기본계획 수립과 통신산업 육성, 기술진흥 등을 규정함으로써 현재 우리나라가 '정보통신 일등 국가', 'IT 강국 코리아'로 발돋움할 수 있게 했다고 할 수 있다. 실제로 전 세계 어떤 전기통신 관련 법령을 보더라도 정부가 정보화 시대를 대비해 시책을 강구하고, 산업을 육성하고, 기술진흥을 해야 한다고 규정한 예가 없다.

그때 만든 공중전기통신사업법은 전기통신사업자와 이용자의 관계

■ 2009년 6월 26일 하이테크어워드 정보통신 부문 대상 수상식장에서.

를 규율하는 규정, 즉 공중전기통신서비스의 이용 관계에 관한 사항을 규정함으로써 한국전기통신공사 이외에도 공중전기통신사업을 경영할 수 있는 길을 열었을 뿐만 아니라, 발전하는 통신 환경에서 전문성과 능률성을 발휘할 수 있도록 했다.

 이렇듯 한 발 앞선 용어와 법의 정비, 나아가 정보통신산업의 미래를 위한 비전이 있었기에 세계도 깜짝 놀랄 만큼 눈부신 정보통신 발전을 이룰 수 있었고, 11년 후인 1994년 12월 체신부가 정보통신부라는 이름을 달고 재탄생하게 된 바탕이 되었을 것이다.

정보통신 발전의 초석을 마련하다

세계 최초의 데이터통신회사 설립

한국전기통신공사가 분리된 후 체신부는 새로운 진용을 갖추기 위해 대대적으로 조직을 개편하였다. 앞으로의 통신정책 방향을 정하고 대형 개발 과제를 진두지휘하는 핵심 부서로 통신정책국도 신설되었다.

초대 국장에 이해욱 우정국장이 임명되었고 이인학 통신기획과장, 김노철 통신기술과장, 고용갑 통신업무과장, 박성득 특수통신과장 등이 발령을 받았다. 초창기이던 우리나라 통신의 미래에 대한 밑그림을 그리고 기초를 다지는 일을 해나갈 곳이 탄생한 것이다.

아직 걸음마 수준인 전기통신 업무를 진두지휘할 통신기획과는 이인학 과장을 필두로 총괄계장은 송영팔, 제도계장은 천조운, 법령계장은 신종선, 국제계장은 서영길로 구성되었다. 그런데 이계철 장관 비서관이 총무과장으로 가면서 천 계장을 인사계장으로 데려가는 바람에 그 자리가 비게 되었다. 그러자 이해욱 국장이 이인학 과장에게 나를 그 자리에 데려오라고 했다.

당시 나는 지방 출장 중이었다. 경제기획원에서 앞으로 영점 예산 Zero Base Budget을 도입하기 위해 교육을 시키고 현장을 확인하기 위해 부처별로 사람을 차출했는데, 체신부에서는 내가 선발되었던 것이다.

출장 중 내 부서가 바뀌었다는 소식을 들었지만, 현장실사를 하던 중이라 서울에 올라올 수가 없었다. 그런데 본부에서 나를 찾는 전화가 와서 받았더니 수화기 너머에서 대뜸 호통 소리가 들려왔다.

"이봐 석 계장, 그곳에서 지금 무얼 하고 있는 건가?"

"실례지만 누구신지?"

순간 얼떨떨해져 되물었다.

"나, 이인학 과장이야."

나는 교육받으라고 경제기획원으로 차출 보낸 사실을 새로 발령받은 부서의 상사가 아직 모르시는 건가 했다. 그러나 무어라 대답하기도 전에 이 과장의 호통이 이어졌다.

"무얼 착각하고 있나 본데 당신은 경제기획원 소속이 아니라 체신부야. 당장 올 건지 말 건지 알아서 판단하라구."

그러고는 답할 겨를도 없이 툭, 전화가 끊어졌다. 그러니 서둘러 일을 마무리하고 올라올 수밖에 없었다. 올라온 첫날부터 이 과장은 이런저런 설명도 없이 대뜸 일거리를 한아름 안겨주었다. 자료를 검토해 내일 아침에 보고서를 작성해 가져오라는 것이었다. 내일 회의에 필요한 준비라는데 대충 살펴보니 데이터통신 관련 자료였다.

나는 당시 경력도 오래되지 않았지만 체신부에 들어온 후 쭉 우정국 일만 해왔기에 통신은 완전히 생소한 업무였다. 게다가 긴 출장에서 막 올라와 대폭 바뀐 체신부 환경도 파악하지 못한 상태였다.

그런데도 적응할 시간을 주기는커녕 내일 당장 쓸 회의 보고서를 작성해 오라는 것이었다. 황당하기까지 한 명령을 받자, 오기가 생겼다. 던져준 자료를 한 보따리 안고 두말없이 이 과장 앞을 물러났다.

그날 통신 업무를 파악하고 자료를 검토한 후 밤을 꼬박 새우다시피 해서 보고서를 작성했다. 다음날 준비한 보고서를 이 과장에게 드렸다.

■ 체신부에 통신정책국이 처음 생겼을 때 나는 '주요정책담당계장'이었다.

이 과장은 찬찬히 살펴보더니 이렇다 저렇다 말없이 그 자료를 들고 회의에 들어갔다. 처음부터 칭찬 같은 것은 기대하지 않았지만 나무라지 않는 걸 보니 조금은 마음에 든 모양이다.

며칠 후, 이 과장은 내 보고서를 보더니 사정없이 면박을 주었다.

"업무 내용이 다르면 아직 몰라서 그러려니 봐주겠는데 명색이 행정고시까지 했다면서 앞뒤 문맥도 맞출 줄 모르나? 그래 가지고 어떻게 고시에 합격했나."

이 과장은 칭찬엔 인색했지만 마음에 들지 않을 때는 그런 식으로 가차없이 혼을 내곤 했다. 첫날부터 쉴 틈 없이 몰아치는 이 과장에게 나는 결국 발끈했다.

"앞으로 3개월만 더 지나고 나면, 적어도 과장님보다는 나아질 테니 두고 보십시오."

나중에 들은 이야기지만 이해욱 국장이 나를 데리고 오라고 이 과장에게 시키면서 이렇게 말을 했다고 한다.

"그 친구는 일 하나는 똑 떨어지게 하는데 제 생각에 아니다 싶으면 고분고분 말을 잘 들어먹지 않을 테니 그런 줄 알고 일을 시켜야 할 거요."

이 과장은 야생마 길들이듯 나를 길들이려고 처음부터 세게 다그쳤던 것이다.

평생 정보통신 업무를 해왔던 내게는 정보통신에 관한 스승이 많다. 그중에서도 이인학 당시 통신기획과장은 내게 가장 영향을 많이 끼친 사람 중 한 분이다. 후일 부산체신청장·전파관리국장·통신정책국장을 지내고 명퇴를 했지만 능력과 추진력이 대단했다.

이인학 과장과 인연을 맺었던 그때는 우리나라 통신정책이 출발하는 단계여서 모든 것이 제로 상태였다. 캐비닛이 있었지만 채워 넣을 서류가 없었다. 일 자체가 생소했고 가르쳐줄 선배도 없었으니 우리가 하는 것이 곧 선례가 되고 앞으로 통신정책의 밑바탕이 될 수밖에 없었다. 제도 담당이라는 직함은 주어졌지만 구체적인 작업 내용이 없었으니 무엇을 해나갈 것인지 스스로 만들어내야 했다.

발령받은 지 며칠 지나지 않았을 때 이 과장은 앞으로 무엇을 할 것인지 연구해서 보고하라고 했다. 제도 담당 계장의 기본 업무는 새로운 서비스 도입과 제도 개선이었다. 나는 무슨 서비스를 개발할 것인지 연구하고 구체화했다. 데이터, 무선호출, 팩시밀리, 비디오텍스, 텔레텍스, CATV 등의 서비스를 도입하고 당시 최대 현안인 데이터통신주식회사 설립을 차질 없이 하겠다고 했다.

그때는 경제도 그렇지만 통신은 더욱 낙후된 때라 참고할 만한 자료가 없었기에 앞선 외국의 예를 찾아볼 수밖에 없었다. 이 과장이 일본어를 잘 알았기에 통신 관련 일본 책과 일본 전파 신문을 많이 참고했다. 통신정책국에서 내가 했던 가장 중요한 일은 데이터통신주식회사 설립

■ 1984년 당시만 해도 통신 분야가 앞섰던 일본을 찾아 전기통신 관련 조직을 조사 연구했다.

이었다. 데이터통신이란 컴퓨터와 통신의 결합을 말하는데, 1980년대 초반만 해도 매우 생소한 개념이었다. 산업이 고도화되면서 정보가 중요해질 게 분명했지만 당시에는 그 중요성을 잘 인식하지 못하고 있었다.

그러나 점차 늘어나는 데이터통신 사용량은 과거 전화 적체 현상처럼 심각해질 수 있었고, 정보의 예속화는 경제적 문제만이 아니라 자칫 국가의 예속화까지 가져올 수 있었다. 따라서 데이터통신 업무를 체계적이고 종합적으로 육성·발전시키기 위한 전담기구 설립이 필요했다.

컴퓨터 따로, 통신 따로 이용하던 시절, 두 가지가 결합하면 어떠한 힘이 나오게 될지 아무도 예측할 수 없었을 때 데이터통신회사를 설립하여 운영한 것은 세계에서 우리나라가 처음이었다.

한국통신공사 분리를 성공적으로 끝낸 오명 차관이 데이터통신주식회사 설립을 주도적으로 이끌어 나가기 시작했다. 나도 실무진으로 참여하여 민간 주식회사의 정관을 참고하고 체신부 자문 변호사의 자문을 얻어 정관 초안을 만들었다.

당시 우리나라 IT 업계는 IBM계와 비IBM계로 나눌 수 있었는데, 그 양대 산맥으로 성기수 씨와 이용태 씨가 있었다. 두 사람 중 한 명이 데이콤 사장이 될 것이라는 데는 이견이 없었는데, 오 차관은 이용태 씨를 낙점했다.

1982년 2월 초, 나는 체신부 쪽 실무자로 이용태 사장 내정자와 지금의 광화문우체국 골방에서 여직원 한 명만 두고 작업을 했다. 그러다가 데이콤 김대규 실장이 합류한 데 이어 김광현·백석기·한환구 본부장과 이성기 비서실장 등 쟁쟁한 전문가들이 함께 하게 되었다.

그곳에서 우리는 회사 설립에 필요한 각종 규정을 만들었다. 무無에서 유有를 창조하는 것은 쉬운 일이 아니었다. 많은 일들이 있었지만 그 중 특히 기억에 남는 것은 보수 규정이었다.

보수 책정을 하기 위해 참고로 한 것은 대전 전자통신연구소와 한국통신, KBS, 금성사 네 곳이었다. 기관마다 보수 규정 성격이 상당히 달랐는데 중요한 것은 표면적으로 드러나는 보수표의 기록이 아니라 드러나지 않는 보수였다. 이를테면 직책수당·판공비·기타 수당 등이었다. 그렇게 나온 보수액을 기준으로 데이콤은 그룹에서 가장 많은 보수보다 20% 더 높게 책정했다.

그 결과 몇몇 우수 대학 취업 선호 1순위에 데이콤주식회사가 오르게 되면서 우수한 인재들이 많이 입사하게 되었다. 그때 데이콤에 들어간 사람들이 오늘날 정보통신계를 이끌고 있는 것은 결코 우연이 아니다.

우체국 골방에서 함께 작업한 팀을 우리는 '골방팀'이라 불렀는데 선발되어 온 인재답게 능력도 뛰어났고 열의도 대단했다. 힘든 작업을 오랫동안 같이하다 보니 정이 들지 않을 수 없었다. 이용태 사장은 충분한 대우를 해줄 테니 박봉에 일만 많은 공무원을 그만두고 데이콤에 오라고 간곡히 권하기도 했다.

그러나 공무원이 된 지 얼마 되지 않았을 뿐만 아니라 내가 하는 일이 바로 국가의 정책이 되고 우리나라 앞날에 내가 작은 역할을 할 수 있다는 보람에 일이 힘든 줄 몰랐던 때였다.

나는 당연히 고개를 저었다. 그러자 이 사장은 이해욱 국장에게 데이콤이 자리를 잡을 때까지 함께 일할 수 있도록 나를 3개월만 빌려 달라고 했다. 이 국장은 웃으며 완곡하게 거절했다고 한다.

"나랏일을 하라고 세금으로 월급 주는 공무원을 빌려줄 수 있겠습니까. 대신 도움을 드릴 수 있도록 최대한 배려는 해드리지요."

이용태 회장과는 그때 인연으로 지금까지 가깝게 지내는데 본인의 인품도 훌륭하지만 특히 아들들을 훌륭하게 키웠다. 큰아들은 삼보컴퓨터 사장인 이홍순, 둘째는 두루넷 사장이었던 이홍선으로 우리나라 IT산업 발전에 일익을 담당했으며, 능력만이 아니라 아버지 못지않은 인품으로 주위 사람들로부터 칭송이 자자했다.

데이콤 설립 당시 가장 논란이 되었던 문제는 재정 자립 문제였다. 데이콤은 설립 후 최소한 5년 동안 이익이 날 수 없었다. 애초에 수요가 있어서 설립된 회사가 아니라 정보화사회를 앞당기기 위해 정부 차원에서 만든 것이기 때문이다.

데이콤이 정상화될 때까지 그 적자를 보전해 줄 방법을 찾아야 했다. 그래서 한국전기통신공사의 전용회선 중 음성, 즉 전화만 하는 회선을 제외한 데이터, 컴퓨터 등의 말이 포함된 전용회선의 매출은 데이콤 수입이 되도록 했다. 전용회선 설치와 유지 보수는 한국통신이 하고 돈은 데이콤이 받게 한 것이다.

그렇게 바쁘게 일하던 중 송용팔 계장이 3개월 만에 승진해 나가게 되자 총괄계장 자리가 공석이 되었다. 그러자 이인학 과장이 그 자리를 내게 맡으라고 했다. 총괄이란 의당 승진을 앞둔 최고참이 맡는 것인데, 나는 통신정책국에서는 공무원 경력도 가장 짧고 나이도 어린 편이어서 할 수 없다고 고사했다.

그러자 이 과장은 업무분장을 바꾸어 선배인 서영길 계장은 매너와 대인관계가 좋고 영어도 잘하니 국제와 서무 업무를 하도록 하고, 나에겐 본래 업무와 함께 업무 총괄을 맡도록 했다.

시간이 지날수록 업무는 점점 늘어나 법령 담당 계장이 따로 있는데도 전기통신법 전면개편 작업인 '전기통신기본법'과 '전기통신사업법' 제정도 내게 맡겨졌고, 요금담당 계장이 있음에도 요금 체계의 전면개편도 내 일이 되었다.

결국 내 업무분장은 '주요정책담당'이라는 포괄적인 이름으로 바뀌어 경부간 광케이블 관로 한·미 공동건설은 물론 심지어 국제해저케이블 건설, 국제협약요금 결정 등의 업무까지 일부 맡게 됐다.

'주요정책담당'이라는 직책 덕에 나는 몸이 두 개라도 모자랄 만큼 바빴지만, 우리나라 정보통신의 기초를 다지게 된 1980년대의 수많은 사업에 실무자로 대부분 참여하게 되어 큰 보람을 느낄 수 있었다.

처음에 데이콤은 특정 통신회선 사업을 완전히 이양받지 못한 채 한국통신을 대신해 대행 서비스를 하는 역할만 했으나, 1985년 특수통신과가 정보통신과로 바뀌게 되면서 이종순 과장과 신용섭 데이터담당 계장이 오게 되자 궤도에 올라섰다.

기술고등고시 출신인 신 계장은 체신부와 정통부를 거치면서 TDX전전자식 교환기·CDMA이동통신에서 다수의 사용자들이 동시에 시간과 주파수를 공유하며 접속이 가능한 방식의 하나. 코드분할다중접속이라고 함 개발 등 우리나라 통신기술 개발과 통신산업 육성에 크게 이바지한 분이다. 훗날 정통부 통신기술심의관과 전파방송국장을 거쳐 방송통신위원회가 설립되자 통신정책국장 등을 거쳐 차관급인 상임위원을 지내게 되었다. 신 계장은 의리가 강해 선배인 박창환 국장이 고인이 되자 두 아들을 끝까지 돌봐주어 정보통신계의 귀감이 되었다.

경부간 광케이블 관로 한·미 공동건설

"우리는 그것을 수용할 생각이 없습니다. 그러니 철수할 때 가져갈 수 있는 한 모두 다 가져가십시오."

단호한 내 말에 예상대로 미군이 발끈했다.

"무슨 소리입니까? 그것은 SOFA 위반입니다."

1983년 한·미 간 광케이블 건설이라는 커다란 사업을 앞두고 있을 때였다. 많은 어려움이 있었으나 의견 차이를 가장 좁히지 못했던 부분은 바로 이 SOFA였다.

SOFA는 한국전쟁 이후 한·미 간에 맺어진 한미주둔군지위협정을 말하는데, 나는 체신부를 대표하여 미군측과 팽팽하게 맞섰다. 한 치도 양보하지 않았으므로 수없는 회담이 오갈 수밖에 없었다.

그 당시 우리나라는 통신 기반시설이 거의 없었다. 일반인들은 통신의 필요성조차 아직 깨닫지 못하고 있을 때였다. 그러나 정보를 생명으로 여기는 군에게 통신이란 매우 중요한 것이어서 우리보다 앞선 군사 시설과 통신기술을 갖고 있던 미국은 한국에 주둔하고 있는 미군들을 위해 통신시설을 하려 했다.

이를 위해서는 먼저 광케이블을 깔아야 했는데 그것을 담당하는 부서가 체신부였다. 통신정책국이 그 무렵 막 신설되었을 만큼 이런 규모의 광케이블 관로를 까는 일은 우리나라로서는 처음 있는 일이었다.

우리나라에서 누구도 해본 적 없는 일이었는데 통신정책국 총괄이며 '주요업무담당계장'이던 내게 이 역할이 맡겨졌다. 당시 사무관에 불과했던 내가 이런 중요한 업무를 맡을 수 있었던 것은 상관의 전폭적인 지지가 있었기 때문이었다. 이인학 과장이나 이해욱 국장은 내게 전권을 주다시피 했다.

광케이블은 지하에 매설해야 하므로 도로를 파서 케이블 관로를 묻어야 했다. 그때만 해도 비포장도로가 많았지만 광케이블을 깔 만한 중요한 도로는 대개 아스팔트가 깔려 있었다. 그러다 보니 아스팔트를 걷어내어 관로를 깔고 다시 아스팔트를 깔아야 했다. 우리나라 경제형편에 비해 매우 규모가 크고 비용도 많이 드는 사업이었다. 게다가 통신시설을 제대로 설치할 만한 기술 또한 많이 뒤떨어져 있던 상황이었다.

체신부에서, 때로는 지금 용산전쟁기념관이 들어선 자리에 있던 미8군 안에서 수많은 회의를 했다. 논의한 내용 중에는 경부고속도로 어디쯤에 광케이블을 깔 것인가 하는 문제도 들어 있었다.

고속도로 중앙분리대 아니면 갓길에 깔아야 했는데, 둘 다 일장일단이 있었다. 위치를 중앙분리대로 정하게 되면 공사를 할 때는 교통에 지장을 주겠지만, 위치가 고정될 수 있다. 반면 갓길은 당장 통행을 하는데 지장을 주지는 않겠지만 앞으로 고속도로 차선을 확장하게 될 때 갓길이 도로 안쪽으로 들어가게 되는 문제가 있었다. 심사숙고 끝에 갓길에 공사하는 것으로 최종 결정을 내렸다.

비용 부담도 매우 민감한 문제였다. 전체 비용은 절반씩 부담하기로 했다. 그리고 케이블을 까는 기본 공사는 우리가 맡고, 아직 우리나라가 갖추지 못한 첨단통신 장비는 미군측이 공수해 오기로 했다. 말 그대로 한·미 간 기술과 물자 공조로 이루어지는 사업이었다.

이런 문제들은 얼마간 서로 양보하며 타협점을 찾을 수 있었으나 미

■ 1983년 한·미 광케이블 관로 공동건설 협약식. 우여곡절 끝에 내가 원하는 대로 계약이 이루어졌다.

군이 철수하게 될 때 설치된 시설을 인수하느냐 마느냐가 쟁점으로 떠올랐다. 한미주둔군지위협정SOFA에 따르면 군사 목적의 시설 설치 비용은 우리나라가 부담하도록 되어 있었다. 그런데 미군이 철수하게 되면, 그 시설을 우리나라가 당시 시가로 인수하도록 되어 있었다.

그때는 휴전 상태인 우리나라에 주한미군이 꼭 필요하다는 국민적 공감대가 있던 때라 SOFA가 잘 지켜지고 있었다. SOFA가 불평등 협정이라며 범국민적으로 문제를 제기하게 된 것은 그 후의 일이다.

나도 우리나라 방위를 위해 필요한 시설을 우리 땅에 하는 것에는 이의가 없었다. 게다가 중요 시설을 미군이 하와이에서 공수해 왔으니, 우리가 다소 비용을 들인다 해도 그 이상의 가치가 있다고 생각했다. 그리고 미군이 철수할 때 그 시설을 우리더러 인수하라고 했는데, SOFA에도 명시되어 있고 미국이 일부 비용을 댔으므로 부당한 요구라고 할 수만은 없었다.

그러나 그 물건의 감가상각이나 훗날 그것이 지금과 같은 가치가 있을지를 고려한다면, 섣불리 인수를 약속할 수 없었다. 자칫하면 후일 아무 쓸모 없는 고철 덩어리를 세금을 주고 사야 할지 모르는 일 아닌가. 나는 이 부분에서 절대 물러서지 않았다.

"당신들이 설치한 것은 당신들 것이니 모두 가지고 가십시오."

미군측은 협정 위반이라고 화를 내며 정부에 정식으로 이의를 제기하겠다고 했다. 당시 국방 문제나 미군과의 문제는 매우 조심스럽고 민감한 사안이어서 대개 우리 정부가 양보하는 경우가 많았다. 그들은 이번에도 으레 얼마간 줄다리기하다가 슬그머니 우리가 물러설 거라고 예상한 듯했다.

그러나 나는 외교나 국방 관련 협정에 대해 그들이 말하려고 하면, 내게 말할 필요가 없다며 단호하게 선을 그었다.

"우리는 사업을 맡은 부서입니다. 그러므로 당신들과 사업에 대해서만 협의할 뿐입니다. 외교적 문제나 국방에 관련된 거라면 내게 말하지 말고 외무부나 국방부와 논의하십시오."

우여곡절 끝에 결국 내가 원하는 대로 계약이 이루어졌다. 당시로서는 있을 수 없는 대등한 협정이었다. 불평등 조약이라는 SOFA도 경부간 한·미 광케이블 관로 공동건설에서만큼은 통하지 않았던 것이다.

자기들의 시설이지만 관로를 파기는 것은 불가능하고 시설 철거도 경우에 따라서는 비용이 더 들 수 있으므로 결코 되가져갈 수 없을 테니, 오히려 미군측이 불평등하다고 말할 수 있을지도 모르겠다.

협정이 체결되자, 나는 경부간 광케이블 관로 설치 공사에 한 치의 실수도 없도록 내 온 정열을 다 바쳤다. 광케이블 관로 공사는 고속도로를 새로 까는 것에 견줄 수 있을 만큼 대규모 공사였다.

당시 경부고속도로는 상행 2차선, 하행 2차선이었는데 도로는 손댈 수 없으므로 갓길을 모두 파서 그곳에 큰 광케이블 관로 속에 6공의 소관로를 넣고 묻었다. 세 개는 우리 것이었고, 세 개는 미군 것이었다.

갓길에서 공사를 했으므로 일반 국민은 그리 큰 불편을 느끼지 못했던 것 같다. 고속도로를 달리던 차들은 기념비적인 사업이 진행되고 있는 줄도 전혀 모르고 무심히 스쳐 지나갔다.

■ 한·미간 광케이블 공사 후 미군측이 준 공로패.

미군측은 SOFA에 엄연히 규정되어 있는 조항조차 지켜내지 못한 계약 조건에 처음에는 불만을 표시했지만 일이 진행되는 과정을 보고 매우 만족해하며 내게 고마워했다. 그리고 감사의 표시로 미8군 군영에 자유롭게 드나들 수 있는 장교급 카드를 선물로 줬다. 용산기지만이 아니라 전국 모든 미군 진영의 시설을 마음대로 이용할 수 있는 카드였다.

외국에 자유롭게 나가기 어려웠던 그때, 그것은 대단한 특혜였다. 미군 영내의 물건들은 모두 면세여서 값이 매우 쌌고 시설 이용비도 매우 저렴했다. 무료에 가까운 골프장부터 고급 음식점과 장교클럽 등, 당시 우리나라 경제규모에 비하면 그 안은 별천지라 할 수 있었다.

그러나 나는 그 카드를 딱 한 번밖에 사용하지 못했다. 우리 집에도 제대로 들어가기 어려울 만큼 바빴던 때라 한가롭게 미군 영내에 들어갈 시간적 여유도, 관심도 없었던 탓이다. 내가 그런 카드를 가지고 있다는 사실을 안 지인이 한 번 들어가 보고 싶다고 부탁해 영내에 들어가 맥주 몇 잔 마신 게 전부였다. 결국 쓰지도 않을 카드를 가지고 있는 것도 부담스러워 얼마 후에는 아예 반납해 버렸다.

이 큰 규모의 공사는 미군측과의 공조가 없었다면 결코 이루어질 수 없는 일이었다. 비용도 그랬고 그 필요성을 관계자 말고는 아무도 깨닫지 못할 때였으므로 그런 공사를 하겠다고 하면 곳곳에서 반대 여론이 들끓어 정부의 허가도 받을 수 없었을 것이다.

필요성을 느꼈을 때 공사를 시작했다면 아마 한참 후가 되었을 것이므로 우리나라는 그만큼 뒤처질 수밖에 없었을 것이다. 통신뿐만 아니라 도로 설비공사 면에서도 새로운 기점이 된 의미 있는 사업이었다.

예전에는 고속도로를 깔 때 지하에 그런 시설을 하지 않았다. 그렇게 했더라면, 필요도 없는데 과잉투자로 예산 낭비를 했다는 감사와 문책을 받았을 것이 틀림없다.

그러나 이 한·미 간 광케이블 관로 공사로 인해 그 필요성을 알게 되었다. 일단 만들어진 도로를 다시 파서 뒤집는 것보다 미리 깔아두는 게 비용 면에서 훨씬 낫다는 사실을 깨닫게 된 것이다.

그래서 그 후 건설되는 모든 고속도로나 주도로는 당장 필요가 있든 없든 간에 일단 광케이블용 관로를 깔도록 의무화했다. 이는 통신시설을 확장하는 데 따르는 장애 요인을 미리 제거하는 계기가 되었을 뿐만 아니라, 후일 나라 예산이 수조 원 이상 중복 투자되는 것을 방지할 수 있게 해주었다.

이 공사가 잡음 하나 없이, 또 한 치의 실수도 없이 순조롭게 끝났기에 공사 규모와 그 의의를 일반인들은 잘 모르는 경우가 많다. 공사가 끝나자 미군측은 감사 표시로 내게 대한민국 통신 분야 인사로는 최초로 공로패를 주었다.

정보통신 대국의 꿈을 꾸다

먼저 숲을 본 후에 나무를 보라

그림 앞에 서면 사람들은 한 발짝 멀리 서서 감상을 하고 난 뒤 다가서서 다시 자세히 그림을 본다. 멀리서 보면 더없이 아름답고 자연스런 색채의 흐름이 가까이서 들여다보면 수없이 많은 점이나 붓의 거친 터치로 이루어져 있다는 것을 알 수 있다. 그 작은 점과 터치가 어떻게 조화를 이루느냐에 따라 명화가 탄생할 수도 있고 아닐 수도 있다.

나는 많은 일들이 대개 그렇게 이루어진다고 생각한다. 그래서 어떤 업무가 주어지면 한 발짝 떨어져서 그 일이 속한 넓은 범위를 먼저 생각하고, 전체 그림을 그리려고 노력한다. 그리고 나서 거기에 속한 일부분으로서의 역할과 다른 업무 간의 연계성을 파악하려고 한다.

큰 그림을 그리고 장기적인 계획을 세운 상태에서 시작한다고 해서 반드시 처음 계획한 것을 그대로 지켜나간다는 보장은 없다. 하지만 오차를 그만큼 줄일 수는 있다. 또 주제가 정해진 상태에서 발생한 오차는 수정하기도 그리 어렵지 않다.

우리나라는 1962년에 경제개발 5개년계획을 시작했다. 한국 경제를 끌어올리는 데 중요한 견인차 역할을 한 시기였다. 내가 통신정책국 통신기획과로 발령받았던 1982년은 제5차 경제개발 5개년계획 1982~1986

이 시작된 해였다. 5개년계획 중 통신정책 수정 업무를 맡게 된 나는 이때 나무가 아니라 산을, 나아가 숲을 먼저 보는 것이 옳다고 생각했다. 5년이 아니라 10년, 아니 더 먼 미래까지 예측하여 장기계획을 먼저 세운 뒤 그에 따라 세부계획을 하나하나 수립해야 한다고 생각한 것이다.

우리가 가상한 미래는 서기 2000년이었다. 당시만 해도 21세기란 까마득한 미래였다. 심지어 2000년이 우리 인류에게 오지 않을지도 모른다는 노스트라다무스의 〈종말론〉까지 심각하게 회자되었던 때였다.

그러나 그 먼 미래인 2000년을 바라보고 세운 미래지향적인 계획은 우리가 원하는 통신대국의 꿈을 단계적으로 이뤄 나가게 해줄 것이라고 확신했다. 이를 위해서는 공상과학소설에서와 같은 상상이나 막연한 추정치가 아니라 2000년대의 환경과 상황 변화를 보다 정확하게 예측할 수 있어야 하며, 보다 과학적인 분석을 위한 수많은 자료와 깊이 있는 연구가 필요하다고 생각했다.

많은 사람들이 밤낮없이 이 일에 매달렸다. 그렇게 해서 나온 분석 결과에 따라 기본 원칙을 정하고 그것을 달성하기 위한 실천 계획과 추진 전략을 마련했다. 보다 정확한 계획을 수립하기 위해 우리나라 미래 인구수, 산업 변화, 에너지, 선진국과 개도국의 관계, 정치, 경제 등을 고려했다. 전기통신산업 계획이었지만, 2000년대에 이루고자 하는 국가 사회상을 근본 목표로 잡았다. 그것은 '자유롭고 안정된 사회', '풍요롭고 활기찬 사회', '평화롭고 균형 발전된 사회'였다. 우리나라 정보통신의 이정표가 세워진 것이다.

이러한 전기통신산업 장기계획안을 김성진 장관이 대통령에게 보고하자, 전두환 대통령은 아주 잘된 계획안이라며 칭찬했다고 한다. 그런데 전 대통령이 다른 부처에도 이 같은 장기계획안을 만들라고 지시하는 바람에 뜻하지 않게 여러 부처가 곤욕을 치렀다.

그도 그럴 것이 우리는 그 계획을 세운 후 충분히 시간을 두고 수많은 자료를 뽑고 전문가들의 자문을 얻으며 만들었지만, 대통령의 명령을 받고 시작한 다른 부처들은 그럴 시간이 없었던 것이다. 당장 체신부의 다른 부서도 각자 2000년대의 장기 비전을 만들어내느라 곤욕을 치렀다. 그 때문에 미리 귀띔해 주어 준비할 시간을 주지 않았다며 원망을 듣기도 했다.

하지만 2000년대를 향한 장기 비전을 각 부처마다 설계하면서, 정치·사회적으로는 매우 어수선했던 1980년대에 경제만큼은 국민들의 마음속에 희망을 불러일으켜 주었다고 본다.

우리는 2000년대 장기계획을 수립하는 동시에 제5차 5개년계획을 집행해 나가야 했다. 나는 항상 바빴지만 그 무렵은 유난히 더 바빠서 자고 있는 모습 말고는 아이들의 얼굴도 거의 보지 못했다. 사무실에 나가지 않는 날이 일요일과 공휴일은 물론 설이나 추석 명절을 다 합쳐도 열흘이 안 될 정도였다. 설이나 추석 때는 식사가 문제였다. 가족은 명절을 쇠러 큰집으로 내려가고 직장 부근의 식당들도 그날만은 문을 다 닫았기 때문이다.

다행히 나 같은 사람들을 위해 일 년 내내 문을 여는 곳이 두어 집 있었다. 서울시청 뒤 (주)코오롱 본사 앞의 북엇국 집과 지금은 없어졌지만 청진동에 있는 해장국집이었는데 다행히 입맛에도 맞아 그 집들을 얼마나 자주 이용했는지 모른다.

선진사회를 실현하고 정보화 사회에 능동적으로 대처하기 위한 2000년대 장기계획으로는, 전기통신서비스 분야에서는 정보 이용의 대중화를 촉진하고 종합정보통신망ISDN을 구축할 것, 전기통신사업 분야에서는 통신사업 경쟁 체제를 도입하고 한국전기통신공사를 민영화할 것, 전기통신산업 분야에서는 수요기반 확충을 통한 지속적인 성장을 위해

■ 통신정책국 시절, 당시 우리는 2000년대 장기계획을 수립하느라 눈코 뜰 새 없이 바빴다.

기술개발 및 수출 산업화를 촉진할 것, 전기통신기술 분야에서는 산·학·연·관 협동체제를 구축하여 종합통신망·전전자교환기·광통신·위성통신 등 핵심 기술을 중점 개발하고 이를 위해 고급 과학기술인력을 양성한다는 것 등이었다.

당시 통신정책국은 윤동윤 국장의 지휘 아래 고용갑 기획과장, 김창곤 통신기술과장, 이인표 통신업무과장, 이종순 특수통신과장과 서영길·이성옥·노희도·한춘구·구영보·공종렬·김동수 계장, 그리고 총괄계장인 내가 있었는데 이 계획을 만들기 위해 모든 과·계장은 물론 전자통신연구소ETRI의 전문 인력이 총동원되다시피 했다.

이인표 과장과 한춘구·구영보 계장도 많은 역할을 했다. 이 과장은 상관에게 깍듯하고 부하를 따뜻하게 배려해 직장에서 아래위 할 것 없이 신뢰와 존경을 받았는데, 후일 체신부 통신정책국장을 역임했다. 구 계장은 성격이 원만한 사람으로, 후일 우편과 체신금융 업무의 수장인 우정사업본부장을 지냈다.

장기계획에는 앞으로의 통신산업에 대한 비전이 담겨 있었다. 그중 하나가 정보 이용의 대중화를 위해 전화요금 체계를 획기적으로 개편하는 것이었다. 이것은 서민들의 삶에도 직접적으로 영향을 미치기 때문에 정치권에서도 예민하게 다루었다. 정보 이용 대중화의 가장 큰 걸림돌은 전화요금이었다. 당시 시외요금은 너무 비싸서 서울에서 제주도에 전화를 걸면 3분에 1800원이나 되어 다양한 통신서비스를 받기가 어려웠다. 국민이 어느 지역에 사느냐에 따라 통신요금 부담이 달라진다는 것은 일종의 도·농어촌 간 지역 차별이라 볼 수 있으므로 거리에 따른 요금제보다 정보량에 따른 요금제를 도입하는 것이 더 합리적이라는 생각이 들었다.

국민 누구나 저렴한 요금으로 다양한 통신서비스를 받게 하려면 전화의 시외거리 단계 축소 및 요금 인하와 단계별 요금 격차를 점진적으로 축소하여 궁극적으로 '전국 단일요금제' 실현을 목표로 한 장기요금정책을 추진하기로 했다.

그때에는 동일한 시내요금을 내는 시내통화권이 읍·면 단위였다. 그리고 거리에 따라 요금이 늘어나는 체계는 모두 아홉 단계로 되어 있었다. 그런데 1982~1986년 제5차 5개년계획 중에 여섯 단계로 줄이고, 제6차 계획 이후에는 시내·인접·시외로 세 단계, 그리고 제7차 계획 때는 시내·시외 두 단계로 시외 균일 요금제, 제8차 계획인 1997~2001년에는 전국 단일 통화권, 전국 균일요금제를 이룬다는 장기계획을 세웠다.

또한 시내·외 요금 차이가 커서 통화권 인근 지역 주민, 예를 들어 의정부 등지에서 불만이 많았는데 이를 해소하기 위해 시내요금보다는 비싸지만 시외요금보다는 훨씬 싼 인접지역 요금제를 도입했다. 대신 시내요금은 인상하는 것이 불가피했다. 당시 시내요금은 20원이었는데 30

원으로 인상하는 안을 마련해 윤동윤 국장이 최종 결재를 받으러 장관실에 갔다. 이자헌 장관이 미간을 찌푸리며 말했다.

"10원은 너무 많은 거 같소. 한 번에 너무 많이 올리는 거 아니요? 서민들한테는 너무 큰 폭의 인상인데."

"그래야 시외요금을 내릴 수 있습니다. 어차피 경제기획원에 가서 또 실랑이해야 할 거 아닙니까. 밀고 당기다 보면 결국 깎이게 될 테니 이 정도 올려둬야 반은 깎인 25원 정도로 맞출 수 있을 겁니다."

그렇게 해서 장관 결재를 받아낸 후 나는 경제기획원으로 갔다. 당시 경제기획원 물가조정국의 변양균 물가정책과장은 이렇게 대폭 전화요금을 인상하려는 이유를 설명하는 나의 말을 귀기울여 들어주었다.

"시외요금이 비싸다는 건 결국 도시 사람들보다 농어촌 사람들에게 더 부담을 지우게 된다는 것입니다. 그건 불공평하지 않습니까. 그러므로 시내요금을 올리고 시외요금을 내리는 게 궁극적으로는 서민들 가계에 더 도움을 줄 겁니다."

변 과장도 당장은 저항이 있을 게 분명하지만 이 정책이 길게 보면 서민들에게 훨씬 더 도움이 될 것이라고 수긍해 주었다. 마침내 경제기획원도 우리가 올린 안 그대로 결재를 해주었다. 시내요금을 인상하게 된 만큼 전국을 같은 통화권에 넣는 계획이 그만큼 앞당겨질 수 있게 되었다. 생각보다 일이 수월하게 풀려 모두 기분이 좋았는데 생각지 못한 반대에 부딪혔다. 보고를 받은 이 장관이 화를 낸 것이다.

"무슨 소리요? 분명 5원 정도는 깎일 거라고 해서 기안한 그대로 결재를 해준 건데."

정치인이었던 이 장관은 30원으로 인상하는 것을 원치 않았던 것이다.

"생각 좀 해보시오. 그렇잖아도 물가를 올리려면 얼마간의 저항을 각오해야 하는데 10원이나 대폭 올리면 국민들의 원성이 얼마나 크겠소.

그것을 어떻게 감당하려는 거요?"

"하지만 그만큼 시외전화 요금을 내릴 수 있지 않습니까."

"일반적으로 서민들에게 직접 피부에 와 닿는 것은 시외가 아니라 시내 전화요금이라는 것 잘 알지 않소. 아무리 시외전화 요금을 내려주었다 해도 그게 표나 날 거 같소? 그렇게 대폭 올렸다는 발표가 나면 매스컴부터 야단날 게 틀림없을 텐데. 당장 25원으로 인상안을 맞추시오."

그 바람에 나는 다시 경제기획원으로 가서 이번에는 요금을 내려 달라고 사정해야 했다. 변 과장이 어이없어했을 것은 당연한 일이었다.

"장난하는 겁니까? 물가 담당인 제 입장에서 10원씩이나 올리도록 해준 게 쉬운 일인 줄 압니까. 하지만 장기적으로 보면 그게 서민들 생활에 도움이 되겠다 싶어서 체신부 입장을 대변해 가며 부총리에게 허락을 받으려고 내가 얼마나 애썼는지 아십니까?"

결국 25원으로 수정안을 만들고 변 과장은 불만스레 내뱉었다.

"다시는 체신부하고 정책 협의를 안 하든지, 꼭 해야만 한다면 아예 처음부터 장관하고 바로 논의할 거요."

전화요금 체제 개편 다음으로는 통신망 고도화를 위한 장기계획이 있었다. 2006년까지 시내전화망의 전전자화를 100% 달성하고 전국 주요 구간을 광통신망으로 연결하여 2001년까지 전송시설을 100% 디지털화하는 계획이었다. 또한 2000년에는 하나의 통신망을 통하여 전화·전신·데이터·화상 등 모든 통신서비스를 제공하는 종합통신망ISDN을 완성하도록 했다. 새로운 서비스도 적극 개발해 그 당시에는 공상영화에서나 볼 수 있었던 영상회의, 비디오텍스, 원격조정, 텔레워킹 등의 서비스를 적어도 1990년대 중반까지 기술개발과 시범서비스를 시행해 상용서비스를 하도록 계획했다.

처음으로 밝히지만 지금은 고인이 된 김성진 전 장관이 전두환 전 대통령에게 보고한 보고서 중 지금까지 공개되지 않은 것이 있다. 전기통신사업 경영체제 개편에 관한 내용으로, 사회 전반에 미칠 파급 효과를 고려해 대통령 보고 후 언론 보도자료를 배포할 때 빼버린 것이다.

당시 통신사업 경영은 한국전기통신공사가 독점하고 있었는데 제5차 5개년계획 중, 1982년에 설립한 한국데이타통신주식회사에 국제전화를 허용해 국제전화 경쟁 체제를 갖추게 하고, 제6차 계획 중에는 새로운 시외전화 사업자를 추가 선정해서 경쟁 체제를 도입한다는 계획이었다.

더 획기적인 것은 2000년까지 한국통신을 완전히 민영화하고, 통신망을 구축·운용하는 것은 독점하되 전화는 물론 새롭게 등장하는 이동통신 등 모든 서비스는 완전자유경쟁 체제를 도입한다는 것이다. 다른 것들과 마찬가지로 이 계획도 이제 거의 현실화되었다.

미래는 미리 준비하는 사람에게 기회의 문을 열어 주는 법이다. 우리 정보통신인들은 아주 오래전부터 이를 준비하고 있었다.

88서울올림픽은 '전자올림픽'

"세~울 올림픽!" 1981년 사마란치 IOC 위원장이 독일의 바덴바덴에서 88올림픽 개최지를 발표할 때의 감격을 기억하는 사람들이 아직 많을 것이다. 개발도상국이던 우리나라가 올림픽을 유치한 것은 참으로 놀라운 일로 국력이 한 단계 도약할 수 있는 절호의 기회였다.

그런데 '바덴바덴'이라는 이름을 들으면 그때의 감격과 함께 잊을 수 없는 개인적인 추억이 하나 떠오른다.

스위스 국제전기통신연합ITU에 근무할 때였다. 휴가를 맞아 로마 황제가 매년 온천 목욕을 하러 갔다는 바덴바덴의 '카라칼라스' 목욕탕에 가족과 다녀온 적이 있었다. 카라칼라스는 시설이 좋은 데다, 대온천탕과 야외온천 수영장이 크기로나 넓이로나 단연 압도적이었다. 온천이지만 수영복을 입고 들어가게 되어 있는데, 온천욕을 하다 보니 몇 사람이 목욕가운 차림으로 2층에 올라가는 것이 눈에 띄었다. 호기심이 생긴 나는 2층에 뭐가 있는지 올라가 보기로 했다.

2층 굳게 닫힌 철문 입구에 사우나라는 글자가 보였다. 사우나치곤 분위기가 좀 이상하다 생각하며 조심스레 문을 여니 뿌연 수증기가 눈앞을 가렸다. 그런데 수증기에 익숙해진 내 눈에 문득 낯선 모습이 보였다. 여자의 벗은 몸이 보였던 것이다. 깜짝 놀라 나오려고 몸을 돌리는데 그 사이사이에 남자들도 보였다. 아, 이게 바로 말로만 듣던 독일의 남녀 혼탕 사우나구나!

그들은 나무의자에 수건을 깔고 앉아 언짢은 눈길로 나를 바라보았다. 자기들과 달리 내가 수영 팬티를 입고 있었던 것이다. 남녀 혼탕 사우나에서는 팬티를 입는 것이 결례라는 것을 나중에야 알았다.

바덴바덴에서 결정된 88 서울올림픽은 우리 기술을 세계에 널리 알릴 수 있는 계기가 되었을 뿐만 아니라 우리나라 정보통신산업을 한 단계 발전시켰다는 점에서 중요한 의의가 있다. 체신부는 아시안게임과 올림픽을 유치한 직후부터 이 두 대회, 특히 서울올림픽을 준비하며 완벽한 통신 지원과 함께 우리나라 통신 수준을 한 단계 격상시킨다는 목표 아래 종합계획을 세우고 단계적으로 실천해 나가고 있었다.

이를 위해 한국통신·전기통신연구소ETRI 등 통신 관련 기관과 사업자는 물론 데이콤과 SERI 등 컴퓨터 관련 기관이 총동원되었다. 서울올림픽에 앞서 열렸던 1984년 LA올림픽이 세계 최고 수준의 통신과 컴퓨터 기술이 총동원된 기술올림픽이었기에 서울올림픽의 통신과 전산시스템을 책임진 체신부로서는 그 책임이 막중했다.

전화는 국산 전자식 교환기TDX의 개발·보급 등 정부의 적극적인 통신개발정책으로 그간의 만성적인 적체를 해소하고 국민들의 수요를 만족시키고 있었으나 데이터통신은 아직 초보 수준에 지나지 않았다. 역대 대회를 보더라도, 통신 분야 준비가 소홀해 진행이 엉망이 되고 국제 TV 회선 수요를 제대로 예측하지 못해 세계 각국 보도진으로부터 비난을 받는 일이 많았다. 개발도상국에서 처음 개최되는 올림픽인 만큼 우려의 시선을 보내는 나라가 적지 않았다.

따라서 이미 올림픽을 치른 국가로부터 통신 지원 계획과 정보를 입수하는 일이 최우선 과제로 대두되었다.

이 두 대회 지원은 내 업무가 아니었다. 그 무렵 나는 데이콤 설립, 전기통신기본법·사업법 입안, 제5차 5개년 수정 계획 수립 등으로 눈코 뜰 새 없이 바빴다. 그러나 결국 이 일의 실무를 책임지게 되었다.

당시 우리나라의 정보통신 분야는 겨우 걸음마를 시작한 단계였으므로, 방송통신 지원 계획은 아무리 자료를 조사하고 통계를 연구했다고 해도 어디까지나 추정치일 뿐 정확할 수가 없었다. 워낙 첨단기술 분야이다 보니, 힘들게 계획을 수립해 놓고도 김노철 기술직 과장은 오명 차관에게 결재를 받으러 갔다가 받지 못하고 나오기 일쑤였다. 완벽주의자인 오 차관이 정확하지 않은 수치를 용납지 않았던 것이다.

그런데 얼마 후 승진해서 나간 김 과장 대신 새로 부임한 고용갑 과장이 똑같은 내용을 단 한 번 만에 결재를 받아 가지고 나왔다. 나는 반가워서 물어 보았다.

"어떻게 그렇게 단번에 결재를 받았습니까?"

"당신이 말했잖소. 이건 현재 추정치일 뿐 미래에는 더 올 수도 덜 올 수도 있다고. 환경 여건은 어떤 식으로 달라질지 알 수 없으므로 여건 변화에 따라 계획이 수정될 수도 있을 거라고 차관님께 설명을 드렸지."

■ 1984년 LA올림픽 기간에 조사단이 파견되었다. 그때 나는 통신·방송·전산 지원반장을 맡았다.

올림픽 통신 지원 계획은 수요 변화에 따른 예상을 해야 하지만 미래의 일이므로 연구 분석을 한다고 해도 그 사이 변화되는 환경조건이라는 변수가 있으니 정확할 수가 없다, 그래도 예측 수치를 내놓아야만 그를 바탕으로 일을 추진할 수 있다, 앞으로 발생하는 오류는 진행 과정에서 수정해 나갈 수밖에 없다고 말했다는 것이다.

고 과장의 설명을 들은 오 차관은 그렇다면 그 말을 문서 앞에 넣어 달라고 했다. 그래서 당시 결재 문서 제일 앞면에는 타자 글씨가 아닌 내 필체로 '상황 변화에 따라 보완하겠다'는 단서가 붙어 있다.

우리나라는 LA올림픽이 개막하기 전, 각 부처별로 조사단을 구성해 LA는 물론 기존의 다른 개최지에도 파견했다. 체신부도 1984년 6월 11일부터 16일까지 오 차관을 단장으로 하는 고위급 조사단을 파견해 LA 올림픽 통신과 컴퓨터 시설을 면밀히 조사했다.

이 조사단에는 오 차관 외에 한국통신의 이상복 부장, 한국전기통신연구소의 양승택 선임연구부장, 데이콤의 김대규 기획관리실장과 체신부 서영길 사무관이 참여했다. 조사단은 현지에서 LAOOC, Pacific Telesis, Western Electric, Motorola, WUI 등 통신과 전산 관련 사업자들의 상세한 올림픽 지원 계획과 시설을 확인하고 자료를 수집했다. 조사단이 귀국 후 펴낸 보고서 겸 자료집인 〈LA올림픽과 통신〉은 서울올림픽 통신·전산 지원 준비에 크게 활용되었다.

LA올림픽 개최 기간에도 대규모 정부 차원 조사단이 파견되었다. 내 기억에 1000명 정도 되었던 것 같다. 각종 경기장 확보부터 경기 운용, 숙박시설, 요인 경호, 식품위생, 관광 등 분야별로 대책반이 만들어졌다. 대부분 현직 차관이 부처 책임을 맡았는데, 체신부는 사무관에 불과한 내가 통신·방송·전산 지원반장을 맡게 되었다.

왜 내게 그런 중책이 맡겨졌는지는 정확히 모르지만, 아마 올림픽조직위원회와 문화체육부 최고위급이 통신·방송·전산을 별로 중시하지 않았거나, 통신 쪽은 고위직 행정가보다 실무자들이 많이 있으면 된다고 생각한 결과가 아닌가 싶다. 체신부, 통신공사, 방송 주관사인 KBS, 데이콤, 한국전자통신연구소 등에서 파견된 직원들로 대략 50명 정도의 실무진이 꾸려졌는데, 윤동윤 국장은 내게 여러 차례 당부 겸 지시를 했다.

"앞으로 '86, '88 양 대회 지원 계획 수립과 추진은 모두 석 계장에게 맡길 생각이니 제대로 파악해 오시오."

체신부는 1982년 2월부터 우정·전기통신·전파 등으로 통신지원 전담기구를 꾸렸으나 종합적이고 체계적으로 운영되고 있지는 않았다. LA올림픽을 앞두고 현지로 출발하기 전에, 역대 올림픽 자료들을 모으다 보니 예상외로 자료가 많았다. 체신부·한국전기통신공사·KBS 등에서 역대 올림픽 자료들을 입수해 정리해 두었던 것이다. 그러나 양에 비해 질은 떨어져 새로운 지식이나 정보는 그다지 많지 않았다. 많은 사람들이 출장을 다녀왔지만, 매번 똑같은 질문을 통해 만들어진 보고서여서 특징이 없었다. 그렇다면 이번 조사단도 같은 잘못을 범할 우려가 있었다.

이 문제를 해결하기 위해 아이디어를 하나 내놓았다. 모든 반원이 출장가기 전에 미리 보고서를 쓰도록 한 것이다. 반원들은 황당해했다. 아직 가지도 않은 곳에 대한 출장 보고서를 쓰려면 기존 자료를 토대로 쓸 수밖에 없다. 그런데 보고서를 쓰다 보면 기존 자료로 알아낼 수 없는 부분이 나오게 마련이다. 바로 그 부분에 초점을 맞추어 빠진 사항들을 현지에 가서 먼저 조사하려고 한 것이다.

한국통신공사 대표인 이상복 부장은 참 좋은 생각이라며 반겼다. 그 과정을 통해 우리 반원들은 미리 LA올림픽에 대한 정보와 지식을 많이 가질 수 있게 되었고, 현지에 가서 무엇을 해야 할지 명확히 알 수 있었다.

그러나 대회가 거듭될수록 기술 발전 속도가 빨라지고 지원 서비스의 질과 양이 달라져 계획을 세우기가 쉽지 않았다. 특히 냉전이 극에 달해 있을 때라 소련을 비롯한 공산국가들이 대회를 보이콧할 수도 있어 상황이 매우 유동적이었다.

또 하나의 난관은 LA 물가였다. LA는 평소에도 다른 도시에 비해 물가가 높은 편인데, 올림픽 개최 기간에는 호텔비가 서너 배 올라 하루 200~300달러에 육박했다. 공무원 1인당 출장 숙박비가 하루 20달러이니 제아무리 아낀다 해도 턱없이 부족한 금액이었다. 더구나 나는 차관이 대부분인 다른 부처 반장과는 달리 사무관이므로 공무원 여비 규정상 책정된 출장비도 박할 수밖에 없었다. 이 상태로 출장을 다녀오려면 우리 가족 몇 달치 생활비에 맞먹는 돈을 마련해야 했다.

여비를 어디서 좀 빌려보라고 아내에게 부탁하니 난감한 표정이었다. 생각다 못해 별도의 결재 문서를 만들었다. 특수한 목적 수행을 위해 여비를 현실화할 필요가 있다는 내용의 기안이었다.

지금도 그렇지만 나중에 감사에 걸리면 불이익을 당할 수도 있으므로 공무원은 규정을 임의대로 바꾸기가 어렵다. 그러나 윤동윤 국장은 바로 승낙해 주었고, 무사히 장·차관 결재까지 받을 수 있었다. 여비를 좀 더 받긴 했지만 그래 봐야 간신히 숙식 해결이 가능한 정도여서 허름한 모텔에서 자고 값싼 햄버거로 끼니를 해결해야 했다. 된장찌개 없이는 밥을 못 먹는 시골 출신인 내가 며칠씩 햄버거로 끼니를 때운다는 것은 고역이었다. 그때만 해도 우리는 개발도상국의 가난한 공무원들이었다. 그러나 사명감만큼은 어느 누구에게도 뒤지지 않을 만큼 높았다.

LA에서 여러 차례 현지 조사단 회의가 열리면서 점차 내 역할이 중요해졌다. 우리나라가 다음 올림픽 개최 국가로 관심을 받게 되자 박세직 올림픽조직위원장 등에게 기자들의 질문이 쏟아졌는데, 대부분 통신과 관련된 내용이었던 것이다. '경기 결과는 즉시 전산으로 처리되느냐, 국제 TV 중계 회선은 몇 회선이 가능하느냐, 어느 루트를 통해 누가 설비를 하느냐? 국제방송센터와 미디어센터 통신시설을 올림픽 때까지 어느 정도 할 수 있느냐, 올림픽조직위원회에 통신·방송·전산을 담당할 조직은 있느냐' 등이었다.

다른 어느 부문보다 통신 쪽을 중요시하고 관심도 크다는 것을 알 수 있었는데, 그것은 다름 아닌 TV 중계 때문이었다. 통신은 올림픽 경기를 원활하게 진행하고 전 세계인에게 알리는 데 필요하기도 하지만 올림픽 수지를 맞추는 데 절대적인 영향을 미치기 때문이었다. 국제올림픽조직위원회IOC의 수입 중 TV 중계권료가 가장 많이 차지하고 있었던 것이다.

현지에 다녀온 후 박세직 위원장을 비롯한 관계부처 고위직 인사들은 통신·방송·전산이 얼마나 중요한지 깨닫게 된 것 같았다. LA 대회가 끝난 후 귀국해 박 위원장의 주관으로 분야별 전담반장들이 LA올림픽

조사 결과와 향후 계획을 발표하는 자리가 있었다. 그 회의에서 나는 방송·통신·전산을 담당할 조직을 대폭 보강하고 책임자를 조직위원회 상위 직급으로 격상할 것을 건의했다. 올림픽조직위원회에 나가 있는 체신부 인원은 기술담당 김문수 과장밖에 없었던 것이다. 다행히 현지 실태를 직접 보았던 사람들이라 전적으로 공감해 주었다.

그 후 대통령의 재가를 얻어 방송·통신·전산 담당이 기술직 부단장급으로 격상되었다. 최순달 장관은 김노철 통신기획과장을 승진시켜 그 자리로 파견했다. 김 과장은 올림픽조직위원회 기술협력국장도 겸하게 되었다. 88서울올림픽을 대비해 아시아경기대회부터 새로운 통신기술을 개발하고 실용화하여, 보다 나은 계획을 수립하고 추진하기 위해서였다. 그리고 대회를 개최하는 데 필요한 통신은 조직위원회가, 해외지원통신은 통신공사가 주관하여 설치하고 운용토록 했다.

마침내 1988년 서울에서 제24회 올림픽이 열렸다. 세계 161개국에서 3만 7000여 명의 선수·임원·보도진이 참석한 서울올림픽은 역대 올림픽 가운데 사상 최대 규모였다.

88올림픽에서 우리 체신부는 통신·방송·전산 운용 지원을 빈틈없이 한 덕분에 한국 통신기술의 우수성을 전 세계인으로부터 인정받는 계기가 되었다. 통신공사도 대회 통신 운용을 완벽하게 해 세계적으로 그 위상을 드높였다. 국제 TV 회선 역시 27회선으로 사상 최대 규모여서 전 세계 150여 개국 40억 인구가 대회를 편안하게 시청할 수 있었다.

모든 전송로를 국산 광케이블로 시설하여 국산 광시스템으로 중계방송을 했으며, 역대 올림픽 사상 최초로 고속 디지털 데이터 회선을 공급하여 라디오 방송사와 신문사가 신속하고 품질 좋은 서비스를 이용할 수 있게 했다. 특히 통신망과 전산망을 연동 운영하여 각국 기자단과 참가자들로부터 명실공히 '전자올림픽'이란 찬사를 받았다. 개발도상국이라고 만만하게 보았던 우리나라가 얼마나 뛰어난 정보통신기술을 가졌는지 전 세계에 보여준 것이다.

이 성공 뒤엔 많은 사람들의 땀과 노력이 있었는데, 이를 진두지휘했던 윤동윤 국장의 공을 빼놓을 수 없다. 대회 1년 전까지만 해도 통신망과 전산망의 연동은 물론 전산망끼리의 연동조차 문제가 있는 등, 암담하기 이를 데 없었던 것이다.

먼저 경기 진행과 결과와 기록 등을 처리하는 경기운용시스템의 각종 정보를 종합정보망에 연동하여, 국내외 텔렉스 가입자가 수신할 수 있도록 했다. 그리고 무선호출 서비스를 종합정보망 터미널을 통해서도 할 수 있게 했다. 공중교환망PSDN과 연동 운용함으로써 통신망과 전산망을 상호 결합시킨 최신 기술이었다.

당시 전산시스템은 한국과학기술원KAIST의 경기운영시스템GIONS과 데이타통신(주)의 종합정보망WINS, 통신공사의 대회 지원 관련 컴퓨터로 구분되었다.

우리나라 전산계는 IBM 계열의 성기수 박사 그룹과 비IBM 계열의 이용태 박사 그룹이 있었다. 경기운용시스템은 주로 IBM 장비를 이용했는데, 카이스트 공학센터SERI 김봉일 박사가 실무책임자였고, 후일 소프트웨어진흥원장을 지낸 이단형 박사가 개발 실무를 맡고 있었다. 그리고 종합정보망은 후일 전산원장을 역임한 데이타통신(주)의 이철수 박사가 실무 책임을 맡아 개발을 하고 있었다.

그런데 이 두 팀이 불협화음을 내고 있었다. 머리를 맞대고 긴밀하게 협조해도 하기 어려운 일을 상대방의 기술과 장비, 심지어 사람까지 불신하니 일이 제대로 될 리 없었다.

이때 윤 국장이 나서서 특유의 뚝심으로 어려움을 헤쳐 나갔다. 이용태 박사와 성기수 박사에게 때로는 협박 비슷한 엄포를 놓기도 하고, 때로는 협조를 구하며 일주일에 한두 차례 두 팀과 회의를 해가며 타협점을 찾아내 기어이 성공한 것이다.

　전산시스템은 어느 한 곳이 고장난다 해도 이중·사중·팔중의 백업시스템_{보완시스템}을 갖춰 경기를 하는 선수와 임원, 보도진이 불편함을 전혀 느끼지 못하게 했다. 두 대회가 성공해 영광의 얼굴들이 연일 매스컴을 장식했지만, 그 뒤에서 우리 IT인들이 얼마나 피나는 노력을 했는지 일반인들은 전혀 알지 못했다. 관심을 가질 만한 조그마한 말썽조차 없이 매끄럽게 진행되었기 때문이다.

　이처럼 우리나라 경제를 한 단계 발전시키는 견인차 역할을 했던 '86아시안게임과 '88올림픽 두 대회를 성공적으로 치르게 된 데는 숨은 IT인들의 공이 매우 컸다고 할 수 있다. 이는 우리나라 정보통신기술을 앞당기는 중요한 계기였다.

대통령 직속 전산망조정위원회

5대 국가기간전산망의 토대를 마련하다

1987년 7월, 사무실에서 일을 하고 있는데 누군가 어깨를 툭 치며 불렀다. 고개를 들어 보니 뜻밖에도 청와대 경제수석실의 정홍식 행정관이 서 있었다. 나는 반가워서 얼른 자리에서 일어났다. 정 과장은 기분이 좋아 보였다.

"전산망조정위원회 사무국을 신설하는 건 알고 있지?"

"네, 과장님이 중책을 맡게 되었다는 소식 들었습니다."

전산망조정위원회 사무국 구상은 갑작스러운 일이 아니었다. 4년 전인 1983년 1월 28일, 제1회 기술진흥확대회의에서 전두환 대통령이 기술혁신의 중요성을 거론하면서부터였다. 그 자리에서 이정오 과학기술처 장관이 1983년을 '정보산업의 해'로 정해 정보산업기본법을 제정하는 등 정보화 시책을 추진하겠다고 보고했고, 그것이 구체화되어 1984년 6월 국가기간전산망조정위원회가 설치되었던 것이다.

국가기간전산망 구축사업은 곧 다가올 정보화 사회에 대비, 국가경쟁력을 높이기 위해 국가의 주요 정보와 자원 등을 전산망과 연계하는 것으로 1980년대 초까지만 해도 세계 어느 나라도 시도하지 못했던 혁신적인 사업이었다. 현실화되기까지 어려움도 많았지만 1986년 5월 12일,

마침내 전산망 보급 확장과 이용 촉진에 관한 법률이 제정·공포되면서 청와대 내부기구에 불과했던 전산망조정위원회가 법적 기구로 승격되었다. 그리고 다음 해인 1987년 2월에는 전산망조정위원회 구성에 관한 대통령의 재가가 떨어져 본격적인 위원회 구성에 들어갔다.

1987년 5월 27일 과기처 장관과 체신부 장관을 역임했던 김성진 한국전산원장 등 전산망조정위원 14명은 대통령으로부터 임명장을 받았다.

청와대 경제수석실의 산업담당 비서관인 홍성원 박사는 위원회의 간사 겸 실무위원장을 맡았다. 육사를 나온 홍 박사는 우리나라 정보통신과 전자산업 발전에 크게 기여한 분으로, 후일 시스코 사장 등을 지냈다.

전산망조정위원회 실무 조직인 사무국은 각 부처에서 파견된 사람들로 구성될 예정이었는데, 정홍식 행정관이 사무국장으로 임명된 것이다. 두 달 후 전산망조정위원회가 정식 출범하면서 부이사관인 국장으로 승진하게 되었지만, 나를 찾아왔을 때는 아직 서기관이던 정 과장이 친근하게 말했다.

"어때? 나와 같이 일해 보는 게. 오 차관님께는 내가 말씀드릴 테니."

정 과장은 내가 반길 것으로 생각한 듯했다. 하지만 나는 그 호의를 선뜻 받아들일 수 없었다. 아무리 청와대 소속이라 해도 처음 시작하는 조직의 작업이 얼마나 힘들고 고달픈지 너무도 잘 알기 때문이었다. 게다가 조만간 승진될 텐데 외부로 파견 나가게 되면 오히려 불리해질 수도 있었다. 또 한 번쯤은 우체국장으로 나가 리더십도 기르고 현장 경험을 해보고 싶기도 했다.

정 과장은 곤란한 표정을 지었다. 알고 보니 오 차관에게 이미 허락을 받은 후 나를 찾아온 것이었다. 서기관 대우를 해주겠다면서 간곡히 권하는 정 과장의 청을 뿌리칠 수 없어 결국 응낙하고 말았다.

내가 정 행정관을 처음 만난 것은 1980년 우정국 우표과에서 근무할 때였다. 그때는 우표가 사회적 가치를 인정받던 시절이라 우표를 수집하는 사람들이 많았다. 그래서 새 우표가 나오면 청와대는 물론 대검찰청이나 중앙정보부 등에 보내주는 것이 관례로 되어 있었다. 우편 규정집에 업무와 관련된 모든 곳과 우표 보급을 위해 필요한 사람에게 줄 수 있다는 규정이 있었으므로 그에 따른 정상적인 업무였다. 그런데 부서 이동으로 사람이 바뀌어도 갑자기 중단할 수가 없어서 상당수 계속 보내주다 보니 우표를 보내야 할 곳이 나날이 늘어나고 있었다.

그러던 어느 날, 정권이 바뀌어 5공화국이 막 출범했을 때 청와대 비서실에서 우표와 우표책을 얼마간 가지고 오라는 연락이 왔다. 그러나 나는 우표 대신 달랑 규정집 한 권을 들고 갔다. 당연히 우표책을 가지고 왔으려니 생각한 정 행정관 앞에 나는 우표 규정집을 내놓았다.

"이게 뭐요?"

"우표 보급에 관한 규정을 적은 우표 규정집입니다."

"당신 뭐 하자는 거요, 안 그래도 바빠서 정신이 없는데 놀리는 거요, 뭐요?"

정 행정관으로 보면 기가 막히겠지만 나는 나름대로 단단히 마음먹고 시작한 일이었다. 여러 힘 있는 곳에 새 우표와 우표책을 배부한 것은 우표의 보급 확대를 위해서였고 소기의 성과도 거두었다.

그런데 그것이 관례처럼 되자 한번 정해진 무상 배부처를 줄일 수가 없었다. 그때까지는 많은 양이 아니었기에 큰 문제가 되지 않았지만, 언젠가는 감당하기 힘들어질 것이 분명했다. 새로 정권이 시작되는 그때가 악순환의 고리를 끊을 수 있는 적기라고 판단한 것이다.

어느 정권이든 처음 출발할 때는 엄격한 기준과 새로운 규정을 만들고 그것을 지키고자 노력을 하게 마련이다. 나는 정 행정관 앞에 규정집을 펼쳐놓고 내 생각을 밝혔다.

"보시다시피 규정에는 '우표 보급에 필요한 곳'이라는 단서가 적혀 있습니다. '지금부터라도 규정을 제대로 지켜보려고 하는 겁니다.'"

"그럼 '우표 보급에 필요한 곳'의 범위가 어디까지라는 거요?"

사실 참 애매한 문구이긴 했다. 그러다 보니 힘 있는 기관 위주로 배부할 수밖에 없었던 것이다. 나는 솔직히 인정했다.

"너무 광의로 해석되어 버린 게 사실입니다. 그러니 청와대부터 먼저 그 규정을 엄격하게 지켜주기를 바라는 겁니다."

"내가 포기하면 다른 곳도 철저하게 적용할 수 있다는 말이오?"

"물론입니다."

정 행정관은 나를 보더니 손을 내저었다.

"알았으니 그냥 가시오. 어디 두고 봅시다. 나중에 못 해내기만 하면 그냥 두지 않을 테니."

생각보다 쉽게 포기해 주었지만, 속내에는 못 해낼 거라는 전제가 깔려 있다는 것을 알 수 있었다. 나는 물러서지 않았다.

"마음먹었다고 무턱대고 할 수야 있겠습니까. 이왕이면 청와대부터 배부해야 할 곳의 기준을 정해 주십시오. 그래야 힘이 실릴 거 아닙니까."

정 행정관은 그 자리에서 우표책을 받을 수 있는 청와대 내의 직급을 대통령과 수석비서관 전원, 경제수석실 비서관 등으로 한정해 숫자를 확 줄였다. 본부로 돌아온 나는 우표책 보내는 곳을 대폭 줄이겠다고 공언했다. 최전교 과장과 남정현 주사는 쓸데없는 만용이 아닌가 걱정했다. 권력기관으로부터 미움만 사다가 결국 다시 주게 될 거라며 말렸으나, 이 일은 힘 있는 정권 초기에 바로잡아야 한다며 고집을 꺾지 않았다. 먼저 대검·중앙정보부 같은 권력기관에 대한 무상 배부를 줄였다. 그리고 우표 보급을 위한 곳이라 인정된다 하더라도 현직에 있는 사람 외엔 모두 중단했다.

새 우표가 나오면 곧 프리미엄이 붙어 우표 그 자체가 돈이 되기도 했던 시절이었다. 우표 마니아들은 새 우표가 나오면 명동에 있는 중앙우체국 등에 밤새 줄을 서서 구입하곤 했다. 그런 우표와 우표책 공급을 갑자기 중단하자 이곳저곳에서 항의 전화가 빗발쳤다. 윗사람에게 전화가 오면 나는 우표가 필요하시다면 주문판매를 이용하라고 둘러 말했다.

당시는 우편주문판매를 막 시작했을 때였는데, 전화를 건 사람들은 돈이 아까워서라기보다 새 우표가 나올 때마다 남보다 먼저 받는다는 신분과시용 성격이 컸으므로 주문할 생각은 거의 없었다. 그들이 군말 말고 그냥 보내라는 식으로 직·간접적으로 윽박지르면 나는 공손하게 대답했다.

"알았습니다. 규정상 할 수 없어서 청와대도 자진해 줄였는데 정 그러시다면 제 돈으로 사서 보내 드리지요. 공무원 월급이 적긴 하나 그 정도 선물이야 못 해드리겠습니까."

그리고 실제 발송인을 체신부 장관이 아닌 내 이름으로 보냈다. 그러면 상대는 몇 번 받다가 부담이 되는지 그만 보내라고 연락해 왔다.

그 일로 정 과장은 나에 대한 인상이 강하게 남은 것 같았다. 그 후 통신정책국에 근무하며 데이콤 설립, 통신망 통합, 경부간 광케이블 관로 한·미 공동건설 등의 문제로 자주 보고하며 친분이 두터워졌는데, 전산망조정위원회를 신설할 때 나를 불러들인 것이다.

전산망조정위원회는 대통령 비서실장이 위원장을 맡은 대통령 직속 위원회였다. 사무실은 현대적선빌딩에 있는 한국전산원 내에 마련되었다. 사무국은 체신부·내무부·상공부·교육부·총무처·과기처·한국은행·데이콤 등 국가기간전산망과 관련 있는 기관에서 파견 나온 실무자들로 구성되었는데, 내가 총괄반장을 맡았다. 정 국장은 청와대 행정관과 사무국장을 겸해 일주일에 한두 차례 나와서 회의를 주재했다.

■ 1987년 신설된 전산망조정위원회 사무국 동료들과 함께. 당시 나는 총괄반장을 맡았다.

그런데 승진 안 한 상태에서 총괄반장을 맡다 보니 일을 수행하는 데 어려운 점들이 많았다. 더욱이 신설 조직이다 보니 과장 일에서 계장, 심지어 직원들이 하는 일까지 다 해야 했다. 처음 사무실에 가서 보니 총무처의 심황섭 사무관, 데이콤의 정재도 과장과 강원도청의 엄명섭 직원이 있었다. 심황섭 계장은 전산 업무에 대한 경험과 전문지식이 풍부했고, 엄명섭 주사는 매우 성실했다. 정재도 과장은 업무도 잘 알고 보고서도 논리적으로 꽤 잘 썼다.

이들 말고도 교육부의 강병운 사무관, 한국전산원의 조인규·김선영, 상공부의 심서래·김원식 사무관, 한국은행의 남경모, 과학기술처의 류중익 사무관, 과학기술처의 이순종 주사, 총무처 정부전산소GCC의 신우연 주사 그리고 체신부의 임차식 사무관과 최석봉 주사가 있었다. 데이콤에서는 정재도 과장의 후임으로 온 이석한 과장이 성격이 활달하고 조직장 경력도 있어 사무국의 활력을 높이는 데 큰 역할을 했다. 또한 업무에 대한 지식이 많고 일처리도 훌륭해서 사무국의 총괄 업무를 원활히 수행했다.

그러나 사무국이 전혀 이질적인 사람들로 구성되다 보니 처음에는 의견조정이 쉽지 않았다. 각기 소속 부처의 입장을 대변하려 했고, 사람도 일도 생소하다 보니 사소한 일 가지고도 의견충돌이 잦았다. 당시 일하던 방식은 사무국에서 분야별 전산망 계획을 수립하여 해당 사업의 주관 부서에서 발의하도록 하는 식이었는데, 그러다 보니 부처에서 생각하는 계획과 국가 차원의 전산화 추진 개념이 충돌하는 경우가 많았다.

파견 나온 직원들은 그들대로 중간에 끼여 갈등을 많이 겪었는데, 연일 열띤 토론을 벌이다 보니 자연 화합을 위해 술자리를 갖는 일도 많았다. 정 국장은 일에 대한 집념이 대단했다. 체력도 좋아서 아무리 전날 밤 12시가 넘도록 술을 마셨다 해도 다음날 새벽 출근을 거른 적이 없었다. 나도 상당히 일찍 나오는 편이었지만 출근해 보면 이미 업무를 파악하고 업무지시를 하곤 했다. 정 국장의 관심과 질책, 통솔력 덕에 사무국은 비교적 빨리 안정되고 위원회의 실무 기능도 정상화되어 갔다.

1988년 2월 25일자로 내가 서기관으로 승진한 직후 사무국에 과장이 두 명 더 보강되었다. 상공부 백만기, 총무처 문대원 과장이었다. 문 과장은 총무처 심황섭 과장보다 고참이었고 백만기 과장은 나보다 먼저 승진한 터라 업무분장시 사소한 문제가 발생했다. 논의 끝에 나는 수석과장으로서 총괄과장을 맡고 문 과장은 전산망사업과장, 백 과장은 정보산업과장으로 역할을 분담하게 되었다. 당시 정 국장은 우리 세 과장의 성을 따서 우리나라를 부강한 나라로 만들 핵심 멤버들이라며 '백만석' 과장이라 불렀다.

전산망조정위원회 사무국은 위원회를 보좌하여 국가기간전산망 기본계획을 취합 관리하고 공공기관의 컴퓨터 도입 계획을 심의하는 등 우리나라의 정보화를 선도하고 IT 강국을 만드는 데 일익을 담당했다고 자부한다. 국가기간전산망 사업 중, 금융전산망이나 여타 전산망은 서비스 우선순위를 국가 정책에 맞추어 앞당기고 표준을 준수하는 등 간접관리 및 지원 대상인 데 반해, 전산망조정위원회 차원에서 직접 예산을 조달하고 관리하는 사업은 행정전산망 사업이었다.

행정전산망 사업은 주민등록, 토지 기록, 자동차 등록 등 전국민의 일상생활과 직결된 민원 업무를 비롯해 통관·고용·경제통계 등 6개 우선추진 업무를 정보화하여 서비스하는 것으로, 이를 위해 시·도 전산센터를 구축하여 국산 중형 컴퓨터 160대를 설치하고 3500여 개의 시·군·구와 읍·면·동 민원처리 공무원 1만 5000명에게 PC를 공급하는 한편, 소관 정보를 데이터베이스화하여 이를 전국 전산망으로 연결했다.

정부는 우선추진업무를 조기에 달성하기 위해 1514억 원의 자금을 조달하여 '선투자 후정산'이라는, 무기 체계를 개발할 때나 사용하는 방식을 도입했다. 행정전산망 전담사업자인 당시 (주)한국데이타통신이 (주)한국통신진흥으로부터 소요 자금을 차입하여 사업을 추진하고 개발이 완성되면 정부에서 10년 동안 분할상환하는 식이었다.

여기에 쓰인 중형급 국산 컴퓨터는 미국 톨러런트 회사로부터 기술을 도입하여 개량 생산한 국산 주전산기 1호기였다. 이것은 수입 대체뿐 아니라 원천기술을 확보하여 해외에 진출하기 위해 개발한 제품이라는 중요한 의미도 있었다. 그 이후 나온 국산 주전산기 2호는 한국전자통신연구원을 중심으로 국내 삼성·현대·대우 등 컴퓨터 생산업체가 공동으로 연구개발하여 1992년부터 국내에 공급했다.

국산 주전산기 1호기인 톨러런트는 당시 세계적으로도 상용화 초기 단계인 UNIX 기종이었는데, 전국 우체국 전산화 시범사업으로 추진된 농어촌 특산품 및 우수 공산품 우편판매를 위한 시범사업에 2대가 공급되는 등 총 240여 대가 공공기관에 공급되었다. 그 후 순수 국내 기술로 개발한 2호기는 공공기관과 금융기관에 700여 대가 공급되고, 3호기는 공공기관·금융기관·기업에 88대가 공급되었다. 이렇게 국가기간전산망 사업은 국산 주전산기의 급속한 발전을 가져왔지만, 당초 세계 최고 수준의 4호기를 개발하여 상용화한다는 목표를 달성하지 못한 것은 못내 아쉽다. 행정전산망 사업이 단기간에 워낙 많은 예산이 투입된 국책사업이다 보니 전두환 대통령에서 노태우 대통령으로 넘어가는 정권교체기에 대통령 영부인이 관여된 5공 비리 사업이라는 의심을 받기도 했다. 그러나 체신부가 국회 답변을 통해 해명함으로써 오해가 해소되었다.

국가기간전산망 사업은 계속 증가하는 국내 전산화 수요 중 특히 정부가 관장하는 공공기관의 전산화 비용을 최대한 국내 산업계가 공급하도록 하여 정보통신산업을 육성하고자 추진했던 사업이었다. 주민등록·부동산같이 국민의 일상생활과 관련된 전국 단위의 전산망을 구축하고 중형 컴퓨터와 PC·소프트웨어를 국내에서 개발해 투입하는 행정전산망 사업, 은행 간 전산망을 연계 운영하여 현금자동인출기 공동 이용·타행환 시스템 등 서비스를 제공하는 금융전산망 사업, 전국의 초·중·고를 대상으로 한 컴퓨터 보급 사업 등이 대표적인 사업이다.

행정전산망 사업을 추진하느라 많은 사람들이 고생했지만 특히 내무부 지방 공무원들의 고생이 컸다. 내무부로 파견나와 매일 야근하던 시·도 공무원이 연탄가스 중독으로 사망하는 일도 있었고, 한국데이타통신 직원이 장비를 설치하러 다니다 교통사고로 사망한 일도 있었다.

그런 노력 끝에 전국적인 전산망이 만들어졌는데 그중 국민 생활에 직접적인 영향을 미친 것으로는 주민등록 전산화가 있다. 민원서류를 발급받으려면 반드시 그 지역 관할 기관을 방문해야 했는데 지금은 전국 어디서나 필요한 서류를 발급받을 수 있게 된 것이다. 이를 위해 전국 읍·면·동 사무소에 비치된 주민등록 자료를 그 지역 거주 학생들이 일일이 입력을 했다. 전산화 개념이 부족할 때였는데 며칠간의 교육만 받고도 성공적으로 이 작업을 마쳤다.

1989년부터 컴퓨터 교육을 위해 초·중·고에 컴퓨터를 보급하기 시작했다. 전문가들이 다루는 어려운 기계라 여겼던 컴퓨터가 일상생활에 파고들게 되자 많은 컴퓨터가 필요해졌다. 공중전화 낙전 수입을 이용하자는 묘안이 나왔다. 지금은 휴대전화기 같은 이동통신이 대중화되었지만 1980년대만 해도 공중전화 전성시대였다. 지금도 거스름돈이 반환되지 않지만 공중전화 요금이 3분 한 통화에 20원이던 그 시절에도 100원짜리 동전을 넣고 전화를 하면 거스름돈을 돌려주지 않았다. 국회에서 낙전 수입이 거론되기도 했지만, 이 낙전 수입이 우리나라 학교 컴퓨터 발전에 매우 중요한 역할을 했다는 사실을 아는 사람은 거의 없다.

체신부는 전국 1만 2000여 초·중·고에 1989년부터 1996년까지 총 30만 3000여 대의 컴퓨터를 보급하기로 하고 여기 소요되는 예산 1288억 원 중 약 절반에 해당하는 640억 원을 공중전화 낙전 수입으로 충당해 농어촌 소재 학교부터 먼저 보급했던 것이다. 당시는 16비트 컴퓨터 한 대당 400만 원이 넘어 일반 가정에서는 쉽게 구입하기 어려웠다.

학교 컴퓨터 지원 사업과 발맞추어 교육부가 컴퓨터 교육을 정규 교과과정으로 편성하면서 전국 면 단위 지역에도 컴퓨터 열풍이 불었다. 그 결과 1990년대 초부터 인구당 컴퓨터 보급률만큼은 일본을 앞서게 되었다. 개인용 컴퓨터의 성능이 좋아지고 가격이 하락해 학교 컴퓨터 지원 사업은 조기에 목표를 달성했다.

이때 농어촌 지역부터 컴퓨터를 보급하다 보니 나중에 설치한 대도시 학교에 성능이 더 좋은 컴퓨터가 설치되었다. 국회에서는 이를 두고 농어촌에는 구형 컴퓨터만 설치하고 대도시에는 신형을 설치해 차별대우를 한 것 아니냐고 비난을 하기도 했다.

이렇게 전국적인 행정전산망이 구축되었는데, 지금은 당연한 것 같지만 당시에는 지나치게 혁신적인 개념이라 전산 전문가와 실무자들이 이 사업 추진에 비판적이었고 여러 기관의 이해관계가 복잡하게 얽혀 일이 쉽지는 않았다. 전산화로 자기 권한이 줄어들지 않을까 하는 불안감, 정보 독점 및 오·남용 우려, 성능과 안전성이 보장되지 않은 국산 컴퓨터를 사용해야 하는 고충 등이 갈등을 일으키는 주요인이었다.

1991년부터 본격 운영에 들어간 국가기간전산망 사업은 1990년에는 초고속정보통신망 구축사업, 2000년에는 전자정부 사업으로 우리나라 정보통신이 국책사업으로 발전될 수 있는 모태가 되었다. 특히 행정전산망은 정보 연계가 가능해져 민원 서비스를 확대할 수 있는 기반이 되면서 유엔이 인정하는 세계 최고의 전자정부가 되는 데 기여했다. 예컨대 여권을 발급받으려면 예전엔 경찰청 등 많게는 18개 기관을 방문하여 서류를 발급받아야 했으나 이제는 원스톱 서비스가 가능해졌다.

당시 주목할 만한 점은 정보통신부 신설 논의가 있었다는 것이다. 이 안이 처음 나온 것은 전산망조정위원회가 1987년 말에 수립한 국가전산화 기본 전략에서인데, 체신부·상공부·과기처로 분산된 정보통신 기능을 일원화하여 종합정책을 추진할 수 있도록 단기적으로는 정보통신부를 신설하고 장기적으로는 부총리급으로 격상하자는 것이었다.

이 안이 알려지자 상공부 등 관계부처에서 야단이 났다. 그러나 정보통신이 발전함에 따라 컨트롤 타워 기능이 필요하다는 인식이 점차 공감대를 얻기 시작했다.

두 번째로 논의가 된 것은 1994년 중반 경제수석실에서 한덕수 산업통신비서관을 모시고 일할 때였다. 한 비서관은 네트워크와 플랫폼을 중심으로 체신부·과기처·상공부의 정보통신 관련 3개 부처의 기능을 통합한 '정보산업부'를 신설하자고 제안했다. 청와대에 오기 전까지는 체신부의 통신산업 기능을 상공부로 이관해야 된다고 생각했지만, 1년 이상 근무하면서 본인의 경험과 나의 끊임없는 설명으로 정부 기능을 아무리 나누어도 실효성이 없다고 판단하게 된 것이다.

나는 즉시 초안을 만들었다. 하지만 관계부처의 반발을 우려해 공식적으로 발표하지는 못했다. 이 이야기는 이 책을 통해 처음 밝히는 것으로, 청와대 기록으로 남겨진 이 안은 그해 말 정보통신부를 탄생시키는 데 일정한 역할을 했을 것으로 생각한다.

1989년 6월 전산망조정위원회 운영이 청와대에서 체신부로 이관되었다. 과기처나 상공부로 가야 한다는 의견이 많았기 때문에 적지 않은 진통이 있었다. 그런데도 체신부로 결정된 것은 한국통신 덕분이었다. 전산망조정위원회가 정보화와 정보산업 관련 정책을 추진하려면 자금이나 인력 지원이 필요한데, 체신부에는 이를 지원할 수 있는 한국통신이 있었던 것이다.

1991년 전산망조정위원회 사무국과 체신부의 기존 조직인 정보통신과가 통합되어 정보통신국이 신설되었다. 그리고 1994년 12월 체신부가 정보통신부로 개편되면서 각 부처에 분산되어 있던 정보화 및 정보통신 관련 기능을 종합적으로 담당하게 되자 국가사회 정보화와 정보통신산업을 체계적으로 육성할 수 있는 토대를 마련하게 되었다.

정보통신의 불모지나 다름없던 우리나라가 오늘날 세계 최고 수준의 전자정부를 갖추고 IT 강국이 된 것은 국가기간전산망 사업이 1980년대부터 현재까지 우리나라 정보화와 정보통신산업 발전을 아우르는 핵심 연결고리를 한 덕분이다. 힘든 일도 많았지만 전산망조정위원회는 우리나라가 IT 강국으로 발전하는 데 크게 기여했다고 할 수 있다. 여기서 배출된 인원은 40여 명으로 이후 우리나라 IT 분야의 전문가로 활약하고 있으며, 20여 년이 지난 지금까지 정기모임을 가지며 돈독한 관계를 유지하고 있다. 당시 사무국장이었던 정홍식 국장은 훗날 정보통신부 차관을 끝으로 공직에서 물러난 뒤 LG그룹 부회장, 데이콤 사장을 역임했다.

이 해 욱 _ 전 체신부 차관·한국통신 사장·한화그룹 회장

전기통신기본법의 성안은 매우 큰일로 통신정책의 프레임을 만드는 기틀이 되었습니다.

박 영 일 _ 전 체신부 1급 공무원, 현 코레스텔 회장

정말 그때 큰일을 하셨군요. 석 부회장님의 파란만장했던 지난날의 역사가 그대로 나타나 있군요. 정보통신이란 용어가 탄생했던, 어려웠던 그 시절이 되살아납니다.

이 성 옥 _ 전 정통부 정보화기획실장, 현 정보산업연합회 부회장

잘 정리되어 특별히 수정해야 할 부분은 보이지 않네요. 바쁜 중에도 이렇게 추진해 가는 모습을 보니 존경스럽네요.

이 용 태 _ 전 (주)데이타통신 사장·삼보컴퓨터 회장, 현 숙명학원 이사장

이해욱·박성득·이인학·고용갑 …… 이름만 들어도 다정한 얼굴과 옛 생각이 납니다. 내용은 다 좋습니다.

이 철 수 _ 전 데이콤 사장·한국전산원장

훌륭한 저서가 출간될 것으로 기대합니다. 올림픽 전산화 추진 과정을 잘 정리하신 것 같습니다.

심 황 섭 _ 한국정보사회진흥원 연구위원

제가 알고 있는 이상으로 잘 정리되어 있지만 다시 한 번 기억을 되살려 보고 싶기도 하여 자료들과 열심히 비교해 보았습니다. 옛날 통금시간을 비웃으

며 늦도록 마주 앉아서 맥줏잔을 기울이며 낙전 수입 용처를 고민하던 일이 생각납니다. 그때 석 과장님이 윗분들을 설득하여 학교 컴퓨터 보급을 실현했던 것은 자랑할 만한 공적이 틀림없는데도 이를 표현하지 않은 듯합니다.

박 석 지 _ 한국전자통신연구원 책임연구원

메인 흐름과 에피소드가 자연스럽게 배치되어 읽기도 좋고 재미있습니다.

신 우 연 _ 행정안전부 정부통합전산센터 정보시스템 과장

감회가 새롭습니다. 저도 사무국 초기 멤버로 GCC 대표였지요.

임 차 식 _ 전파연구소 소장

전산망조정위원회 부분은 제한된 지면을 생각하면 정리가 잘 된 것 같습니다.

백 만 기 _ 전 상공부 국장, 현 김앤장 변리사

재미있네요. 옛 생각도 나고요. 가감하거나 수정할 부분이 떠오르지 않지만 한번 찬찬히 읽어보고 의견이 있으면 이메일로 전하도록 하겠습니다.

이 석 한 _ ㈜TNSP 사장

지난번 말씀해 주신 내용을 반영해 자료를 보완해 보내 드렸습니다. 부회장님이 대화체로 쓰신 부분은 재미도 있던데 …… 도움이 될지 모르겠습니다.

김 원 식 _ 전 정통부 정보화기획실장·한국정보통신기술협회 회장

전산망조정위원회 부분은, 정책 결정 과정을 잘 알려주면 후세에 도움이 되지 않을까 생각합니다. 단순한 서술이 아닌 그때 상황을 잘 기술하고 있어서 현장감이 생생하고 재미도 있습니다. 글을 읽으니 그때 기억이 되살아나는 듯합니다. 그중에서 주전산기 개발 사업은 열심히 했으나 나중에 상업적으로 성공하지 못해 아쉬웠고, 학교 PC 보급 사업은 우리나라 PC 산업을 한 단계 올리는 계기가 되었던 것 같습니다.

엄 명 섭 _ 군포우체국 국장

원고를 접하니 같이 일하던 때가 떠오르는군요. 좋은 결실 맺기 바랍니다.

5부
격변의 시대

공무원으로서 나는 확고한 원칙을
하나 갖고 있었다.
공무원의 주인은 정치권이 아니라
국가이고 국민이라는 것이다.
정권은 바뀔지라도 국민은 바뀔 수 없다.
천조운 과장이 나를 염려하는 말을 한 적이 있다.
"소신을 지키겠다는 자세에는
박수를 보내지만 지나치게 나서지는 말게.
그러다 다치면 어떡하려고 그러는가.
자네의 저돌적인 모습을 보노라면
때로는 조마조마하다니까.

국가기간통신망을 통합하다

자신에게 떳떳한 사람이 되라

예전에는 마을을 통틀어 전화가 파출소 아니면 이장이나 면장 집에 하나 놓인 게 전부였다. 이장이나 면장 집으로 객지에 사는 아들딸이 전화를 걸면 마을 스피커를 통해 '○○, 전화 받으세요'라고 방송을 했다. 그런데 파출소나 이장·면장 집에 있는 전화는 당시 체신부 것이 아니었다.

우리나라는 1980년대 이전까지만 해도 통신의 중요성을 크게 인식하지 못했다. 선진국보다 훨씬 뒤처진 다른 산업을 따라잡기에 급급했으므로 정보통신에 대한 투자는 소홀할 수밖에 없었다. 하지만 정보가 생명인 치안이나 국방 분야에서는 국가 안전보장이나 비상재해를 대비한 통신시설이 절실했다. 이 때문에 국방부의 육·해·공군과 한미연합사는 각자 독자적인 통신망을 가지고 있었다. 청와대 경호실, 내무부, 대검찰청, 건설부, 철도청, 한국전력 등 통신이 필요한 기관 모두 마찬가지였다. 그 정도로 체신부는 통신망을 장악하지 못하고 있었다.

각 기관별 통신망 시스템이 다르다 보니 국가비상사태시 대응 능력이 떨어질 수밖에 없었다. 뿐만 아니라 용문산 등 대부분의 산 정상에 각 기관이 별도의 무선중계소를 설치해 국토 경관을 해치는 것은 물론, 인적·물적 자원 낭비와 국가 안보적 측면에서도 바람직하지 못했다. 그래서 각 부처·기관별 통신망을 흡수, 통합 운영해야 한다는 목소리가 오래전부터 있어 왔다.

하지만 무선통신망 통합을 위한 각 부처 협의체가 구성된 것은 1981년이었고, 통합 작업이 본격적으로 이루어지기 시작한 것은 1982년 2월 5일 '선 운영통합, 후 시설조정통합' 방침과 통합계획이 확정되고 나서였다. 나 역시 1982년 1월 25일 통신정책국으로 발령받으면서 이 작업에 참여하게 되었다.

오랜 기간 각각 독립적으로 해오던 통신시설 운영권을 단기간에 통합하는 과정은 순탄치 않았다. 특히 통합 후의 품질 보장, 통신장애시 책임 문제 등으로 각 기관의 의견이 첨예하게 대립했는데, 그중에서도 가장 큰 걸림돌은 요금 문제였다. 한국전기통신공사의 요금을 적용하면 각 기관에서 통신시설을 설치·운영하는 비용보다 훨씬 비쌌기 때문이다.

그럼에도 이 계획이 성공할 수 있었던 것은 당시 전두환 대통령의 강력한 의지가 있었기 때문이다. 군인 출신이라 전 대통령은 통신의 중요성을 잘 알고 있었다. 국가안전보장을 우리 힘으로 하기 위해 통신사업 정비는 반드시 필요하다며 통신망 통합에 힘을 실어주었다.

통합의 쟁점이던 사용료 부과 징수는 전기통신법령에 따라 최대한 감면해 주기로 했고, 감면 범위는 정부 승인을 얻어 공시한 요율을 적용하되 피통합된 재산가액에 달할 때까지 일정기간 상계하기로 했다.

숱한 우여곡절 끝에 한국전기통신공사는 1983년 말 건설부 등 5개 기관의 무선중계소 90곳이 포함된 통신망과 운용요원 211명을 인수 운영했으며, 1983년에는 기타 기관의 무선통신망을 통합했다. 1984년에는 내무부 등 2개 기관의 유선통신망을 인수했으며, KBS·MBC 방송통신중계소를 통신공사가 수탁 운영하게 되었다. 나아가 1984년에 국방부 통신망을 통합하였고, 1987년 1월 1일부터 방송통신망을 통합 운영하는 체제가 되었다.

　통합 과정에서 가장 힘들었던 곳은 국방부였다. 국방부는 통신공사에 통신을 맡겼다가 자칫 국가 정보가 노출될 수 있다며 강력히 반대했다. 이 주장은 엄밀히 따지자면 논리적으로 맞지 않았다. 통신망 시설 통합일 뿐, 통신공사가 통신망을 통해 오가는 내용까지 알 수는 없기 때문이다. 그런데도 M/W 최고 전문가로 육군 통신 담당 모 중령은 전시 중에는 초를 다투는데 통합 후 통신공사가 제대로 해낼 수 있을지 의문이라며 반대 주장을 폈다. 나는 통신공사계획국 통신통합 담당 이상옥 총괄부장과 긴밀히 협조하며 국방부 통신담당 실무책임자를 여러차례 설득했다.

　하지만 국방부측 핵심 지도부는 대통령을 직접 만나 안보상의 이유를 들어 통신망을 절대 통합해서는 안 된다고 강력히 주장했다. 그러자 대통령은 고개를 끄덕이며 알겠다고 대답했다. 생각보다 수월하게 양해해 준 것에 안도하며 국방부 책임자가 몸을 돌려서 나오려는데, 대통령이 혼잣말처럼 중얼대는 소리가 들려왔다고 한다.

　"못한다니 할 수 없지. 그러면 할 줄 아는 사람으로 바꾸어서 해야겠군."

　국가기간통신망 통합에 대한 확고한 의지를 그런 식으로 보여준 대통령의 말을 등 뒤로 들은 관계자의 간담이 서늘해졌을 법하다.

　그 다음날 당장 국방부에서 통합 업무를 협의하러 체신부를 방문하겠다는 연락이 왔다. 육군본부 통신감과 핵심 장교들이 오명 차관과 이해욱 국장을 예방한 후 이인학 과장과 실무자인 나를 만났다. 다른 기관과 통신망 통합을 진행하며 있었던 어려운 점을 얘기하자, 그들은 더 많은 관계자에게 설명해 달라고 부탁했다.

　다음날 육군본부에 갔더니 대접이 융숭했다. 사무관인 나를 윗자리에 앉히는가 하면, 별을 단 장군이 간부 식당에서 식사를 대접했다. 상황이 완전히 바뀌어 통합이 원만히 이루어지기를 군에서 더 바라고 있었다. 그때 웬만한 군 레이더 기지는 거의 다 가본 것 같다. 직접 가서 눈으로 보니 군 통신시설은 참으로 잘 되어 있었다. 정보통신과 관련해 폭넓은 지식을 쌓을 수 있는 좋은 기회였다.

그 후, 체신부와 국방부 간에 수많은 회의가 열렸다. 중요한 회의는 이인학 통신기획과장이 대표로, 일반적인 회의는 내가 대표로 참석했다. 통합한다는 기본 목표만 일치할 뿐 입장이 다르다 보니 어려운 일들이 많았다. 그중에서 가장 큰 위기는 보안감사에 걸렸을 때였다. 통신망 통합을 위해 군 통신 관련 자료들을 직·간접으로 많이 다룰 수밖에 없었는데, 예산을 따로 책정할 수 없다 보니 군 기밀을 취급하는 인력을 따로 둘 수가 없었다.

당시 체신부는 큰 부처가 아니었기에 인원이 많지 않았다. 그러나 1982년 초 통신정책국이 신설되면서 정보통신 업무는 기하급수적으로 늘어나고 있었다. 통합 업무까지 떠안은 터라 우리는 몇 안 되는 인원으로 감당하기 어려울 만큼 많은 일들을 하느라 모두 녹초가 될 지경이었다. 당연히 보안 담당 직원이 따로 있을 리 없었다. 일이 끝나면 중요한 서류는 모두 집으로 챙겨 왔다가 다음날 들고 가곤 했다. 그 자료가 발견되면 기밀문서 유출로 문책당할 위험이 있으므로 한 과정이 끝나면 관련 자료를 모두 폐기했다. 그 때문에 당시의 통합 과정을 자세히 기록한 자료를 찾기가 쉽지 않다.

어느 날 중앙정보부에서 불쑥 보안 감사를 나왔다. 통신 보안 감사에 걸리면 해당 국장이 파면되고 장관도 문책을 면키 어려운 때였다. 그런데 뜻밖에도 이종순 특수통신과장 캐비닛에서 레이더 기지가 포함된 군 통신망도가 나왔다. 군 1급 비밀에 해당하는 통신망도가 일반 캐비닛 속에서 발견된 것이다. 당연히 난리가 났다. 담당 과장은 물론이고 국장까지 옷을 벗어야 할 중대한 사건이었다. 비상계획관을 비롯한 관련 과장과 직원들은 사색이 되었다. 불시 감사였으므로 이해욱 국장 후임으로 온 윤동윤 통신정책국장에게는 보고조차 올라가지 않은 상태였다.

나는 다음날 새벽 다른 기관에서 보안 감사를 하고 있는 보안감사관을 찾아갔다. 감사관은 그런 기밀서류를 함부로 방치해둘 수 있느냐며 몹시 화가 나 있었다. 모두 내 잘못이라고 하자 감사관이 차갑게 말했다.

"레이더 기지가 포함된 통신망도가 발견된 곳은 당신 캐비닛이 아닌 걸로 아는데."

"그곳에서 발견된 것도 제 책임입니다."

"말이 안 되지 않소? 어떻게 상관의 캐비닛을 부하 직원이 마음대로 손댈 수 있단 말이오?"

"제가 통신망 통합 실무와 문서 관리를 맡고 있기 때문입니다. 윗분들은 당연히 규정대로 한 줄 알고 있으므로 제 책임입니다. 제가 국장실에 보고하며 자료를 제대로 챙기지 못해 다른 서류와 같이 이종순 과장님 서류에 딸려간 것이지 이 과장님은 레이더망도가 자기 캐비닛에 있었다는 것도 알지 못합니다."

"그러면 당신이 다 책임을 질 수 있다는 말이오?"

"예, 모든 책임은 제가 지고 어떠한 처벌도 감수하겠습니다."

"이게 얼마나 심각한 문제인지 알고 하는 소리요? 자칫하면 이걸로 인생이 끝날 수 있다는 것도?"

"각오하고 있습니다."

감사관이 잠시 말을 멈추고 나를 바라보았다. 잠시 후 감사관은 아까와 달리 부드러운 목소리로 말했다. 서슬이 시퍼렇던 표정도 한결 누그러져 있었다.

"지금까지 많은 곳에 감사를 나가 보았지만 당신 같은 공무원은 처음

본 것 같소. 대부분 감사에 걸리면 몰랐다든지, 잘 하려 하다가 일어난 실수니 봐달라든지 하는 변명 일색이거나, 부하 직원이나 윗사람에게 책임을 떠넘기기 일쑤였는데."

그는 레이더망도를 들더니 두 손으로 잡고 쭉 찢어 버렸다.

"자, 이제 나는 레이더망도를 발견한 적이 없는 거요."

나는 생각지도 못한 행동에 놀라서 감사관을 쳐다보았다. 그는 담담한 목소리로 말했다.

"하지만 앞으로는 더 조심해야 할 거요. 당신은 젊고 앞으로 해야 할 일이 무척 많을 테니."

그때 나는 최악의 경우를 각오하고 비장한 마음으로 갔었다. 레이더망도가 왜 거기 있었는지 나도 알지 못했다. 누구 탓인지 알아낸들 어차피 소용없는 일이었다. 국·과장과 관계자들이 줄줄이 문책당하게 될 것이 뻔했다. 그래서 나 하나 책임지는 선으로 마무리지어 보려 했던 것이다.

그의 이름을 알아두지 못한 것이 두고두고 아쉬움으로 남는다. 중앙정보부에서 보안 감사 책임자로 나온 것을 보면 서기관이나 부이사관 정도가 아니었을까 싶다.

사람은 누구나 실수할 수 있고, 잘못할 수 있다. 그때 변명하거나 남에게 책임을 전가해 잠시 위기를 모면한다 한들, 그것이 잘못이라는 것을 자기 자신은 잘 안다. 그런 자신에게 긍지를 가질 수 있을까. 자기 자신도 신뢰하지 못하는 사람을 어느 누가 믿어 줄까. 어느 곳이든, 어떤 상황이든 나는 떳떳하고 싶었다. 책임을 지려는 자세만이 나 자신에 대한 책임을 면할 수 있었다. 나는 젊었고, 그 때문에 어떤 불이익이 돌아온다 해도 남아 있는 더 긴 인생을 후회하지 않고 살기 위해 감사관 앞에 두려움 없이 나설 수 있었다. '필사즉생 필생즉사必死卽生 必生卽死', 즉 죽고자 했던 마음이 나와 모두를 살린 것이었다.

이런저런 일들을 겪는 사이 마침내 국가기간통신망 통합 작업이 끝나가고 있었다. 그런데 생각지 못한 새로운 난관에 부딪혔다. 통합된 통신망의 재산을 한국통신으로 넘기려 하니 재무부에서 국유재산법에 위배된다며 반대하고 나선 것이다. 다시 말해 통신망을 한국전기통신공사로 매각하려면 행정재산의 용도를 폐기해 처분이 가능한 잡종재산으로 변경해야 하는데, 전화 같은 통신망은 계속 사용해야 하므로 잡종재산으로 변경할 수 없다는 것이었다.

문제 해결을 위해 재무부 담당 계장을 찾아가니 주사와 먼저 의논하라고 하는데 주사는 바쁘다며 기다리라고 했다. 그런데 그리 바쁜 것 같지 않았다. 심지어 담배를 여유 있게 태우며 다른 사람과 잡담을 나누기까지 했다. 나는 슬그머니 화가 나 주사 앞으로 갔다.

"너무한 거 아닙니까. 어쩌면 이렇게 마냥 기다리게 할 수 있습니까."

주사는 전혀 미안해하는 기색이 없었다.

"보다시피 바쁘니 좀 기다리라고 했잖소. 내가 그쪽 일을 해주자고 대기하고 있는 건 아니지 않소."

"내가 보기엔 그리 바쁜 거 같지 않습니다. 그보다 재무부에는 서열이라는 것도 없소? 명색이 사무관인데 어떻게 나를 아랫사람 대하듯 할 수 있습니까?"

재무부 국유재산과 직원은 주사라 해도 나보다 나이가 훨씬 많았다. 게다가 당시 재무부는 힘 있는, 속칭 잘 나가는 부처였지만 체신부는 그 반대였다. 특히 국유재산과는 다른 부처 공무원들이 부탁하거나 도와달라고 사정하러 오는 곳이었다. 그러다 보니 한 직급 위의 사람들을 상대하는 것이 당연시되고 있었다. 체신부에서 온 새파랗게 젊은 사무관이 대수롭게 보일 리 없었다.

나는 부탁할 땐 하더라도 저자세로 굽히고 들어가고 싶지 않았다. 피차 언성이 높아지니 사무실이 소란스러워질 수밖에 없었다. 그러자 과장이 나오더니 나를 방으로 불러들였다. 그러나 소란을 피하려는 것일 뿐, 다른 직원들의 태도와 그다지 다르지 않았다. 내가 찾아온 용건을 말하자 '또 무슨 말도 안 되는 부탁을 하려고 하나' 하는 귀찮은 표정이 역력했다.

"아실는지 모르겠지만, 대통령이 제일 관심을 가지고 있는 일입니다."

나는 무어라 말하려는 과장의 대답을 가로채 얼른 앞질러 말했다. 부정적인 대답이 나올 게 뻔했고, 일단 부정적인 대답을 듣고 나면 되돌리기가 더 힘들기 때문이었다. 나는 기선을 잡기 위해 다소 건방지다 생각할 만큼 당당하게 말했다.

"나도 공무원이지만 공무원들이 일을 이런 식으로 처리한다는 것을 알면 어떻게 생각하실까요? 이곳에서 나가는 즉시 오늘 일의 결과에 대해 청와대에 보고드릴 겁니다."

내 입에서 '대통령'이라는 호칭이 나오자 과장이 눈이 띄게 긴장하는 것 같았다.

문리적인 법 해석으로 보면 국유재산법이 걸림돌이 된다는 것은 맞는 말이었다. 그렇다고 통신망 통합을 중단할 수는 없었기에 일단 통합한 뒤 법을 사후에 바꾸는 방법을 택했다. 그래서 1982년 전기통신기본법을 만들 때 '제6장 전기통신망 관리' 조항을 신설했던 것이다.

체신부 장관은 전기통신망의 효율적인 관리운영을 위해 필요한 경우 이 법 또는 다른 법률에 의해 설치된 전기통신설비와 그에 부속된 토지, 건물, 기타 구축물을 통합운영할 수 있는 근거를 규정하고, 전기통신설비 통합운영에 필요한 경우 국유재산법과 지방재정법의 규정을 배제할 수 있도록 했다.

또한 각종 통신 기능의 종합, 조정 및 전기통신망의 효율적 관리·운

통신정책국 통신기획과 시절, 직원 야유회에서 오명 차관이 내 아들을 안고 있는 모습.

영 등에 관한 사항을 심의하기 위해 국가통신조정위원회 설치 근거를 규정했다. 국가기간통신망 통합의 근거와 절차를 명백히 함으로써 법령 제도가 갖춰져 있지 않아 통합이 안 되는 일이 없도록 한 것이다. 이 법은 통합이 막바지에 다다른 1994년 9월 1일자로 시행되었다.

　오명 차관이 체신부로 부임한 후 주요 정책 과제에 대한 토론회가 자주 열렸는데, 이철승 비서관이 내게 필요할 때 배석하라고 연락을 해왔다. 정보통신의 초석을 놓는 작업이라고 할 수 있는 데이콤 설립, 제5차 5개년 수정계획, 요금체계 개편 등은 물론 국가기간통신망 통합 업무를 맡고 있었기 때문이다. 우리나라가 몇 년 후 정보통신 강국이 되어 세계에 우뚝 서게 될지 아무도 예측하지 못했던 그때, 나는 정보통신의 용틀임이 시작되던 그 현장에 있었다.

제2이동통신사업자 선정

뜨거운 감자를 만졌으나 데인 적은 없다

1992년 1월 초, 스위스 국제전기통신연합 파견근무를 마치고 귀국했다. 2년간의 외국 생활에서 돌아오니 본부의 모든 것이 낯설었다. 게다가 과장급 인사가 모두 끝난 뒤라 보직을 맡을 만한 자리도 없었다. 외부에 두 자리가 남아 있었는데, 하나는 송파우체국장이었고 다른 하나는 전파연구소 통신기술담당관이었다. 이계철 기획관리실장이 송파우체국장을 권했다.

"송파우체국장으로 가면 기관장 경험도 할 겸 그 자리에서 근무할 수 있지만 전파연구소 통신기술담당관으로 가면 그 날짜로 파견을 나가야 할 거야. 언제까지 파견만 다닐 수는 없잖아. 고참 과장인데 일단 보직을 받아야지. 차관님께 무조건 송파우체국장으로 가겠다고 말해 보게."

이 실장은 성격이 강직하고 업무처리가 매끄러운 분이었다. 내가 초임 사무관이던 시절부터 나와 친구 천조운을 아끼셨는데, 업무에 관해서는 물론이고 인간적인 조언도 많이 해주었다.

이 실장이 걱정할 만큼 나는 그 무렵 계속 파견근무를 다녔다. 청와대 소속 전산망조정위원회, 미국 AT&T를 거쳐 스위스 국제전기통신연합 등 거의 5년 동안 본부를 떠나 있었던 것이다. 이 실장의 조언이 아니더라도 한 번쯤 현장근무를 하고 싶었으므로 송파우체국 쪽에 더 마음이 갔다. 그러나 윤동윤 차관은 일언지하에 잘랐다.

"가긴 어딜 가겠다고, 우체국으로 나가면 적어도 1~2년은 지나야 본부로 돌아오게 될 텐데. 머리가 허옇게 된 다음 본부에 들어오겠다는 거요? 일단 며칠 쉬면서 대기하고 있게나."

그 다음날 박성득 통신정책실장에게 내일부터 사무실에 나와서 중요한 일을 같이하자는 전화가 왔다. 이렇게 해서 맡게 된 일이 제2이동통신사업자 선정 작업이었다. 이 사업은 여러 재벌 그룹이 직·간접으로 사업 참여를 희망할 정도로 중요한 일이었다. 나는 실무를 총괄하는 중책을 맡았다. 동시에 1992년 2월 1일자로 전파연구소 통신기술담당관으로 발령을 받았다. 하지만 그곳에서는 단 하루도 근무하지 않았다. 공식적으로는 전파연구소 통신기술담당관이었지만 그 발령장 뒤에는 '이동통신사업자 선정 전담반장으로 명함'이라는 내부 발령장이 같이 붙어 있었으니 두 개의 보직을 동시에 받은 것이다. 막 외국에서 돌아와 아직 적응도 되지 않은 내게 맡겨진 일치고는 비중이 너무 컸다. 당시 장관은 내가 스위스에 나가 있던 1990년 12월에 취임한 송언종 전 전남도지사였다. 나는 송 장관의 훌륭한 인품을 깊이 존경하고 있고 송 장관도 나를 전폭적으로 신뢰해 주었지만, 처음부터 그런 것은 아니었다.

내가 귀국하기 전에 본부에 곧 인사발령을 해야 할 중요한 과장 보직이 여러 개 있어서 당시 천조운 총무과장이 장관 비서관으로 나를 적극 추천했지만 송 장관의 반응은 냉랭했다고 한다. 송 장관이 그런 반응을 보일 수밖에 없었던 데는 까닭이 있었다. 몇 개월 전으로 거슬러 올라가서 1991년 10월 송 장관 일행이 제6회 세계전기통신전시회Telecom '91에 참석하기 위해 내가 파견근무하고 있던 제네바로 출장 온 일이 있었다. 세계전기통신전시회는 전기통신 분야의 공동발전을 위해 국제전기통신연합 주관으로 4년마다 개최되는 세계 최대 규모의 전기통신 박람회로, 그 해에는 스위스 제네바에 있는 팔렉스포Palexpo 전시회장에서 열렸다. 우리나라는 송 장관을 비롯해 이해욱 전기통신공사 사장, 이인학 전파관리국장, 조백제 정보통신정책연구원KISDI 원장, 윤창번 박사, 나중에 정보통신부 장관이 된 양승택 한국통신기술주식회사 사장 등 정보통신 관계자들이 참석했다.

그 기간에는 박람회 관람과 회의 참석뿐만 아니라 여러 나라 장관들 간의 회담도 진행됐는데, 마지막날 송 장관과 이란 장관 간의 회담이 12시 오찬으로 잡혀 오전 시간이 비게 되었다. 빠듯한 일정 때문에 스위스까지 와서 유명한 알프스 산도 한 번 보지 못한 장관에게 나는 가까운 몽블랑이라도 한 번 보여주고 싶었다. 몽블랑은 프랑스에 있어 국경을 통과해야 했지만 편도 50분이면 충분한 거리였다. 몽블랑에 도착 후 리프트를 타고 산에 올라가 구경하고 내려오는 것까지 아무리 넉넉히 잡아도 세 시간이면 되었다. 오전에 몽블랑이나 보고 오자는 나의 제안에 송 장관은 그러다 혹시 회담에 늦는 건 아닌지부터 확인했다. 나는 시간은 충분하다고 장담했다. 당시 우루과이라운드 회담 때문에 수많은 사람들이 제네바를 찾아서 수시로 그들에게 몽블랑을 구경시켜 주곤 했으므로 시간도 길도 손바닥 보듯 익숙했던 나였다.

나는 송 장관을 모시고 이인학 국장과 함께 주제네바 대사 관용차인 1호차를 타고, 나머지 일행은 소형 승합차를 타고 뒤따랐다. 차 안에서 송 장관이 체신부 일에 대해 몇 가지 물었지만 본부를 떠난 지 2년 반이나 되다 보니 사정을 알지 못해 솔직히 잘 모르겠다고 대답했다.

그런데 문제는 몽블랑에 도착해서 벌어졌다. 스위스는 워낙 시계처럼 정확한 나라여서 실수할 리 없다고 했던 나의 장담을 허언으로 만들어 버린 생각지도 못한 일이 기다리고 있었던 것이다. 리프트가 정비 중이라 운행을 하지 않고 있었다. 송 장관은 운행 여부도 알아보지 않고 온 것을 언짢아했다. 2년 동안 수없이 다녔지만 그런 적이 한 번도 없었기에 당황할 수밖에 없었다.

하지만 그것은 시작에 불과했다. 그대로 돌아가야 한다는 데 맥이 풀린 일행을 보니 민망스럽기도 해서 여기까지 온 김에 다른 곳이라도 들르자고 했다. 바로 근처라서 별로 시간 걸릴 일은 없었다. 몽블랑 아래 마을인 샤모니 쪽으로 가다 보면 터널이 나오는데 그 터널을 지나 정상에 다다르면 이탈리아·프랑스·스위스 세 나라가 국경을 맞대고 있는 지역이 나온다. 그 부근 산 위에서 보면 세 나라를 한눈에 내려다볼 수 있었고 주변 경치도 좋았다. 다른 나라와의 국경이 없는 우리나라 사람들로서는 색다른 구경거리가 될 수 있었고, 아쉬운 대로 알프스 산자락 한 귀퉁이를 볼 수 있었다. 길이 막히는 일도 없이 한적한 곳이라 한국에서 온 손님들에게 몽블랑을 보여주고 나면 으레 그곳을 거쳐 돌아오곤 했다.

그런데 일이 한번 꼬이기 시작하면 상상치 못한 온갖 변수들이 동시에 터지게 되는 것을 그때 알았다. 터널에 들어서는 순간 차들이 꼼짝도 하지 않고 서 있는 것이었다. 이미 들어선 터라 돌아갈 수도 없고 가는 터널, 오는 터널이 다른 일방통행이어서 피해갈 방법도 없었다. 시간이 재깍재깍 흐르기 시작했다. 초조했다. 한참 지난 후 차가 조금씩 움직이기 시작했지만 더없이 느린 속도였다. 간신히 터널을 빠져나오면서 보니 커다란 컨테이너 트럭이 터널을 거의 다 막고 넘어져 있었다. 시간이 너무 지체되어 불안하기 짝이 없었다. 그래도 워낙 시간 여유를 많이 두고 온 터라 그때까지는 회담 시간을 맞출 수 있을 것 같았다.

그런데 그날의 악운은 그것으로 끝이 아니었다. 터널을 빠져나오면 바로 국경이었는데 그곳에도 차들이 길게 줄지어 있었다. 평소에는 거의 차를 볼 수 없던 곳이라 근무자도 많지 않고 통관 절차가 그리 까다

롭지 않았으나, 갑자기 늘어난 국경 통과 차량을 감당하기에는 손이 턱없이 부족한 듯했다.

국경 경비대는 장관이라는 신분을 알자 우리가 탄 1호 차량을 쉽게 통과시켜 주었다. 그런데 그 순간 또 일이 꼬였다. 뒤따르던 승합차가 불법 유턴을 하여 국경을 통과하려 하자 정지시켰던 것이다. 그들은 아마도 우리가 세관을 피해야 할 무슨 불법을 저지른 게 아닌가 본 것 같았다. 당시만 해도 한국이라는 나라는 유럽에서 후진국으로 여겨지고 동양인들에 대한 편견도 심하던 때였다. 그들은 한 명도 빠짐없이 우리 일행의 신원을 조사하기 시작했다. 대한민국 장관이고 그 일행이라고 밝혀도 소용이 없었다. 이란 장관과의 회담 시간을 맞추기 위해 그랬다고 해도 귀담아듣지 않았다. 우선 국경 초소에 영어를 능통하게 하는 직원이 없었고, 우리 일행 중에 그들을 설득할 수 있을 만큼 프랑스어를 자유자재로 구사할 수 있는 사람도 없었기 때문일 것이다. 인터넷도 없던 시대이니 신원조사도 일일이 전화로 보고해서 확인하는 식이었다. 심지어 범죄 경력 여부까지 확인했다. 그들로부터 풀려났을 때는 걷잡을 수 없이 시간이 지나가 버린 뒤였다. 나는 제네바에 남아 있는 우리 대표단에 전화를 해서 사정이 생겨 그러니 시간을 늦추어 줄 수 없느냐고 부탁했다. 그런데 오히려 저쪽에서 20분쯤 늦을지도 모르겠다는 양해의 부탁이 있었다는 것이 아닌가. 말을 전하자 송 장관은 "그나마 다행이군"이라고 말했다.

나는 운전기사에게 달릴 수 있는 최고 속도로 가자고 부탁했다. 다급하기는 마찬가지였던 기사도 액셀러레이터를 마구 밟아대기 시작했다. 시속 200킬로미터까지 밟자 위기감마저 감돌았다. 백미러로 보니 송 장관과 이 국장이 감당하기 어려운 속도에 질린 듯 손잡이를 꼭 잡는 게 보였다. 바늘방석이 따로 없었다. 나는 장관의 마음을 누그러뜨려 보려고 말을 건넸다.

"장관님! 이곳은 우리와 달리 도로가 워낙 좋아 아무리 속력을 내도 괜찮습니다."

그러자 송 장관은 점잖지만 다소 가시 돋친 목소리로 대답했다.

"석 과장, 나도 내무부에 있어서 도로 사정에 대해서는 잘 알고 있소. 외국이라고 덮어놓고 좋은 게 아니라 도로를 만들 때 여기는 여기 차량에 맞는 속도, 우리는 우리 차량 속도에 맞게 만드는 거요. 각 나라의 사정들이 있으므로 무조건 남의 게 다 좋은 건 아니라오."

더없이 점잖게 한 핀잔이지만 더 이상 말을 붙여 볼 용기를 잃어버리게 하는 데는 충분했다. 차가 마침내 제네바로 들어섰다. 시내로 들어서자 차는 속력을 줄였고 송 장관도 나도 얼마간 긴장이 풀렸다. 레만 호 부근을 지나가는데 호수에 검은 고무 옷을 입은 잠수부들이 들락날락하는 것이 눈에 띄었다. 송 장관이 물었다.

"저게 지금 뭐 하는 거요?"

레만 호수에서 잠수부를 본 것은 나도 그때가 처음이었다.

"글쎄요, 저도 잘 모르겠습니다."

그러자 송 장관은 그동안 꾹 참고 있던 화를 처음으로 드러냈다.

"이것도 모른다, 저것도 모른다. 석 과장은 아는 게 하나도 없군."

운전기사가 무서우리만큼 달려준 덕에 우리는 다행히 먼저 도착해 회담을 순조롭게 할 수 있었다. 저녁때 숙소로 돌아오자 신윤식 데이콤 사장이 기다리고 있었다. 윤창번 박사, 이인학 국장과 함께 장관 방으로 모시고 가서 인사를 나누었다. 얼마 후 신 사장이 먼저 자리를 뜨고 남은 사람들이 대화를 나누었는데, 이 국장이 송 장관에게 은근히 나를 칭찬했다.

"같이 일해 봐서 잘 아는데 정말 일 잘하는 우수한 인재입니다."

■ 제네바 국제전기통신연합 파견근무 당시 회의 참석차 방문한 송언종 장관, 이인학 과장과 함께.

그러자 송 장관이 못마땅한 듯 말했다.

"이 국장, 당신은 아무나 그렇게 칭찬하고 제 부하라고 덮어놓고 감싸니 능력은 누구보다도 뛰어나면서 이번 승진에서도 밀려났지."

당시 이 국장은 1급 승진 기회를 아깝게 놓쳤던 것이다. 나중에 들은 바로는 이해욱 사장과 신윤식 차관도 내가 유능하고 일 잘하는 공무원이라고 칭찬했는데 송 장관은 묵묵부답이었다고 한다. 신 차관은 이해욱 사장과 같은 행정고시 동기로 업무추진력이 뛰어났는데, 후일 하나로통신 초대 사장과 회장을 역임했다.

다음날 송 장관 일행은 한국으로 돌아갔다. 그리고 석 달쯤 지나 나도 한국으로 돌아왔다. 그러니 송 장관이 내게 가지고 있을 선입견이 어떠했을지는 충분히 짐작할 수 있었다.

그런데 윤 차관이 내게 맡긴 일은 생각했던 이상으로 큰일이었다. 제2이동통신사업자 선정 작업은 우리나라의 통신 판도를 새로 짜게 될지도 모르는 중요하고 민감한 작업이었던 것이다.

내가 이동통신사업자 선정 업무에 합류하기 위해 서울 대치동 휘문고등학교 정문 앞에 있던 정보통신정책연구원KISDI에 갔을 때는 작업이 막 시작되려던 참이었다. 정보통신정책연구원의 이명호·조신 박사, 서정원·한수용 연구원, 전자통신연구원ETRI의 박석지·이헌 박사 등 우리나라에서 나름대로 최고의 인재로 꼽히던 사람들이 그 일을 하고 있었다. 나중에 체신부에서 기술고시 출신의 최명선 과장, 유대선 사무관, 안진회계법인의 변정주 대표와 고영채 회계사 등도 합류하여 전담반이 만들어졌다. 나는 행정총괄과장 겸 전담반장을 맡았다.

얼마 후 사무실을 당시 광화문에 있던 체신부 15층, 현재 KT 건물로 옮겼다. 이렇게 중요한 일을 바로 턱밑에서 하고 있어도 일반 기업들은 물론 언론들도 알지 못했다. 그렇게 오랫동안 비밀이 유지될 수 있었던 것은 전담반장인 내가 기자들에게는 낯선 인물이었기 때문이다. 미국·스위스를 거쳐 근 3년을 외국에 있었고 그 직전에도 체신부 본부가 아니라 청와대 산하 위원회인 전산망조정위원회에 파견 나가 있었기 때문이다.

언론은 '황금알을 낳는 사업'이라며 이동통신사업자 선정 작업을 매우 중요하게 다루고 있었다. 기자들은 관계자 인터뷰 기사를 한 발이라도 먼저 내기 위해 연일 체신부에서 진을 치고 있었지만, 그들의 눈앞을 유유히 지나 15층 사무실까지 가는 나를 주시하는 기자는 없었다. 비밀이 얼마나 철저하게 지켜졌는지 심지어 체신부 내에서도 관계자가 아닌 사람들은 한지붕 아래서 그런 중요한 일이 벌어지고 있는지 알지 못했을 정도다. 그도 그럴 것이 공식적인 업무조직 계통은 통신정책실의 통신기획과 소관으로 되어 있었다. 통신정책실에는 박성득 실장과 박영일 정책심의관, 김창곤 통신기획과장 그리고 황철증 사무관이 있었다.

나는 사업자 선정을 맡은 전담반장으로 실제 실무작업을 총괄했지만,

행정은 통신정책실 공식 라인에서 처리했다. 이를테면 관련 업무의 기안이나 문서적 책임은 통신정책실이 맡고, 허가신청요령·심사기준 등 실제 허가와 관련된 작업은 전담반에서 총괄했다.

그동안 이동통신사업은 국가투자기관인 한국전기통신공사의 자회사인 한국이동통신주식회사가 맡고 있었으나 그것을 민간 사업자에게 넘겨 이용자의 편익을 증진하고 나아가 이동통신시설 및 서비스 현대화로 산업경쟁력을 강화하려는 것이었다. 이동전화는 전국사업자 한 개, 속칭 '삐삐'라고 하는 무선호출은 수도권 두 개, 나머지 지역은 8개 권역별로 한 개씩 총 10개 선정할 예정이었다.

우리는 사업자 선정을 위해 사업자 허가신청요령부터 만들었는데, 이때의 이동통신사업자 선정은 우리나라 최초의 사업자 선정이었다. 이전에 참고할 만한 모델이 외국에도 거의 없었기에 우리가 만드는 것이 기본틀이 될 것이라는 사명감까지 가지고 공정하고 합리적인 허가신청요령을 만들기 위해 전담반원들은 고심에 고심을 거듭했다. 그 결과 실제 그 후 중요 사업자를 선정할 때 이것을 벤치마킹하는 경우가 많았다. 나중에 최종 선정되었던 선경이 정치적 이유로 반납하지 않았다면 아마도 세계 표준 모델이 되었을 것이다.

허가신청요령에는 현재의 재무상태 등 허가신청 법인의 기본사항을 비롯해 영업계획서, 기술계획서, 통신망 설계서, 출연금을 포함한 통신사업발전 기여계획서를 제출하도록 했다. 특히 재무상태는 성장성·안정성·수익성·유동성 등으로 세분화하여 심사할 수 있도록 5년간의 재무제표 등을 제출토록 했다. 영업계획과 기술계획도 현재의 기술은 물론 자신의 기술이 뛰어나다는 것을 뒷받침할 수 있는 과거 실적을 증명 서류로 제출하도록 했다. 또한 공정성과 투명성을 확보하기 위해 심사기준도 허가신청요령에 포함시켰다. 이때 제출 서류에 증빙서류의 분량을 제한하지 않았더니 서류가 한 트럭씩 실려 오기도 했다.

이동통신사업에 신청한 기업은 선경·포항제철·코오롱·쌍용 등 국내 굴지의 대기업이 많았다. 그만큼 재계와 정계, 그리고 여론의 이목이 집중되어 전담반원들은 작은 실수도 없도록 하기 위해 매일매일이 긴장의 연속이었다. 허가신청요령과 심사기준을 정하기 위해 윤동윤 차관 주재로 2~3일에 한 번 꼴로 토의를 했는데, 박성득 실장, 박영일 국장, 김창곤 과장, 최명선 과장, 윤창번·조신·이명호·박석지 박사, 안진회계법인 변정주 대표 등이 주요 멤버였다.

회의가 끝나면 전담반으로 돌아가 반원들과 다시 치열한 토의를 거쳐서 허가신청요령과 심사기준을 만들어 나갔는데, 중간중간 진행 과정을 정리해서 장·차관에게 보고를 했다. 윤 차관은 큰 정책 방향은 물론이고 토씨 하나 빼지 않고 한 문장, 한 문장 검토하여 단 하나의 실수도 나오지 않도록 하는 등, 그의 업무에 대한 열정은 존경스러울 정도였다.

그러던 어느 날 송 장관이 나를 부르더니 다소 난감한 명령을 내렸다. 사업자 선정과 관련한 애초의 보고서가 보고나 결재 과정을 거치면서 어떻게 달라졌는지 빠짐없이 정리해서 보고하라는 것이었다. 어디서 무슨 말을 들었는지 알 수 없지만 말 한마디 잘못했다가는 자칫 윗사람들을 곤경에 빠트릴 수도 있었다. 나는 전담반원에게는 장관 지시 사항을 비밀로 하고 그동안의 보고나 결재 내용을 다시 보며 오해를 살 만한 부분은 없었는지 꼼꼼히 확인했다. 일주일 후, 다시 송 장관 앞에 섰다.

"명령대로 그동안 꼼꼼하게 확인 작업을 거쳤습니다."

송 장관은 약간 긴장된 얼굴로 내 입에서 나올 이야기를 기다리고 있었다. 폭탄의 뇌관을 잡은 사람을 보는 눈빛 같았다.

"살펴본 결과, 제 나름대로는 이 정도면 완벽하다 생각하고 결재를 받으러 간 서류들이었는데 국장님이 조금 손봐주고 나면 조금 더 좋아지고, 실장님이 고치고 나면 더욱 좋아지고, 차관님이 고치고 나면 아주 좋아졌습니다. 직접 확인해 보십시오."

나는 정리한 보고서를 장관 앞으로 밀었다. 송 장관은 기가 막히다는 표정을 짓더니 이내 손을 내저었다.

"됐습니다. 그냥 가지고 가세요."

한 점의 의혹도 남기고 싶지 않은 장관이 작업 과정에서 어떤 일들이 있었는지 알고자 했을 것이다. 하지만 내 입장을 변명하려다 보면 상대적으로 윗사람들이 오해를 살 수도 있는 예민한 문제였다. 그 이후 윗사람들은 자칫 오해라도 받을까 해서 내가 올린 보고서나 결재 서류를 읽어 보기만 하고 웬만하면 고치려 하지 않았다. 그 바람에 대개는 내가 전담반원과 작성한 원안대로 통과되었다.

체신부는 1992년 4월 허가신청공고를 거쳐 6월에 이동전화는 6개 법인, 무선호출은 41개 법인으로부터 서류를 접수하여 심사에 들어갔다. 주관적 판단이 필요없는 계량평가 부분은 공무원과 연구원들이 자료를 정리하고 회계사들이 점수를 매겼지만, 주관적 판단이 필요한 비계량평가는 학회와 연구기관 등의 추천을 받아 박사급으로 심사평가단을 구성하여 엄정한 평가에 들어갔다.

그런데 심사 과정에서 예기치 않은 문제에 부딪혔다. 부채비율이었다. 부채비율이 높으면 재무평가 점수가 낮아질 수밖에 없는데 이를 일률적으로 적용할 수가 없었다. 은행은 예금이 모두 부채로 처리되는데 예금 유치를 많이 하면 할수록 부채비율이 높아져 평가가 나빠질 수밖에 없다는 모순이 생겼던 것이다. 또 다른 문제는 신청에 참여한 외국 기업의 구조적 차이였다. 제출 서류에는 연결재무제표가 있었는데, 외국 기업은 우리나라와 달리 자회사라는 개념이 없어 서류상으로만 존재하는 페이퍼 컴퍼니로 운영되는 구조였다. 그러니 연결재무제표를 제출

할 수가 없었다. 그 밖에도 사소한 문제가 많이 발생했다.

심사기준은 이미 발표했지만 이를 그대로 적용하면 오히려 우수한 기업을 떨어뜨릴 수 있었다. 그렇다고 기준을 바꾸면 공정성과 투명성이 의심받고, 심지어 특혜 논란이 일 수도 있었다.

이 문제로 고심을 하던 나는 보통사람이 하기 힘든 결정을 내렸다. 네 명의 박사들과 마지막 작업을 할 때 회계사가 7명, 나를 포함해 과장이 2명, 모두 13명이었는데 전담반원들 모두 모인 자리에서 우리 모두가 합의하여 대안을 만들고 서명하기로 한 것이다. 예를 들어 은행의 경우 부채비율 항목을 아예 빼버렸다. 그러면 그것 때문에 점수를 더 받지도 손해보지도 않고 다른 것들로 평가하게 된다. 외국 기업도 재무제표 평가에서 중립이 되도록 보완했다.

그런 문제점들을 보완하다 보니 그 내용만 책 한 권 분량이 족히 되었다. 나중에 감사원 감사는 물론 국정감사까지 받는다는 각오로 보완 배경, 필요성, 가장 바람직한 대안이라는 설명까지 기술하다 보니 그렇게 된 것이었다. 잘못하면 공정성·투명성·특혜 시비가 일어날 수 있었다.

우리는 무사안일한 보신주의를 택하기보다 국가의 이익을 위해 위험을 감수하기로 한 것이다. 그만큼 이때 사업자 선정에 참여했던 공무원과 석·박사, 회계사들은 소신과 책임감을 가지고 있었고 양심에 조금도 부끄럽지 않은 선정 작업을 했다.

마침내 사업자 선정 작업이 마무리되어 장관의 결재만 남겨두고 있었다. 송 장관은 당시 아랫사람들 사이에서 '송조리'라고 불렸는데, 워낙 철두철미하고 말을 조리정연하게 해서 붙여진 별명이었다. 결재를 받으러 가면 볼펜부터 먼저 들고 고치기 시작했는데 문장력도 뛰어나서 송 장관이 고치고 나면 글은 그야말로 명문이 되곤 했다. 나는 결재 서류를 장관 책상 앞에 놓았다. 그리고 일단 구두로 심사기준을 어떤 식으로 보

이동통신사업자를 선정하면서 우리는 보신주의보다 국가의 이익을 택했다(가운데가 윤동윤 차관).

완했는지 상세하게 보고했다. 그러고 나서 표지에 있는 박사와 회계사 등 13명의 서명을 보여 드렸다. 고개를 끄덕이며 듣던 송 장관이 결재서류 겉장을 넘기려는 순간, 나는 막았다.

"장관님, 서류는 보지 마십시오."

이게 무슨 뚱딴지같은 소리인가 싶어 송 장관이 나를 보았다.

"장관님 성격상 서류를 보면 분명히 고칠 것입니다. 그런데 이걸 장관님이 고치시면 고친 그 자체 때문에 나중에 문제가 생길 수 있습니다."

당시 이동통신에 참여하겠다고 신청한 기업 중에는 우리나라 유수의 대기업들이 많았다. 그중에서 우리를 가장 긴장시킨 기업은 선경이었는데, 바로 현직 대통령의 사돈 되는 기업이었기 때문이다. 선경이 선정될 경우, 오해받을 소지가 충분했다. 정치 논리로 자칫 체신부 공무원들에게까지 불똥이 될 위험이 있었다. 선경만이 아니었다. 민자당 최고위원이 회장이던 포항제철, YS의 겹사돈인 코오롱, 어느 기업이 선정되든 문제될 여지가 있었다.

"이건 유학파 박사부터 최고의 학벌을 자랑하는 우리나라 최고의 엘리트 박사와 회계사들이 머리를 맞대고 가장 합리적인 방안을 찾아 내린 결론으로, 우리 나름대로 많은 연구와 고민을 한 결과입니다. 그들의 진정성을 믿고 맡겨주십시오."

그러자 송 장관은 서류에서 손을 떼고는 흔쾌히 말했다.

"그래, 내 석 과장을 믿어 보지."

그리고 일어서서 집무실 쪽으로 가려 했다. 당시 장관실은 집무실과 회의실 두 개의 공간으로 나뉘져 있었는데, 송 장관은 회의실에서 항상 결재를 했다.

"장관님!"

내가 부르자 막 문을 열려던 장관이 돌아보았다.

"결재는 하고 가셔야죠."

"그럼 책임은 누가 지는 건가요?"

나는 약간 미소를 지었다.

"물론 장관님이 지셔야죠."

송 장관이 호탕하게 웃었다. 그러고는 회의실 책상에 앉아 서류 겉장 결재란에 주저없이 사인을 하며 말했다.

"이동통신사업자 선정 작업에서 장관은 송언종이 아니고 석호익인 거 같구만."

나도 상당히 당돌했지만 송 장관은 정말 그릇이 큰 분이었다. 그러나 진정한 지도자로서의 모습을 본 것은 그 뒤였다.

그런 과정을 거쳐 정해진 심사기준에 따라 선정된 이동전화사업자는 선경이 대주주로 있는 대한텔레콤이었다. 선경은 다른 기업이 따라올 수 없을 만큼 모든 조건에서 월등했다. 참여한 다른 기업들도 인정하지 않을 수 없을 정도였다. 문제는 경쟁 기업들이 아니라 정치권이었다. 발표가 나자 먼저 언론에서 의혹설을 제기하고 나섰다. 우려한 대로 선경 최종현 회장이 노 대통령과 사돈 관계인 것이 문제였다. 야당은 그 기회를 놓치지 않았다. 교체위원회가 열리고 여당이 불참한 상태에서 야당 위원들만으로 구성된 요즘의 국정감사 비슷한 청문회가 체신부 청사에서 두 차례 열렸다. 위원회에서는 선경과 권력 간에 모종의 합의가 있었던 건 아니냐, 선경이 선정될 수 있도록 심사기준 자체를 조작한 건 아니냐며 송 장관을 집중 추궁했다.

그러나 송 장관은 실무진이나 다른 기관에 어떤 책임도 전가하지 않았다. 공정하고 합리적인 심사기준을 마련했다고 자부하지만, 그럼에도 만일 잘못된 것이 있다면 그것은 자기 책임이라고 당당하게 맞섰다. 내게도 단 한 번 책임을 추궁하거나 나무람 비슷한 말조차 하지 않았다. 당시 들끓는 여론이나 야당의 기세를 보면 어떤 화를 당할지도 모를 위기의 순간이었음에도 전혀 흔들림이 없었다.

만일 그때 조금이라도 외압 흔적이 있었다면 최종 책임자인 송 장관은 물론, 전담반원들도 어떤 화를 입었을지 모른다. 절대 가만두지 않겠다고 야당은 으름장을 놓았지만 정작 문제삼을 만한 것을 찾아내지 못했다. 그러나 언론은 실체 없는 의혹을 자꾸 키워 나갔고 야당도 공격의 수위를 늦추지 않았다.

들끓는 여론은 노태우 정권을 곤혹스럽게 했다. 해법은 하나뿐이었다. 결국 선경이 1992년 8월 27일 스스로 힘겹게 얻어낸 사업권을 반납했다. 당시 사업권을 내놓을 때 최 회장의 눈에 눈물이 비쳤다고 한다.

이권이 걸려 있는 사업자 선정은 아무리 잘 해도 오해받을 소지가 있게 마련이다. 그래서 사업자 선정을 '뜨거운 감자'라 불렀고, 공무원들도 선뜻 맡기를 꺼렸다. 나는 체신부·정통부를 거치며 이런 '뜨거운 감자' 업무를 가장 많이 맡은 사람 중 한 명일 것이다. 그러나 '뜨거운 감자'에 데인 적은 없었다. 10년이 지난 2000년에 이때의 경력 때문에 이보다 더 크고 위험성이 높은 IMT-2000 사업자 선정 책임을 다시 맡기까지 했다. 그 후 힘든 시간을 보내기도 했지만 뜨거운 감자에 데어서 그랬던 것은 아니다. 법적인 하자를 찾지 못했으므로 전담반원들이 법정에 서는 최악의 일은 없었지만 송 장관은 대통령 사돈 기업을 선정했다는 것 말고도 크고 작은 의혹의 눈길에 한참 동안 시달려야 했다.

발표가 난 후 한 달 반쯤 뒤 송 장관이 나를 불렀다. 동원산업 김재철 사장과 막 통화를 하고 나서였다. 김 사장과 송 장관은 같은 전남 향우여서 친분이 두터운 것 같았다. 동원도 무선호출사업자 신청을 했으나 탈락했다. 김 사장은 동원이 탈락한 것을 도저히 납득할 수 없어 전화로 따진 것이었다. 송 장관은 김 사장이 갖고 있는 의혹에 대해 조목조목 해명하며 이해시키려 노력했지만, 두 가지는 자기가 봐도 말이 안 되는 것 같아 해명할 수가 없었다고 했다. 송 장관은 그 이유를 듣고 싶어했다. 자금조달 능력에서 동원이 이름도 잘 모르는 중소기업보다 왜 더 낮은 점수를 받았는지 알 수 없다는 것이었다. 동원산업은 재벌은 못 된다해도 그때 이미 탄탄한 중견기업으로 인정받고 있는 터였다. 게다가 연구개발비도 훨씬 많이 준다고 했는데도 낮은 점수를 받은 것을 도저히 납득할 수 없다는 것이었다.

당시 전담반은 선정 기업을 발표할 때 선정 과정부터 점수 내용까지 하나도 빠짐없이 발표하여 탈락 기업들도 그 이유를 명백하게 알 수 있도록 해두었다. 나는 설명했다.

"장관님, 자금조달 능력이란 대기업이나 권력기관이 압력을 가하여 돈을 빌리거나 담보 제공으로 빌리는 게 아니라 회계학적으로 어느 정도 감내할 수 있는가를 보는 것입니다."

무선호출사업자 선정 기준에서 자금조달 능력은 자본금 규모가 아니라 50억 원을 조달할 수 있는 능력이었다.

"적정 부채비율을 지키면서 어떻게 50억 원을 조달할 수 있느냐, 분모에 비해 분자가 얼마인지를 따지는 것이지 돈을 빌려올 힘이나 영향력을 의미하는 게 아닙니다."

당시 대기업의 부채비율이 훨씬 높았으므로 재무제표 평가에는 오히려 건실한 중소기업의 점수가 더 좋을 수 있다고 설명했다. 또한 연구개발 출연금도 무조건 많이 책정하는 것이 아니라 매출액 대비 비율로 정산하기 때문에 매출액 산정이 적정한지, 비율이 적정한지도 동시에 본다고 설명했다.

내 설명을 들은 송 장관은 즉시 김 사장에게 전화를 했다. 그리고 사업자 선정 과정이 공정했다는 것을 납득시키기 위해 애썼다. 하지만 한 단계 올라설 수 있는 절호의 기회를 놓친 기업의 입장에서 보면 쉽게 받아들이기 어려웠을 것이다. 단순히 말장난이라 생각했고 분명히 어떤 조작이 있었을 것이라는 의심을 쉽게 풀지 못했다. 그분의 매제로 나와 행정고시 동기이기도 하고 나중에 동원FNC 부회장이 된 박인구 역시 김 사장의 화를 풀어주려고 많이 노력했지만 별로 소용이 없었다고 한다. 공무원들이 생각처럼 그렇게 엉터리로 일하지는 않는다고 여러 번 말했지만 여전히 믿지 않는다는 것이었다. 이렇듯 송 장관은 한번 세운 원칙은 어떤 경우에도 굽히지 않던 분이었다.

초고속정보통신망구축기획단

산업화는 뒤졌지만 정보화는 앞장서자

　1993년 5월 초, 서울 홍은동에 있는 스위스 그랜드호텔에서 청와대 경제비서실 팀이 모여 심도 있는 회의를 하고 있었다. 문민정부가 들어선 후 우리나라 경제정책의 방향을 잡기 위한 회의였다.
　그런데 바로 이날 회의가 이후 우리나라 정보통신 발달의 초석을 놓는 중요한 기점이 되었다고 나는 생각한다. 회의는 각 비서관이 '신경제의 미래'를 위해 자기가 맡은 분야를 어떻게 해나갈 것인지 계획과 복안을 발표하는 것으로 시작되었다.
　당시 경제비서실에는 비서관이 여덟 명 있었는데, 거시경제는 재무부 출신 이영탁 국장, 산업통신은 상공부 출신이며 경제학 박사인 한덕수 국장, 국토개발은 후일 국토개발원장이 된 이규방 박사, 경제조사는 후일 한국은행 총재가 된 김중수 KDI 박사, 농림수산은 조일호 농림수산부 국장, 노동은 KDI 출신으로 후일 한국노동연구원장이 된 박훤구 박사, 과학기술은 윤창현 박사, 사회복지는 보건사회부 출신 최선정 비서관이었다. 최 비서관만 그전부터 있었고 나머지는 새로 임명된 사람들이었다. 그때 함께 근무했던 경제비서실 행정관으로는 후일 KDI 원장이 된 현오석 박사, 국토건설부 장관 권도엽, 노동부 장관 이채필, 경제수석 김대기 철도청장, 건설교통부 차관 김세호, 보고펀드 대표 변양호, 조세심판원장 허종구, 후일 교수가 된 이하룡 박사, 비서실의 안진원 박사 등이 있었다.

나는 산업통신비서관실 소속이었는데, 후일 국무총리를 지낸 한덕수 비서관을 주축으로 지적재산권 협상 등을 통해 해외 우루과이라운드 협상 관계자들에게 더 알려진 대외경제정책연구원KIEP 출신이자 서울대 교수인 박태호 박사, 옛 동력자원부 출신인 김정곤 산자부 과장 등과 함께 있었다.

각 부처와 연구소 등에서 발탁된 비서관들은 경제개혁을 위해 자기가 속한 부처의 입장을 대변하는 세부계획들을 내놓았는데, 이를 두고 격렬한 토론이 벌어졌다. 부처마다 성격은 달라도 각 산업은 크게 보면 서로 연관돼 있어 완전히 따로 떼어내서 다룰 수는 없었다. 자연 정보통신과 정보산업에 대해서도 거론될 수밖에 없었는데 경제기획원·재무부 같은 경제 부처가 주축이 된 경제비서실 회의이다 보니 체신부 입장으로는 그다지 바람직하지 못한 방향으로 흘러가고 있었다.

그날의 회의는 정보통신에 대한 과투자를 줄여야 한다는 의견이 지배적이었다. 그로 인해 다른 산업과의 불균형이 갈수록 심화되고 있다는 것이었다. 그 무렵 체신부는 전 세계 최초로 전국 전화 자동화를 이루었고, 고질적인 문제였던 전화 적체를 해소하는 등 기염을 토하고 있었다. 비서관 회의에서는 그러느라 통신에 너무 과투자된 점을 지적한 것이었다. 비록 통신 분야에 대한 투자가 정부 예산만으로 이루어진 것은 아니지만 국가 전체로 보면 국가 자원을 투자한 것이긴 마찬가지다, 사회간접자본은 균형 발전해야 하므로 어느 한쪽에만 집중투자하는 것은 곤란할 뿐만 아니라 자칫 낭비가 될 수도 있다, 국가의 역할은 산업이 골고루 발전할 수 있도록 도와주어야 하는데 정보통신 분야는 어느 정도 끌어올

렸으니 앞으로는 줄이고 대신 아직 후진성을 면치 못하고 있는 도로나 철도, 항만, 공항 같은 사회간접자본을 발전시켜야 한다는 것 등이었다.

서열상 맨 마지막에 발표하게 된 나는 준비해 온 〈국가 사회 정보화 촉진과 정보산업 육성 전략〉이란 보고서를 설명하기 전에 박정희 대통령의 업적을 거론하는 것으로 말문을 열었다.

"정치적으로는 모르겠지만 최소한 경제적으로만 따지자면 박정희 대통령 시대에 우리나라 산업화의 기반을 닦았다는 데에 이의를 제기하는 사람이 별로 없을 거라고 생각합니다."

그러자 박 수석이 "그거야 누구나 다 인정하는 일이지"라며 내 말에 힘을 실어 주었다. 박 수석은 문민정부 출범 후 경제수석비서실을 구성할 때, 한 번도 들어 보지 못했을 칠곡 왜관의 순심 중·고등학교와 대학조차 지방대인 영남대를 나온 나의 학벌을 탐탁지 않게 여긴 적이 있었다. 그도 그럴 것이 당시 경제비서실 구성원들은 28명 중 박사학위 소지자가 8명이고 출신 학교도 모두 최고의 명문을 자랑하고 있었다. 우선 박 수석만 해도 부산고·서울대 졸업에 미국 인디애나대학원 경제학 박사였고, 한덕수 비서관은 경기고·서울대 졸업에 하버드 대학원에서 경제학 박사학위까지 받은 그야말로 최고의 엘리트였다. 전문성과 지적 능력을 중요시했던 박 수석은 체신부 윤동윤 장관에게 다른 사람들과 걸맞은 학벌을 가진 사람으로 교체해 달라고 했는데, 윤 장관은 조건부로 그의 요청을 받아들였다.

"청와대 비서실에서 일할 사람이라 나름대로 신중하게 골라 보낸다고는 했지만 그래도 수석님 마음에 들지 않는다면 대신 다른 사람을 보내 드리지요. 하지만 이왕 나가 있는 사람이니 두어 달만 더 두고 보시지요. 그래도 영 아니다 싶으면 그때 바꾸어 드리리다."

그런데 이것은 아이러니컬하게도 박 수석이 나를 누구보다도 믿게 만든 계기가 되었다. 출발은 우호적이었다고 할 수 없지만 그 바람에 박 수석은 나를 유심히 지켜보았고, 몇 차례 일을 시켜 보고는 관심은 차츰 호감으로 바뀌고 오래지 않아 절대적 신임으로까지 바뀌었다. 내보내기는 고사하고 공식 비서관 회의는 물론 비서관들과의 저녁 모임 등에도 항상 나를 참여시켜 나는 공식·비공식 비서관 모임에 참여하는 유일한 행정관이 되었다. 나는 박 수석의 응원에 힘입어 계속 말을 이어 나갔다.

"박정희 대통령은 산업화를 통해 우리나라를 발전시키고 농업의 발전도 산업화를 통해서 해야 한다고 생각했습니다. 그래서 가발·섬유 등 경공업부터 시작해 나중에는 포철 등 중공업까지 많은 공장을 건설하고 산업화를 통한 농업의 고도화를 위해 영농기계화와 농지정리 등 농촌개혁을 했습니다. 산업화가 첫 번째 개혁이라면 두 번째는 패배의식에 젖어 있던 국민들에게 하면 된다는 희망을 심어 준 의식개혁일 겁니다. 대표적인 것이 새마을운동이었고, 정치적으로 어떻게 이용했는지는 논외로 치더라도 '근면·자조·협동'의 새마을 정신과 '우리도 한번 잘살아 보자'와 같은 반복된 구호 또한 희망의 메시지를 심어 주는 데 지대한 역할을 했습니다. 그때 이룩한 상징적이고 가장 역사적으로 남는 사회간접자본이 바로 경부고속도로입니다. 물론 상당부분 대일청구자금이 투입되었기에 국민정서상 받아들이기 어려웠던 문제점도 있었고, 당시의 경제적 논리로 따지자면 맞지 않는 부분도 많았기에 학자들의 반대도 컸습니다."

당시 우리나라는 차량이 많지 않았기에 경제적으로 보면 수요도 없는데 왜 그런 어마어마한 돈을 들여 고속도로를 건설해야 하는가라는 주장이 당연히 나올 수밖에 없었다. 그만한 돈이면 당장 국민을 먹여 살릴 수 있는 가발·봉제 공장 같은 것을 수만 개 지을 수 있었다.

"지금 YS 대통령도 역사 바로세우기 등 혁명에 가까운 개혁을 하고 있습니다. 그러나 모든 개혁은 역사에 남을 만한 새로운 것이 못 되거나 경제가 뒷받침되지 않으면 사상누각이 될 수밖에 없습니다."

경부고속철도는 실제 노태우 대통령 때 시작하여 다음 대통령 때 완공되었고, 인천공항과 월드컵 개최도 마찬가지였다. 일은 김 대통령이 했다고 해도 시작도 마무리도 다른 대통령이 하였기에 김 대통령의 업적으로 기록하기는 곤란하다.

"박 대통령이 시작한 산업화는 선진국에 200년 내지 300년이나 늦었지만 한강의 기적이라 불리는 압축성장을 통해 이제 개발도상국까지는 따라왔습니다. 그런데 앞으로 전개될 미래의 발전 동력과 핵심 산업이 될 정보화는 미국 등 선진국에 비해 2년 내지 늦어도 5년 정도밖에 뒤지지 않습니다. 그러므로 문민정부 신경제 과업은 첫째, 앞으로는 박 대통령이 했던 산업화처럼 정보화를 국책사업으로 하고, 농업의 고도화도 산업화로 이룩했듯이 이제 한계에 도달한 산업의 고도화도 정보화를 통해서 해나가야 한다고 생각합니다. 두 번째는 새마을운동 정신처럼 정보화에 대한 희망적인 국민 의식개혁이 필요합니다. '우리도 잘살아 보자'는 구호처럼 '산업화는 늦었지만 정보화는 앞장서자'라는 구호로 우리도 선진국이 될 수 있다는 자신감을 심어 줘야 합니다. 세 번째는 그 상징적 의미로 경부고속도로의 상징성을 능가하는 정보고속도로를 만들어야 합니다."

"정보고속도로라······."

박 수석이 흥미로운 듯 되새겼다. 정보고속도로 information super highway는 바로 전해인 1992년 미국 대통령 선거 때 클린턴과 고어 진영에서 선거공약으로 내세우면서 구체화된 전략이었기에 그때까지는 생소한 용어였다.

"정보고속도로는 경부고속도로보다 훨씬 더 큰 역할을 해줄 것입니다. 그렇게 해서 정보화를 통해 산업을 고도화하고 경제발전을 이루어 낸다면 김영삼 대통령은 역사에 남는 훌륭한 대통령이 될 수 있을 것입니다. 그러므로 뒤처진 다른 산업과 보조를 맞추기보다 반대로 더 집중 투자해서 그것 한 가지라도 다른 나라를 앞질러야 한다고 생각합니다. 그렇지 않으면 우리는 항상 남의 뒤만 쫓아갈 뿐입니다. 필요성을 느꼈을 때 시작하면 이미 늦습니다."

사실 방법의 차이만 있었을 뿐 정권을 인수받기 전부터 신경제의 미래를 위한 밑그림은 이미 그려져 있었다. 그 속에는 구체적이지는 않았지만 정보통신에 대한 것도 있었다. 문제는 실천이었다.

"하지만 뒤떨어진 분야가 아직 많은데 그건 내버려두고 넘친다고 생각되는 분야에 더 투자한다고 할 경우 사회적 반발을 각오해야 할지 모릅니다. 지금 여기 계신 비서관님들이 말씀하신 것처럼 사회경제학적 논리에도 맞지 않는다고 생각하는 학자들도 있을 겁니다. 그럴 때 수석님의 결단이 필요합니다. 예전에 차도 없던 시절 경부고속도로를 만들었던 박 대통령 시절의 경제수석처럼 경제수석의 역할이 매우 중요합니다."

"그 경제수석이 누구였지?"

박 수석이 불쑥 물었다.

"김용환입니다."

누군가가 대답했다. 체신부와 청와대 간의 연결고리 역할에 내 진심을 담아 설득한 결과, 마침내 박 수석의 마음이 움직인 것이다. 박 수석도 그렇지만 김영삼 대통령도 선거공약에 정보산업담당 대통령 특별보좌관제를 신설하겠다고 했을 만큼 정보통신 발전에 깊은 관심을 가지고 있었기에 첫 물꼬를 트기가 힘들 뿐, 일단 시작되자 생각한 것 이상으로 일은 빠르게 진행되었다.

정부 예산안은 보통 경제기획원에서 다음 연도 예산안을 확정하기 전

6월경 대통령에게 사전보고를 하는 것이 관례였다. 그런데 사전보고 과정에서 대통령 지시사항을 언론에 발표하는 일이 없었는데, 그때 최초로 예산편성안 중간보고 후 대통령 지시사항이 발표되었다. 내년 예산에 국가 정보화를 위해 더 많은 재원을 투입하라고 지시했다는 내용이었다. 또 7월 3일 정부가 발표한 신경제 5개년계획에 정보화 촉진과 정보산업 육성을 적극 반영하라는 지시도 함께 들어 있었다.

당시는 우루과이라운드가 중요한 사회적 이슈로 부각된 해였다. 농산물 개방과 교육 문제가 국민적 관심사가 되면서 이 두 문제에 대한 대통령의 지시사항이 거의 모든 방송과 신문의 헤드라인을 장식했다. 오직 〈서울신문〉만 농산물 개방 문제를 헤드라인으로 잡기는 했지만 대통령 지시사항을 1면에 실었다. 지시사항 첫 번째가 바로 초고속정보통신망 등 정보통신 분야에 충분한 예산을 반영할 것이라는 내용이었다. 이 기사가 바로 우리나라 정보통신 발전의 중요한 밑그림이 될 것이라는 사실을 당시 국민들은 알지 못했다. 이 지시사항에 의거해 아무 구체적인 계획도 없이 초고속정보통신망 구축 등에 1000억 원의 예산이 책정되었던 것이다. 예산을 먼저 편성하고 계획을 세우기 시작하는 경우는 극히 드문 사례이다. 정보통신의 무한한 가능성에 과감하게 투자한 것이었다. 그 투자는 우리나라 정보통신산업의 발전을 앞당겨 그 후 우리나라가 IMF 위기 상황에 닥쳤을 때 정보통신산업을 매개로 다른 어떤 나라보다 빨리 위기를 헤쳐나올 수 있게 해주었다.

이렇게 해서 산업화는 늦었지만 정보화는 앞장서야 한다는 나의 주장이 받아들여졌고, 정보통신 분야에 충분한 예산이 뒷받침되면서 정보고속도로 작업에 바로 들어갈 수 있게 되었다. 국민의 정부 시절 많이 회자되었던 '산업화는 뒤졌지만 정보화는 앞장서자'는 구호가 나온 것도 바로 이때였다.

예전에 없던 새로운 일을 시작하는 만큼 먼저 명칭부터 정해야 했다. 기존 고속도로가 사람과 물류의 흐름을 원활하게 해주듯 정보 소통을 음성과 데이터, 영상 등 멀티미디어 형태로 신속하게 해주는 망이라는 의미의 '정보고속도로망'이라는 이름을 다들 마음에 들어 했지만, 그것은 이미 미국에서 쓰고 있는 'information super highway'를 번역한 용어라는 점이 마음에 걸렸다. 미래를 열기 위해 시작하는 사업이 처음부터 남의 뒤를 쫓는 모양새가 되어서는 안 되었기 때문이다. 유럽은 '정보아우토반', 일본은 '신사회자본'이라고 했는데 그것도 좋은 이름이었지만 역시 같은 이유로 배제되었다. 그렇게 해서 최종 결정된 이름이 '초고속정보통신망'이었다. 체신부에서 머리를 맞대고 장고 끝에 내놓은 이름을 청와대에서 받아들인 것이었다.

그다음 할 일은 이 프로젝트를 성공시키기 위해 추진기구를 만드는 것이었다. 처음에는 체신부 내에 부처를 망라한 초고속정보통신망구축기획단을 만들자는 계획이 수립되었다. 단장은 1급으로 하고 국장을 셋 두기로 했는데, 총괄기획국·통신망구축국·정보산업국이었다. 각 부처의 동의를 얻기 위해 초대 단장은 경제기획원에서, 각 국장은 총무처·상공부·체신부 공무원 중에서 발탁하기로 했다. 그리고 기획단은 일시적이 아니라 상시 조직으로 만들기로 했다. 이 계획에 다른 부처, 심지어 체신부 내에서도 일부 반대가 있었지만 나는 박 수석을 설득해서 1994년 체신부의 대통령 업무보고 때 대통령 지시사항에 넣도록 했다. 실제 김 대통령은 체신부 밑에 초고속정보통신망 구축기획단을 만들라고 지시했다.

당시 윤동윤 체신부 장관은 초고속정보통신망을 구축하되 체신부 힘만으로는 안 되니 범국가적 사업으로 추진해야 한다고 말했다. 그 과정에서 부처 간의 이견으로 산고를 겪기도 했으나 윤 장관이 전문성을 바탕으로 밀어붙여 마침내 국무총리가 초고속정보통신망 추진위원장을 맡고 정재석 부총리 겸 경제기획원 장관이 실무위원장, 그리고 초고속정보통신망구축기획단은 체신부 안에 두기로 결정되었다.

하지만 당초 구상보다 규모와 기능은 많이 축소되었다. 초대 기획단장은 박성득 체신부 통신정책실장이 겸임했으나 정보통신부 출범 후에는 정홍식 정보통신정책실장이 기획단장을 겸임했다. 초대 부단장으로는 행시 14회 최연소 합격자였던 천조운 국장이 임명되었다. 이렇게 해서 출범한 초고속정보통신망구축기획단은 우리나라 IT산업을 한 단계 격상시키는 중요한 역할을 했다.

문민정부가 들어선 뒤 새로 모시게 된 박재윤 수석에게는 빠른 시간에 신임을 얻을 수 있었던 데 비해 상관이던 한덕수 비서관에게 인정받는 데는 시간이 좀 걸렸다. 한 비서관은 청와대로 오기 전에는 체신부와 마찰이 잦은 부서였던 상공부의 전기전자정책 국장이었다. 한 비서관은 그곳으로 발령받기 직전, 통신 관련 업무만 통신청으로 축소하고 통신산업은 상공부로 옮기는 게 합리적이라고 주장하는 칼럼을 썼는데, 그 칼럼이 경제비서관이 된 후 발표되어 구설수에 오르기도 했다.

체신부의 역할에 대해 그런 인식을 갖고 있던 한 비서관 아래 체신부에서 파견된 행정관인 내가 소속된 것도 그렇지만, 한 비서관은 우리나라 최초로 정상적인 코스를 밟아서 하버드대학에서 박사학위까지 받은 흔치 않은 인재여서 자긍심이 남달랐다. 그러니 나에 대해 선뜻 믿음을 갖기가 어려웠을 것이다. 그러나 그것 말고도 마땅치 않게 생각할 만한 또 다른 이유가 나한테 있었다.

나는 당시 손에서 거의 담배를 떼놓지 못하던 골초였다. 텔레비전에서 담배 광고도 하고 드라마에서 남자 주인공은 으레 담배를 물고 있을 정도로 흡연자에게 관대했던 시대였으니망정이지, 지금처럼 담배를 실내에서 피우지 못하게 했다면 나는 아마 실내에 있을 시간이 많지 않았을 것이다. 깔끔한 성격인 한 비서관은 담배를 피우지 않았을 뿐 아니라 담배연기 자체를 질색했다. 흡연 욕구를 나름대로 최대한 참느라 나도 힘들었지만 같은 공간에서 담배연기를 맡아야 했던 한 비서관은 더 괴로웠을 것이다. 훤칠한 키에 외모만큼 세련된 매너를 가진 한 비서관은 내가 잠시라도 방을 나가면 즉시 창문을 열어 환기하는 것으로 나의 흡연을 견뎌 주었다.

대신 내가 결재를 올리면 거의 대부분 지적을 하며 고치곤 했다. 그런데 박 수석에게 가면 이번에는 한 비서관이 많은 부분을 지적당하곤 했다. 그럴수록 한 비서관은 내가 올린 서류를 더욱 철저하게 확인하고 수없이 고쳤지만, 나에 대한 믿음이 없었던 때였으므로 자신이 아무리 손본다고 해도 기본 재료가 나쁘니 한계가 있다고 생각했던 것 같다.

그러던 어느 날 대통령 연설문 문제로 한 비서관과 정면으로 맞서는 일이 생겼다. 그것은 바로 내가 전담반장으로 일했던 신규 이동통신사업자 선정 관련 내용 때문이었다. 체신부는 그때까지만 해도 정책 부서가 아니다 보니 평소에는 대통령이 언급할 만한 특별한 이슈가 많지 않았다. 그러나 이동통신 건은 사업자로 선정된 선경이 사업권을 반납할 수밖에 없었을 만큼 이슈가 되었던 중요한 사건이었고, 그 때문에 김영삼 후보의 지지율이 급격히 올라갔다는 통계 수치도 있었기에 김영삼 정권은 결코 우호적일 수 없었다.

박 수석은 한 비서관에게 대통령 지시사항에 이동통신사업자 선정과 관련해 앞으로는 과거와 같은 그런 엉터리 정책이 없을 것이며 법과 행정적으로 어긋남이 없도록 정책을 추진하라는 요지로 연설문을 작성하라고 지시했다. 나는 한 비서관의 마음에 드는 초안을 쓸 수 없었다.

김 대통령은 연설문을 그대로 발표하는 스타일이었다. 그러므로 비서실에서 작성한 것이 그대로 국민에게 전달될 것은 뻔했다. 순수한 사명감 하나로 밤잠 자지 못하고 그 일에 매달렸던 수많은 체신부 식구들을 허탈하게 만드는 일이 아닐 수 없었다. 청와대에서 체신부 입장을 대변해 줄 수 있는 사람은 나밖에 없다는 의무감을 느끼며 한 비서관에게 절대 그렇게 쓰면 안 되는 이유를 조목조목 대며 강변했다.

"그것은 정치적 문제였을 뿐입니다. 감사원에서 감사를 했고 야당에서도 집중조사를 했지만 어떠한 법적·행정적 하자도 찾아내지 못했습니다. 그때 만약 조그만 문제라도 발견되었다면 누군가 법적 아니면 행정적 책임을 졌을 거 아니겠습니까. 하지만 아시다시피 그때 그 일을 했던 실·국장은 물론 실무자까지 어느 누구도 처벌받거나 다친 사람이 없습니다. 게다가 저는 문제가 있었다면 가장 먼저 책임을 물었을 사업자 선정 전담반장이었고 현 윤동윤 장관님은 당시 차관님이었습니다. 잘못이 있었다면 제가 어떻게 청와대까지 들어오고 차관이 장관으로 승진할 수 있었겠습니까. 정치적으로는 어땠는지 몰라도 이동통신사업자 선정 자체에는 어떠한 법적·행정적 잘못도 없었습니다."

하지만 당시 의혹을 제기하고 문제화했던 김영삼 후보가 대통령이 되었다. 정치적 계산에 따른 일종의 시위였다고 주장한다는 것은 현재 여당에게 책임을 물을 수밖에 없는 위험한 발언이었다. 그것도 대통령의 뜻을 보필해야 하는 청와대 비서실에서 현 정권에 반대의 목소리를 내는 모양새가 된다. 한 비서관은 당연히 불쾌감을 감추지 못했다.

"당신, 그런 말을 수석님 앞에 가서도 할 수 있어요?"

한 비서관의 말이 떨어지자마자 나는 서슴없이 대답했다.

"네, 물론입니다."

"그럼 어디 직접 가서 내게 한 말 그대로 한번 말해 보시죠."

"알았습니다."

나는 그대로 몸을 돌려 수석실로 향했다. 한 비서관은 기가 막혀 나를 제지하지도 못했다. 행정관이 직접 수석과 맞대면하는 경우는 드물었다. 한 비서관의 말은 그런 절차를 생략한 채 나보고 바로 들어가라는 뜻이 아니라 대놓고 감히 반대를 할 수 있겠느냐는 반어적 표현이었다. 그런데 나는 말귀도 못 알아듣는 벽창호처럼 말릴 틈도 없이 수석실로 들어간 것이다.

박 수석을 독대한 자리에서도 나는 한 비서관에게 했던 것과 같은 말을 했다. 그 일만큼은 절대 물러설 수 없었다. 이제는 정당의 총재가 아니라 국정을 책임지는 대통령이 아닌가. 이동통신사업자 선정 과정에 문제가 있었다고 대통령이 일단 공포해 버리면 그 파급 효과는 엄청날 것이다. 단순히 내 개인의 안위를 걱정해서가 아니었다. 청와대에 나와 보니 체신부가 얼마나 힘없는 부서인지 더욱 절감하고 있었다. 체신부는 권력과는 거리가 멀었고, 그러기에 서로를 아끼며 한마음으로 묵묵히 제 일을 열심히 해나가는, 다른 부처에서는 보기 힘든 가족 같은 분위기였다. 나는 절절한 마음으로 호소했다.

"수많은 체신 가족 또한 대통령님이 보살펴야 할 국민입니다."

얼마간의 침묵이 흐른 후, 박 수석은 마음을 정한 듯 입을 뗐다.

"좋습니다. 그렇다면 법적·행정적으로 문제가 있었다는 말은 빼는 거로 합시다. 대신 앞으로 잘 하겠다는 말은 하세요. 하늘을 우러러 부끄럼 없는 정책을 펼쳐 나가겠다고 말입니다."

박 수석은 내 열정을 받아주고 진심을 읽어준 것이다. 어찌됐든 대통령의 사돈 기업이 사업자로 선정되었고, 아무리 법적 하자가 없다고 하더라도 당시 상황으로 보면 국민정서상 받아들이기 힘든 건 사실이었다. 그렇게 해서 이동통신사업자 선정 과정에 문제가 있었다는 말은 빠지고 앞으로 모든 정책 수립을 국민이 납득할 수 있도록 투명하게 하겠다는 말만 하게 되었다.

공무원으로서 나는 확고한 원칙을 하나 갖고 있었다. 공무원의 주인은 정치권이 아니라 국가이고 국민이라는 것이다. 정권은 바뀔지라도 국민은 바뀔 수 없다. 천조운 과장이 나를 염려하는 말을 한 적이 있다.

"소신을 지키겠다는 자세에는 박수를 보내지만 지나치게 나서지는 말게. 그러다 다치면 어떡하려고 그러는가. 자네의 저돌적인 모습을 보노라면 때로는 조마조마하다니까. 이번 경우도 그래. 정권의 근간을 흔드는 소리조차 받아들일 만큼 박재윤 수석의 그릇이 워낙 큰 덕인 줄이나 알게. 하지만 늘 그런 사람을 만나게 되지는 않을 거 아닌가."

일에 대한 집념은 강하지만 성품이 온화하고 어질어 누구나 좋아했던 천조운은 안타깝게도 1999년 7월 5일, 지병과 과중한 업무로 세상을 달리하고 말았다. 그가 떠난 직후 염려해 주었던 일과 결국 맞닥뜨렸지만, 어떤 경우라 해도 나의 주인은 국가와 국민이라는 생각만은 흔들린 적이 없다.

이 일로 박 수석은 내게 얼마간 남아 있었을 의구심을 완전히 내려놓게 되었다. 박 수석은 자기 말에 무조건 복종하는 사람보다는 반대라 해도 제 목소리를 낼 줄 아는 사람을 더 인정해 주었다. 한 비서관도 나를 다시 보게 된 것 같았다. 당연히 혼이 나서 나올 줄 알았는데 오히려 수석을 설득하고 어느 정도 선에서 타협까지 보고 나온 것에 다소 놀란 듯했다. 이후로는 내가 올린 결재에 대해서 무조건 부정적으로 보지 않고 의견이 다를 때는 그 이유를 한 번쯤 더 생각해 보고 타협점을 찾으려 노력해 주었다.

박 수석은 비서관들끼리 하는 식사 자리에 나를 부르더니 심지어 어느 날부터는 비서관 회의에 참석하라고 했다. 명분은 체신 업무를 대변해 줄 사람이 필요한데 체신부에서 나온 비서관이 없어서라는 것이었다. 내가 그런 특별한 인정을 받을 수 있었던 것은 박 수석이 서열을 중요하게 생각하는 관료 출신이 아니라 학자 출신이기 때문이 아닐까 싶다. 박 수석은 나이나 서열보다는 인간 그 자체, 그리고 그 사람이 갖고 있는 능력을 우선시했다. 그래서 나는 비서관 회의에서 발언 순서만 늦을 뿐 다른 비서관과 똑같은 발언권을 가질 수 있었을 뿐만 아니라 통신 분야에 관해서는 오히려 목소리를 더 낼 수 있었다.

새 정부가 들어서자 비서실 직제도 새로운 명칭이 필요했다. 박 수석은 통일성을 위해 비서관은 네 자리, 행정관은 두 자리 명칭으로 작명하라고 지시했다. 이를테면 비서관은 사회간접·거시경제·경제제도 등으로, 행정관은 총괄·금융·산업·노동 같은 식이었다. 그 일을 맡은 사람은 같은 21회 행정고시 동기인 허종구 과장이었는데, 그에 의해 나는 통신담당이라고 이름지어졌. '통신'이라는 말에 나는 고개를 갸웃할 수밖에 없었다. 명칭이 중요한 것은 그 명칭에 따라 일이 전개될 수도 있기 때문이다. 그런 점에서 '통신'이란 체신부 업무만을 담당하도록 고착화할 위험성이 있었다,

새 정부가 출범한 후 '신경제 100일' 프로젝트의 기초를 만들던 청와대 비서실은 그 어느 부처보다 바쁠 수밖에 없었다. 박 수석의 사명감은 대단하여 심지어 수석실에서 야전침대 하나 두고 칼잠을 자는 날도 많았다. 그러니 다른 비서관과 행정관들도 한밤중에 퇴근하기 일쑤였고, 공휴일도 따로 없었다. 비서실에서는 적어도 일주일에 한 번은 회의를 소집했는데 정상 업무 시간을 아끼기 위해 토요일 오후나 일요일, 혹은 공휴일로 잡았다. 어느 날 전체회의에서 나는 '통신' 담당 행정관이라는 명칭에 대해 정식으로 이의를 제기했다.

"비서실은 미래를 열어 나가기 위해 초석을 다지는 역할을 하는 것으로 알고 있습니다. 저는 체신부 출신이지만 통신담당 행정관이라고 이

름지어지면 체신부 업무만 하는 역할에 한정되는 게 아닌지 우려됩니다. 지금의 체신부는 통신을 넘어서 새로운 정보화 사회를 열어 가고 있는 중으로, 앞으로 범위가 매우 광범위해질 것입니다. 저는 체신부의 통신·방송 서비스는 물론, 상공부의 기기산업, 과거의 소프트웨어산업을 총괄하고 싶습니다. 그런데도 여전히 통신으로 한정짓는다면 자칫 미래를 향한 문을 열기 힘들어질까 염려스럽습니다."

"그럼 통신 대신 어떤 이름이 적당하다고 생각하는 거요?"

내가 생각한 이름은 '정보산업'이었다. 체신부·상공부·과기처의 업무를 총괄·조정하는 일이야말로 내가 앞으로 해야 할 역할이었다. 하지만 그것은 비서관에게나 해당하는 넉 자라는 문제가 있었다. 이왕 시작한 김에 밀고 나가기로 했다.

"미래 사회는 정보화 사회입니다. 산업사회에서는 획일성이 필요하겠지만 정보화 사회에서는 다양성이 매우 중요합니다. 명칭도 무조건 통일시킬 게 아니라 약간의 변화가 있어도 되지 않을까요?"

결론적으로 말하면 '정보산업'이라는 명칭을 얻지는 못했다. 대신 '통신'이 아닌 '정보'로 바뀌었다. 통신보다는 좀 더 광범위하고 미래지향적이긴 하지만, 당시 사회 통념상 정보는 서슬 시퍼렇던 중앙정보부 때문에 본래의 의미와는 다르게 받아들여지곤 했다.

이전까지는 청와대 비서실의 경우 직원 개인용 명함을 만들지 않았으나 문민정부가 들어서면서 개인용 명함을 만들게 되었는데, 내 명함에는 '정보'가 영어로 'information' 대신 'intelligence'로 되어 있었다. 그것은 사실 '정보'가 아닌 '첩보'라는 뜻이었다. 나는 1982년 '정보통신'이라는 용어를 처음 만들 때 그 문제로 설전을 벌였기에 그 개념의 차이를 누구보다도 잘 알고 있었지만 굳이 지적하지는 않았다. 그러나 외국인들은 내 명함을 보면 고개를 갸우뚱했다. '한국은 경제비서실이 첩보를 담당하는 일도 하나?' 하고.

박 수석은 내가 특별히 주장하는 것이 있으면 대부분 귀담아들어 주고, 합리적이고 객관성이 있다고 인정되면 정책에 반영해 주었다. 가끔 체신부 차관과 실·국장들이 청와대를 찾아와 박 수석과 토론을 했는데, 의견조율이 잘 안 될 때면 내가 대신 설명하기도 했다. 그러다 보면 합리적인 방안을 찾아내 일이 쉽게 풀리는 경우가 많았다. 누군가 농담 삼아 "석 과장은 청와대에 심어둔 체신부 해결사"라고 할 만큼 박 수석은 나를 매우 신임했다. 그 덕에 체신부 본부에 들어가면 매우 융숭한 대접을 받았다.

본부에는 한두 달에 한 번 정도 들어갔는데, 그럴 때면 쟁쟁한 타 부처 사람들 사이에서 절대 기죽지 말라는 장·차관의 응원과 격려를 받았다. 당시는 윤동윤 차관이 장관으로 승진하고, 차관은 나중에 초대 정통부 장관이 된 경상현 한국전자통신연구원장이 맡고 있었다. 윤 장관이나 경 차관은 부모가 객지에 나간 자식 챙기듯 비서실 식구들과 회식이라도 하게 되면 식사값이라도 한 번 내라며 용돈을 챙겨 주곤 했다. 윤 장관은 체신부 관료로 시작해서 장관이 된 유일한 분으로, 그런 만큼 수많은 업적을 남겨 체신부 발전사를 말할 때 결코 빼놓을 수 없는 분이다.

비서실에서 체신 업무와 정보산업 업무 말고 맡은 일이 하나 있었는데, 좀 뜬금없긴 하지만 1974년부터 1993년까지 모두 32조 원을 쏟아 부어 무기를 구입했던 국방부의 율곡사업 비리 조사였다. 문민정부는 출범과 동시에 지난 30여 년의 군사정권 시절 성역으로 여겨졌던 군에 대해 대대적인 감사를 시작했다.

율곡사업은 국방부 소관이지만 경제수석도 위원으로 되어 있어 경제비서실에서도 누군가가 그 내용을 검토해야 했다. 하지만 당시 신문에서 연일 대서특필할 만큼 사회적으로 큰 문제가 되고 있었으므로 공연한 구설수에 휘말릴까 봐 다들 그 일을 맡길 꺼렸다. 율곡사업 비리사건은 결국 이종구·이상훈 두 명의 전직 국방장관과 전직 군장성 등 6명이 뇌물수수 혐의로 검찰에 고발당하고 현역 장성 8명을 포함한 53명이 징계 또는 인사 조치를 당하는 것으로 마무리되었다.

또 경쟁력강화민간위원회의 회의 결과와 논의 진행 과정을 챙기는 일도 맡았다. 경쟁력강화민간위원회 위원장은 선경그룹 최종현 전경련 회장이었는데, 최 회장은 나를 청와대에서 나온 사람으로 소개하고 많은 호의를 베풀어 주었다. 청와대 비서실에 있는 동안 체신부만이 아니라 다른 경제 부처 사람들과도 많이 만나게 됐는데, 그때의 인간관계가 지금까지도 살아가는 데 많은 도움이 되고 있다.

1994년 10월 박 수석이 재무부 장관으로 임명되어 청와대를 떠났다. 그런데 그해 12월 재무부가 경제기획원에 통합되는 바람에 다시 통상산업부로 옮기게 되었다. 박 수석이 그만두자 나는 더 이상 비서관 회의에 참석하지 못했다. 비서관 회의실에서 내 의자는 치워졌고, 다른 비서관들이 새로 부임한 한이헌 수석과의 대면을 차단한 탓에 관계를 맺을 수 있는 기회도 없었다. 한 수석을 얼마 전에 만날 기회가 있어 "예전에 청와대에서 모신 적이 있었습니다"라고 인사를 건넸으나 한 수석은 전혀 기억을 하지 못했다. 같은 비서실에 있었다고 해도 대면할 기회가 거의 없었으니 기억날 리 없었을 것이다.

1994년 11월 나도 청와대를 떠났다. 윤 장관이 나를 국장으로 승진시키려 체신부로 복귀시킨 것이었다. 그러나 정부 조직개편 때까지 승진이 보류되는 바람에 얼마간 무보직 상태로 있게 되었다. 적은 여전히 청와대에 있었지만 이미 이성옥 과장이 나의 후임자로 사전근무를 시작하였기에 모처럼 여유가 생겼다.

이때 나는 경 차관과 정보통신정책에 관해 의견을 많이 나누었다. 경 차관은 세계에서 가장 권위 있는 IT 연구소인 벨연구소에서 근무하다 해외유치 과학자로 선발되어 전자통신연구소에 온 분으로, 벨연구소 원장, 한국통신 부사장, 전산원장, 체신부 차관, 초대 정통부 장관을 역임하면서 TDX · CDMA 개발 등 우리나라 통신기술 개발은 물론 통신사업과 정책 면에서 큰 기여를 했다.

경 차관과 나는 일과 후 체신 공무원들과 함께 청진동에 있는 음식점에서 소주를 곁들여 가끔 저녁을 먹곤 했다. 집으로 갈 때 방향이 비슷하다며 나를 자기 차에 태워 주었는데, 우리 집 부근에 와서는 근처 호프집에서 2차를 하곤 했다. 경 차관과 나눈 이야기는 대부분 정보통신부 발전 방안에 대한 것이었다. 정보통신부 발족을 앞두고 있을 때였으므로 경 차관은 앞으로 무엇을 해야 할 것인가에 대해 고민을 많이 하고 있었다. 체신부가 정보통신부로 거듭나는 출발점에 선 리더의 머릿속은 복잡한 듯했다. 그때 나는 너무 특별한 정책을 만들려고 하는 것은 좋은 방법이 아니라고 했다.

"차관님, 지금까지 없던 특별한 정책을 내세우면 그때는 빛날지 모르지만 일시적일 수밖에 없습니다. 새로운 정책을 만들기보다 정보통신부가 발족하면 타 부처에서 이관되어 오는 업무를 발전시키는 데 더 주력해야 할 것입니다. 예를 들어 상공부에서 올 정보통신 기기산업, 과기처에서 이관되는 소프트웨어산업에 획기적으로 투자하는 겁니다. 그러면서 체신부 시절부터 해온 국가사회 정보화 촉진, 초고속정보통신망 구축사업 등을 중점 추진해야 합니다."

경 차관은 내 말을 진지하게 들어주었다. 얼마 지나지 않아 초대 정보통신부 수장이 된 경 장관은 취임사에서 이때 나와 나눈 이야기를 거의 다 반영했다. 나도 1995년 1월 28일자로 새 문패를 단 정보통신부에서 국장으로 승진했다.

정보통신 벤처 붐의 계기를 마련하다

정보통신 컨트롤 타워가 필요하다

1995년 12월 21일, 경상현 장관의 뒤를 이어 이석채 장관이 부임했다. 그때 나는 정보통신연구관리단에서 파견근무 중이었다. 그러나 말이 파견이지, 사실 대전보다는 서울에서 일하다시피 했다. 경 장관과 이계철 차관은 대전에 나를 내려보내지 않고 장·차관실 바로 앞 사무실, 당시 비상임인 통신위원회 위원장실에 근무하게 하면서 장·차관을 보좌하도록 했던 것이다.

그 무렵 새로 탄생한 정통부와 산자부 간에는 업무분장을 둘러싸고 치열한 논쟁이 벌어졌다. 상공부의 한덕수 차관보가 총무처와 청와대를 방문하여 업무분장을 상공부에 유리하게 조정해 놓으면 그 다음날 내가 방문해서 정통부 쪽으로 돌려놓기를 여러 차례 했다.

그러자 박관용 대통령 비서실장의 비서관이었던 김광림 국장이 보다 못해 한 차관과 나를 불러서 업무분장을 조정했다. 쟁점은 컴퓨터 등 정보기기와 반도체 등 부품의 주관 부처를 어디로 할 것이냐였다. 나의 제안은 통신망·방송망·전산망에 연결되는 기기 및 부품은 정보통신부 소관으로 하자는 것이었다. 그러자 한 차관보가 질책성 반문을 했다.

"석 과장이 청와대에서 나와 같이 근무할 때 앞으로 정보화 사회가 진전되면 세탁기·냉장고·에어컨 등 모든 가전기기도 통신망에 연결된다고 했는데, 그렇다면 그것도 정보통신부 소관이라는 거요?"

나는 그렇다고 답했다.

"앞으로 정부가 가전기기 만드는 데 관여할 필요가 없습니다. 그러나 망에 연결되면 그 기준과 표준을 정해야 하는데, 그것은 네트워크를 관장하는 정통부의 업무입니다."

김 비서관이 내 말에 동조하며 그렇게 하자고 제안하자, 한 차관이 말했다.

"일단은 석 국장 안대로 하되 산업자원부 소관은 제외한다는 단서를 답시다."

그리하여 정통부는 통신망·방송망·전산망에 연결되는 기기 및 부품을, 산자부는 전기·전자기기 및 부품을 하는 것으로 업무분장을 하되 각각 산자부와 정통부 소관은 제외한다고 합의했다.

당시 장·차관은 PCS개인용 휴대통신 서비스 사업자 선정과 한국통신 등 통신업계의 노사분규 때문에 골머리를 앓고 있었다. 조계사에 집결한 한국통신 노조를 경찰력까지 투입하여 해산시켰을 만큼 상황이 몹시 복잡했다. 이때 통신지원국 이성해 국장의 노고가 많았는데, 서울대 외교학과를 나온 이 국장은 MBC 정치부 차장에서 공보관으로 특채돼 체신부에 와서 나중에 정보화기획실장으로 퇴임했다.

그런 복잡한 내부 문제들 때문에 대전으로 발령받고도 사실상 서울에서 근무하던 내가 내려갈 수 있었던 것은 이석채 장관이 취임하고 나서였다. 그러나 그것도 잠깐, 이계철 차관이 정통부 본부에서 매주 차관 주재로 열리는 수요 회의에 반드시 참석하는 것은 물론, 그 밖의 중요 회의에도 거의 참여하게 했으므로 대전에 머물 수 있는 시간은 별로 없었다.

그러다가 1996년 6월 18일 정보통신정책실 정책심의관으로 발령받아 본부로 돌아오게 되었다. 정보통신정책실은 정홍식 실장이 맡고 있었는데, 연일 수많은 회의와 격렬한 토론이 벌어지고 있었다. 새로 제정된 정보화촉진기본법에 의거, 제1차 정보화촉진기본계획과 정보통신산업 육성대책을 세워야 했기 때문이다. 사실 이 작업은 대전에 있을 때부터 관여했던 일로, 결국 정책심의관이라는 주무 국장 보직을 받고 내 손으로 마무리하게 된 셈이다.

정통부가 과거 체신부였을 때는 타 부처 업무 영역을 침범하지 않고 우리가 할 수 있는 범위 안에서 계획이나 정책을 세우곤 했다. 체신이라는 업무 내용상 다른 부처와 부딪힐 일이 많지도 않았고, 설령 그런 일이 생긴다 해도 가급적 부딪힐 우려가 있는 계획은 세우지 않았다. 조세 관련법 등도 다른 부처의 법령 개정을 먼저 요구하거나 정책 수정을 요구하는 일이 거의 없었고, 타 부처 소관 업무와 정책 범위 내에서 협조를 요청하는 정도였다.

그런데 정통부로 바뀌고 나서 다른 부처와 충돌하는 업무가 많아졌다. 이 장관은 정통부를 명실상부한 정책 부서로 만들기 위해 노력을 많이 했다. 서울대 상대와 미국 보스턴대학 경제학 석·박사, 청와대 경제비서관, 경제기획원 예산실장을 거친 이 장관은 이력에 걸맞게 경제통이었는데, 청와대와 경제기획원 등에서 우리나라 국정과 경제 전반을 다루어 온 만큼 정보통신정책의 범위도 경제정책의 일환으로 생각하고 폭넓게 추진해 나가려 했다.

그 과정에서 산자부·과기처 등 다른 부처, 특히 총무처의 반대가 심했다. 하지만 대통령을 설득하고 국무총리·경제부총리 등의 협조를 얻어내는 데 성공했다. 정보화기획실이 신설되자 정통부 각 실·국의 업무 조정이 필요해졌다. 이 장관은 각 실·국별 정보통신정책 업무를 전체적인 시각에서 종합하고 조정하는 컨트롤 타워의 역할을 강조했다. 정 실장은 그 업무를 내게 맡겼다.

나는 정식으로 발령받기 전인 5월부터 정보통신정책실 심의관으로 사전근무를 하고 있었다. 우루과이라운드, 한·미 통신협상 등 산적한 업무를 처리하기 위해 전임 서영길 국장이 먼저 국제협력관으로 이동하고, 이성옥 국장이 청와대에서 정통부로 이동하면서 한국전자통신연구원으로 파견 가는 행정적 절차 때문이었다.

나는 일을 효율적으로 하기 위해 우선 업무분장부터 했다. 정보통신정책실 정책심의관실은 통신정책과 통신산업 육성에 관한 기본정책과 실·국 간 업무의 종합·조정 업무를 맡고, 개별 실·국은 집행 정책 수립과 추진을 담당케 했다.

정책심의관으로서 내게 맡겨진 첫 번째 큰 임무는 1996년 1월 시행된 정보화촉진기본법에 의거해 정보화촉진기본계획을 확정하는 것이었다. 6월 11일 이수성 국무총리가 위원장으로 있는 정보화추진위원회에 이석채 장관이 계획안을 제출하여 확정토록 날짜도 정해져 있었다.

그래서 그해 1월부터 한국전산원·통신개발연구원 등 연구기관과 산업계 전문가·공무원들로 실무 전담반을 구성해서 관련 행정기관별 부분 계획을 종합하여 계획안을 작성하여 이계철 정통부 차관 주재의 관계부처 1급회의, 강봉균 국무조정실장 주재의 차관회의, 정보화촉진자문위원회의 자문도 완료한 상태였다. 그 과정에서 정홍식 실장, 서영길 국장, 정경원 과장 등은 여러 차례 이석채 장관에게 계획 시안을 보고하고 문제점을 보완했다.

그중에서 정경원 과장은 특히 휴일도 없는 불철주야 작업으로 심신이 극도로 지쳐 있었다. 행정고시 후배인 정 과장은 성실하고 매사에 최선을 다하는 성격인데, 이후 우정사업본부장을 끝으로 공직에서 퇴임한 후 정보통신산업진흥원장을 지냈다.

　5월 중순쯤, 정보화추진위원회에 상정할 정통부 안을 확정짓기 위해 주무 과장인 정 과장과 함께 이 장관에게 결재를 받으러 갔다. 그날 나는 서너 시간 동안 호된 질책을 받았다. 공무원 생활 통틀어 상관의 질책을 그토록 심하게 받은 것은 그때가 처음이자 마지막이 아닌가 생각된다.

　우선 장관은 왜 조급하게 계획을 확정해야 하는지 따졌다. 이 장관은 곧 발족할 예정인 정보화기획실이 힘을 가지려면 그 계획이 그곳에서 마무리되어야 한다고 생각하고 있었다. 경제기획원 등에서 경제정책에 관한 업무를 폭넓게 다뤄본 우수 공무원들로 보강된 팀이면 더 바람직한 안이 나올 거라고 생각했던 것 같다. 장관은 처음에는 정 과장에게 불편한 심기를 드러내더니 서영길 국장, 김창곤 국장, 천조운 국장을 차례로 불러 질책을 했다. 그러니 동료·선배 국장들에게 참으로 미안할 수밖에 없었다.

　이 장관은 서문부터 매끄럽지도 않고 무슨 말인지도 모르겠으며, 세부 사업별 목표가 분명치 않고 계획 기간도 예산도 없는 것이 무슨 계획이냐, 초고속통신망 구축을 광케이블로 한다는데 하늘의 인공위성, 바다의 해저케이블, 육지에 있는 유·무선 통신을 다 활용해야 되지 않느냐, 왜 중점 추진 과제를 열 개만 하느냐 등 근본적인 문제까지 제기했다. 윗사람에게 소신 있게 내 주장을 말하는 편이다 보니 대든다는 소리까지 종종 듣던 나였지만 이 장관의 질책은 고스란히 듣고 있을 수밖에 없었다.

　장관실에서 나와 정홍식 실장에게 보고했더니 몹시 화를 냈다. 지난 몇 개월 동안 작업하고 관계부처 실무협의까지 마친 계획을, 그것도 장관에게 수차례 보고한 것이었는데 결재도 못 받아 오냐, 국무총리 주재

회의를 6월 11일로 소집해 놓았는데 정통부 체면은 어찌되느냐, 석호익 능력이 그것밖에 안 되느냐고 면박도 주며 어찌됐건 장관 결재를 받아오라고 다그쳤다.

사무실로 돌아온 나는 이 장관의 의도를 알기 위해 지시사항을 큰 항목부터 순서대로 정리했다. 그런 후 정 과장과 담당 사무관을 불러 항목별로 내용을 잘 아는 연구소 등의 전문가를 차례로 소집토록 했다. 5월 24일 석가탄신일을 포함하여 연휴 5일간 거의 밤을 새다시피 해서 장관 지적 사항을 보완하고 나니 일요일 늦은 오후가 되었다. 다음 주 장관의 일정을 알아보니 보고드릴 시간이 마땅치 않았다. 그래서 장관에게 전화를 해 지금이라도 장관 댁을 방문해서 보고드리겠다고 했더니 피곤도 하고 손님이 와서 어려우니 사무실에서 보고받겠다고 했다. 다음 주 화요일, 정 과장과 함께 장관을 찾아가 어떻게 보완했는지를 보고하면서 이렇게 말했다.

"정보화기획실 발족 이후에 확정하는 것이 좋겠다고 말씀하셨지만 이미 관계부처와 실무협의가 완료되었고 차관회의와 자문회의를 거쳐 위원회 상정만 남겨놓은 상태입니다. 그러니 계획안을 확정하고 보완사항이 있으면 동 계획을 수정하는 것이 정보화촉진기본법의 취지에도 맞고 이 작업을 해온 공무원을 포함, 기존 전담 조직도 배려하는 것일 겁니다."

이 장관은 서문을 읽더니 조금 나아지기는 했다고 말하고는 계획안을 대충 훑어봤다. 그리고 나서 장관 결재란에 커다랗게 V자로 체크를 하더니 회의 탁자에서 일어나서 책상으로 자리를 옮겼다. 나는 얼른 따라가서 "장관님, 체크가 아니라 사인을 해주십시오" 했다. 이 장관은 힐끗 나를 쳐다보더니 약간 미간을 좁히며 "마음에 안 들어" 하면서도 V자 옆에 조그마하게 서명을 해주었다.

그래서 제1차 정보화기본계획(안)의 결재 문서에는 장관 결재란 중앙에 커다란 V자와 옆에 조그만 서명이 영구히 남게 되었다.

초고속정보통신망도 이 장관의 지적 사항을 보완하여 모든 가입자를 획일적으로 광케이블로 연결한다는 당초 계획에서 초고속 가입자망의 기술 발전과 인터넷 확산 등을 반영해 광케이블뿐만 아니라 기존의 값싼 전화선, 무선망, 케이블 TV망과 위성, 해저케이블 등 모든 기술과 망을 활용하여 경제적이면서도 효율적으로 구축토록 했다.

내가 정책심의관으로 발령받았을 때는 정보화촉진기본법에 의거, 정보통신정책실 주관으로 정통부의 거의 모든 실·국이 동원되어 '정보통신산업발전종합대책' 수립 작업을 하고 있었다. 이 장관은 정보통신부만 아니라 모든 부처가 망라된 지원 대책을 수립하도록 지시했던 것이다.

정보통신산업을 육성하기 위해 정통부가 할 수 있는 일은 첫째 기술개발과 표준화 지원이었다. 특히 정보화촉진기금을 활용해 대학·연구소 등에 출연할 수도 있고, 직접 기업에 출연 또는 투·융자해 주거나 공동연구를 하게 할 수도 있다.

두 번째는 인력양성과 지원으로, 대학에 특정 과를 만들어 인재를 육성하거나 해외연수 등 특정 인력 양성 프로젝트를 만드는 것이었다. 정통부가 다른 부처의 협조를 얻어 할 수 있는 것으로 병역특례요원을 좀 더 많이 확보해서 중소 벤처기업에 배정하는 것 등이었다.

세 번째는 자금지원으로, 특히 중소기업에 대한 융자 출연 등이었다. 이 장관은 정통부에서 우리 부처 힘으로 할 수 있는 대책만 수립하려는 자세를 못마땅하게 여겼다. 그래서 그전에 몸담았던 다른 부처, 특히 경제기획원과 곧잘 비교하며 정통부 공무원들을 독려하곤 했다.

중소 벤처기업을 육성하기 위해서는 미국의 나스닥, 일본의 자스닥같이 우리나라도 코스닥을 만들어 활성화하고 스톡옵션 제도를 도입하는 것은 물론, 교육 관련 법령도 개정해서 대학 내에서 대학교수가 직접 창업도 할 수 있고 기업 경영에도 참여할 수 있게 제도를 개선하라는 것이었다.

당시만 해도 나스닥·자스닥이나 스톡옵션은 우리나라로서는 낯선 제도였다. 그러나 미국에서 경제학을 공부한 이 장관은 이러한 제도들이 중소 벤처기업을 육성하는 데 중요하다고 생각했다. 이 장관은 수시로 정통부 업무 범위를 벗어나 금융·세제 등 거시경제에서 교육 부문까지 거론하며 직원들을 다그쳐서 '저분은 여기가 정통부가 아니라 경제기획원이라고 생각하나'라고 생각했을 정도였다.

일반적으로 기관을 통솔하는 장들은 각자 자기가 맡은 일에만 전념하는 담당자들보다 바라보는 시야가 훨씬 넓다. 더구나 이 장관은 다른 사람들이 따라가기 힘들 만큼 생각이 앞서 있을 뿐 아니라 그 생각을 현실화할 수 있는 추진력도 가진 분이었다. 장관이 원하는 것이 정보통신부의 전문분야를 넘어 경제기획원·재무부·교육부 등 전 부처 법령제도를 개편해서라도 폭넓은 '정보통신산업발전종합대책'을 수립하라는 지시로 받아들이고 나는 정보통신은 물론 이 장관이 관심을 가지고 있는 문제에 대해서 공부를 하기 시작했다.

그중에서 이 장관이 자주 거론하던 스톡옵션에 대해 좀 더 깊이 알려 했지만 아직 생소한 제도여서인지 전문가라고 할 만한 사람을 찾기가 쉽지 않았다. 수소문 끝에 도움을 줄 만한 사람을 어렵사리 찾았다. 서울대 조동만 교수와 KDI의 모 박사였다.

나는 스톡옵션에 대해 공부하며 미국 나스닥 시장과 일본 자스닥 시장은 물론 선진국의 주식시장에 대해서도 연구·조사했다. 주식을 깊이 이해하면서 중소기업이 자금을 조달할 수 있는 방법으로 주식 발행이 최선이라는 생각을 하게 되었다. 그러기 위해서는 우리나라에도 나스닥·자스닥처럼 코스닥이 도입되어야 하고 주식장외시장 제도를 운용할 필요가 있었다.

그래서 나는 이를 중소기업 육성대책에 포함시켜 장관에게 보고했다. 이러한 논의가 진행되던 중 우리나라에도 마침내 1996년 7월 1일 증권업협회에 의해 코스닥 시장이 개장되었다. 그동안 증권거래소 상장을 위한 예비적 단계에 머물렀던 장외시장이 자금조달시장 및 투자시장으로서 증권거래소와 대등한 독립적 시장으로서의 역할을 수행하게 된 것이다. 그 결과 중소기업의 자금조달이 쉬워져 이후 벤처산업의 전성기를 가져오기도 했다.

나는 주식의 액면가를 폐지하자는 안도 내놓았다. 당시 액면가는 무조건 5000원으로 정해져 있었는데, 이 제도대로라면 아무리 좋은 사업 아이템을 가진 사람이라도 창업을 하려면 돈도 그만큼 있어야만 했으므로 정보산업처럼 아이디어가 중요한 산업에 걸림돌이 될 수밖에 없었다. 그러나 액면가를 폐지하면 아이디어와 우수한 기술을 가진 사람은 무액면가의 주식을 50% 소유하고 나머지는 시장에서 자금을 조달해 사업성의 가치만큼 대주주가 될 수 있다.

하지만 이 안은 상법 논리에 어긋난다고 해서 받아들여지지 않았다. 대신 주식분할제도가 마련되었다.

스톡옵션 제도도 1996년 증권거래법이 개정되면서 정식으로 우리나라에 도입되었다. 이 제도는 우리나라에 미친 경제적 의미도 크지만 내게 아주 특별한 의미가 있다.

이 장관이 청와대 경제수석으로 자리를 옮기고 후임으로 강봉균 장관이 온 후, 중소 벤처기업을 육성하기 위해서 스톡옵션 제도 도입이 필요하다고 대통령에게 보고한 적이 있었다. 현재는 대통령에게 올리는 보고서에 외국어를 마음대로 쓰지만 문민정부 시절만 해도 우리말로 번역해서 쓰는 것이 관례로 되어 있었다. 그래서 보고서를 쓰기 위해서는 스톡옵션을 설명할 수 있는 단어를 새로 만들어내야만 했다. 그때 만든 단어가 '주식매입선택권'이었다. 나는 스톡옵션을 '주식매입선택권'이라 쓰고 괄호 안에 스톡옵션이라고 썼다. 대통령에게 올리는 보고서에 처음으로 이 단어가 사용된 이후, 지금 주식매입선택권은 공식 증권 용어로 쓰이고 있다. 증권 쪽 전문가들은 스톡옵션의 의미가 그대로 살아 있는 매우 적절한 용어라고 평가해 주었다.

또 하나 이 장관은 교육법도 바꾸어야 한다고 주장했다. 그때까지만 해도 교육공무원법에 따라 대학교수는 영리행위를 할 수 없었다. 기업에 자문을 해주고 자문료는 받을 수 있지만 기업의 비상임이사가 된다든지 할 수는 없었다. 하지만 정보통신 쪽은 아이디어로 승패가 갈리므로 교수나 전문가들의 아이디어를 정보통신과 접목시킨다면 정보통신은 분명 발전할 수 있었다. 정보통신 쪽 기업은 큰 자본이 드는 것도 아니고 많은 시설이 필요한 것도 아니었다. 그만큼 부침도 심하지만 움직임이 가벼우므로 교수 같은 우수인력이 한 번쯤 모험을 걸어 볼 만했다.

이 장관이 경제수석으로 간 이후에도 나는 이 장관의 뜻을 받들어 일을 계속 진행해 학교 내 창업 행위와, 하프타임으로 일을 할 수 있도록 교수들에게 길을 열어 주어야 한다는 보고서를 작성해서 올렸다.

당시 그 법은 입안까지 된 것으로 아는데 시행된 것은 정권이 바뀌고도 한참 지난 2000년 7월 19일 조웅규 의원이 대표 발의한 교육공무원법 중 개정법률안과 2002년 5월 14일 정부가 제출한 교육공무원법 중 개정법률안이 각각 215회 정기국회에 상정되어 2002년 12월 5일 교육공무원법 제19조 2에 '영리업무 및 겸직금지에 관한 특례' 규정이 시행되면서였다.

1996년 8월 강봉균 장관이 부임한 후 정보통신산업 발전종합대책에

■ 1997년 한국정보과학회가 주관한 24회 임시총회 및 춘계 학술발표회에 참석했을 때.

대한 논의가 더욱 활발해졌다. 특히 시안을 보고받은 강 장관은 1996년 10월부터 11차에 걸쳐 직접 장관 주재 하에 정보통신기기, 소프트웨어 및 SI, 콘텐츠, 부가통신, 통신사업 등 5대 분야별 토론회를 개최하여 업계와 재정경제원 등 정부 부처의 의견을 수렴했다. 그리하여 12월 6일 경쟁력강화추진위원회에 안을 상정, 정부 계획으로 확정했다.

종합계획은 ① 안병엽 정보화기획실장과 진동수 국장, 이성해 통신지원국장, 공종렬·형태근·이규태 과장, 송유종·김용수·양환정 계장을 중심으로 작성한 국가사회 정보화 촉진, 초고속망 구축, 통신사업 경쟁확대 등이 포함된 '정보통신 수요 확충 기반', ② 김창곤 기술심의관 중심으로 류필계·신용섭·김원식·최명선·김호 과장, 남준현 계장 등이 작성한 '전략적 정보통신기술 개발', ③ 범정부 차원의 인력양성 체계 정립, 정보통신대학원 설립, 기존 정보통신 관련 대학 지원 확대 등이 포함된 '정보통신 전문인력 양성', ④ 정보통신자금 지원 확충, 기술담보제도 도입, 주식장외시장 활성화, 스톡옵션 재활성화, 세제지원 확충 등이 포함된 '정보통신 중소기업 육성대책', ⑤ 주로 김호 정보통신진흥과장과 조을래·윤기태·강석원·김정렬 계장이 중심이 되어 시스템공학센터SERI 등의 연구소·업계 등 전문가가 공동으로 작성한 인력양성과 기술개발, 소프트웨어 정품 사용 확대, 소프트웨어 공제제도 도입, 소프트웨어 지원센터 설치 및 확충 등이 포함된 '소프트웨어산업 중점 육성', ⑥ 형태근 정보통신정책과장, 석제범·이창희 계장 등과 이성해 정보통신지원국장 등이 중심이 되어 작성한 통신사업 경쟁체제 구축, 통신사업 공정경쟁 확보, 통신위원회 개편, 정보통신 규제완화, 요금정책 방향과 한국통신 경영혁신 등이 포함된 '개방화에 대비한 통신사업 경쟁체제 구축', ⑦ 천조운 전파방송관리국장, 형태근 정보통신정책과장이 중심이 되어 작성한 위성사업 경쟁체제 구축, 통신방송 융합 대처방안 등이 포함된 '위성사업의 활성화 및 통신방송 융합에의 대처', ⑧ 서영길 국제협력관 등이 주축이 되어 작성한 '정보통신산업 해외진출' 확대 등으로 구성되어 있었다.

그야말로 범정통부·범정부 차원의 종합대책으로 후일 우리나라를 정보통신 일등 국가를 만드는 데 크게 기여했다고 자부한다. 종합대책을 수립하는 과정에서 소프트웨어개발촉진법을 개정하고, 현재 정보통신산업진흥원의 전신인 소프트웨어지원센터·소프트웨어공제조합을 설립했는가 하면, 소프트웨어 육성 종합대책도 수립했다. 당시 김호 정보통신진흥과장, 조을래·윤기태·강석원·김정렬·김꽃마음 계장 등과 시스템공학센터의 이단형 박사 등의 헌신적인 노력이 있었다.

우리나라 벤처기업들에 대한 기술 담보 융자가 잘 이루어지지 않는 것은, 만약 도산이나 예측 못한 원인으로 해당 기업이 융자금을 갚지 못할 경우 마지막으로 집행을 한 공무원과 은행원 등이 책임을 져야 하기 때문이다. 우리나라의 모든 법은 고의건 중과실이건 동일한 범법으로 취급되어 같은 형벌을 받게 돼 있었다. 그러니 불확실한 미래에 대한 도전을 꺼릴 수밖에 없다. 소프트웨어개발촉진법은 이를 구분하여 고의인 경우는 죄를 묻지만 중과실은 죄를 경감하고, 경미한 과실은 아예 죄를 묻지 않을 수 있도록 했다.

이 개정안을 입안했을 때 많은 법률 전문가와 법제처, 심지어 국회 법사위원회까지 유례가 없는 규정이라며 반대가 심했다. 하지만 나는 우리나라의 열악한 소프트웨어산업을 육성하기 위해서는 불가피하다고 설득했고, 마침내 이 주장이 받아들여져 우리나라에 일찍이 유례가 없는 법조문으로 남게 되었다.

또한 당시 계속되는 경제위기를 극복하기 위한 방안의 하나로 정보통신산업 중 가장 부가가치가 높은 소프트웨어산업을 육성하기 위해 창업에서부터 기업의 성장·확장 단계까지 원-스톱one-stop으로 지원하는 체계를 구축했다. 정보화촉진기금에서 소프트웨어 최신 기술에 대한 투자를 계속 확대하는 한편, 소프트웨어공제조합을 설립해 자금대여·채무보증·이행보증·투자 등의 방법으로 첨단기술력을 가진 소프트웨어 기업의 자금 문제를 해결할 수 있도록 한 것이다.

뿐만 아니라 1996년 12월 4일 컴퓨터그래픽 제작 등을 위한 공용장비 지원과 소프트웨어 종합정보 제공, 창업보육시설 및 경영지도 등을 종합적으로 지원하기 위해 소프트웨어지원센터를 개소했다.

소프트웨어 기업의 경우, 제품을 국내외에 홍보할 수 있는 마케팅 기회가 많지 않았으므로 '97소프트엑스포 운영위원장을 맡아 아시아권 최초의 소프트웨어 종합전문전시회를 기획하기도 했다. 여의도 중소기업 종합전시장에서 열린 전시회는 첫 행사임에도 불구하고 김영삼 대통령을 비롯해 200여 개의 기업과 5만여 명의 관람객이 참가하여 큰 관심을 모았다.

내가 정보통신 업무를 경제 전반으로까지 확대해서 정책 입안을 했던 것은 당시 지나치다 싶을 만큼 혹독했던 이 장관의 질책 덕분이었다고 생각한다. 툭툭 대들기나 잘 하는 나는 그리 마음에 드는 부하 직원은 아니었을 텐데, 그 이후로 지금까지 겉으로 드러내지는 않지만 늘 관심을 가져주고 챙겨주는 이 장관의 속 깊은 마음을 너무도 잘 알고 있다.

박 재 윤 _ 전 경제수석·재무부 장관·통상산업부 장관·부산대 총장

역시 옛날의 석 과장답다는 생각이 듭니다. 저와 관련하여 많은 지면을 할애해 주시고 또 과분하게 좋은 얘기를 많이 해주셔서 감사드립니다. 우리나라 정보통신화의 산 역사가 될 명저가 조속히 출간되기를 기대합니다.

송 언 종 _ 전 내무부 차관·전남도지사·체신부 장관
현 21세기종합법률사무소 변호사

무더운 날씨에 글 쓰시느라 수고 많습니다. 잘못되거나 수정할 부분은 발견하지 못했습니다. 최대한 진실에 충실하도록 노력하시길 바라며, 건강과 행운을 기원합니다.

경 상 현 _ 전 전자통신연구원장·한국전산원장·초대 정통부 장관

뜻 있고 훌륭한 기록이 되리라 믿으며 조만간 출판을 고대합니다. 건투를 빕니다.

신 윤 식 _ 전 체신부 차관·데이콤 사장·하나로통신 회장

내용이 훌륭해서 지적할 것은 없으나 제네바에는 곽치영 상무후에 데이콤 사장, 국회의원를 대동하고 갔지요. 나는 그때 이인학 국장과 석호익 과장에게 섭섭했던 기억이 납니다. 내가 차관을 끝내고 이응효 데이타통신주식회사 사장

후임으로 가서 회사 이름을 '데이콤'으로 고치고 통신 독점을 깨고 첫 경쟁 사업으로 국제전화를 하게 되어 외국 VIP들과의 접촉이 필요했습니다. 그래서 ITU 사무총장과 오찬 계획을 세워 영국 유명한 변호사에게 부탁을 하여 어렵게 오찬 약속을 잡았습니다. 장관이 함께 하면 더 좋겠다는 생각이 들어 이인학 국장에게 요청했더니 대사와 함께 교포와의 오찬 약속이 있어서 안 된다며, 사무총장이 워낙 바빠서 불가능할 것이라며 거절했습니다. 석 과장도 그랬고 ……. 밤에 호텔로 송 장관님을 찾아뵈었습니다. 장관은 사무총장과 관계 직원을 장관이 호스트 자격으로 초청해서 점심을 한다는 데 상당히 흥미를 느꼈으나 이 국장, 석 과장, 스위스 대사가 못마땅해하던 표정이 지금도 눈에 선합니다.…… 그 이후 IMT-2000 사업에서 하나로통신을 탈락시킨 일도 있고 해서 석 과장에 대해 감정이 좋지 않았지요.

달리 본 것은 하나로통신에서 물러난 후 유비쿼터스 농촌포럼을 만들어 일할 때입니다. 점심 초청을 했더니 과장 몇 사람을 데리고 나와서 "이런 사업은 어렵지만 좋은 사업이므로 하겠다는 사람이 있을 때 적극 도와야 한다. 이 힘든 일을 더구나 선배들이 하려고 한다니 밀어 드려야 한다"고 말해 가슴 뭉클함을 느꼈습니다. KT로 옮기신 후 일 등, 지금은 내가 본 그 많은 후배 중에서 가장 고맙게 생각하는 두 분 중 한 사람이 되었습니다.

윤 창 번 _ 전 정보통신정책연구원장·하나로통신 사장, 현 김앤장 고문
제네바에서 송 장관님이 만나기로 되어 있던 분은 이란 장관이었습니다. 12시에 만나기로 되어 있었는데 송 장관님 일행은 12시 5분경에 호텔에 도착하셨고, 이란 장관팀도 송 장관님이 도착하시기 5분 전에 호텔에 도착했습니다. 호텔 2층 에스컬레이터 앞 로비에서 대기하고 있던 제가 자연스럽게 이란 장관팀을 먼저 만났는데, 그들이 조금 늦겠다고 하기에 여유 있게 오시라고 해서 결과적으로는 송 장관님이 먼저 기다리실 수 있게 됐습니다. 송 장관님께서 이인학 국장께 힐난하셨던 자리에는 송 장관님, 이 국장님, 석 부회장님과 제가 있었습

니다. 신윤식 사장님이 잠시 계셨다가 일어나셨고, 제가 분위기가 어색해서 일어나려 했더니 송 장관님께서 앉아 있으라고 해서 곤란했던 기억이 새롭습니다. 돌이켜 생각해 보니 예전 일이 정말 어제 일같이 느껴집니다. 참 많은 일 하셨습니다.

유 대 선 _ 방송통신위원회 과장

내용은 몇 번에 걸쳐 보았으나 고칠 내용이 없습니다. 읽으면서 저도 많은 것을 새로 알게 됐습니다. 언제라도 필요하시면 연락을 주십시오.

박 석 지 _ ETRI 연구위원

격변의 IT 분야와 성장을 함께하신 것이 느껴지고, 솔직하게 써내려간 것이 마음에 그대로 전달되는 것 같습니다. 당시 상황, 입장이 그대로 전달되는 것 같습니다.

김 원 식 _ 전 정통부 정보화기획실장, 현 한국정보통신기술협회 회장

그동안 그냥 지나쳤던 내용의 결정 과정을 새로 알게 되었습니다. 향후 기록을 위해서도 글을 잘 쓰셨다고 생각합니다. 특히 벤처산업과 관련한 의사결정 과정이 잘 묘사되어 있습니다. 우리나라를 정보통신 강국으로 만드는 과정이 잘 나타나 도움이 많이 될 것 같습니다.

김 호 _ 전 경북체신청장, 현 한국디스플레이산업협회 부회장

15년 넘게 지난 일인데 내용이 잘 정리된 것 같습니다. 하시는 일이 모두 잘 되길 기원합니다.

김꽃마음 _ 방송통신위원회 과장

제가 정보통신부 정보통신진흥과에서 근무를 하던 1997년도여서 우리 과를 중심으로 일어난 일에 대해 몇 가지 적어 보았습니다. 도움이 되셨으면 좋겠습니다.

6부
방송의 신기원

1993년은 이 점에서 우리나라만이 아니라 세계 방송통신사에 중요한 해였다. 방송 방식이 디지털로 정해지자 기존의 방송 기술이나 장비들이 그에 맞춰 새롭게 개발되면서 그해에 서비스를 시작할 수 있을 정도의 능력까지 갖추게 되었던 것이다. 이듬해인 1994년에 미국 다이렉트 TV가 디지털 위성방송을 시작했으니, 우리나라가 세계에서 가장 빠른 디지털 위성방송 송출 기록을 세울 수 있는 절호의 기회였다. 그러나 우리는 그 기회를 놓치고 말았다. 두고두고 아쉬움이 남는 일이 아닐 수 없다.

아날로그에서 디지털 위성방송으로

세계 방송시장을 선점할 수 있는 기회를 놓치다

우리나라가 정보통신 강국이 된 것은 여러 가지 이유가 있겠지만 다른 나라보다 한 발 앞서 수립한 정책의 영향이 매우 크다고 본다. 후발주자는 앞선 제도나 기술 등을 기준으로 삼을 수밖에 없으므로 먼저 시작하는 것이 그만큼 중요하다. 방송은 그 파급효과 때문에 미치는 영향력이나 경제효과가 더 클 수밖에 없다. 현재는 거의 모든 방송이 디지털로 바뀌는 게 당연시되지만, 이 디지털 정책과 기술을 가장 먼저 시작한 나라가 바로 우리나라다.

스포츠 기록은 언제나 깨질 수밖에 없지만 디지털 방송 세계 최초 국가라는 기록은 영원히 깨지지 않을 세계신기록이 될 수 있었다. 기록 그 자체의 의미뿐 아니라 후발주자들은 먼저 시작한 방식을 따르게 마련이므로 우리가 만든 방식의 중계기·안테나·셋톱박스 가전이 세계시장을 휩쓸게 될 것이기에 그 부대적인 산업 효과 또한 무궁무진할 수밖에 없다. 그러나 우리는 안타깝게도 그 기회를 놓치고 말았다.

기록상으로 보면 나는 방송과장을 아홉 달 동안 근무한 것으로 되어 있다. 그러나 1992년 7월 27일자로 발령받고도 한동안 이동통신 뒷마무리 작업을 했고, 서류상으로는 다음 해 4월 17일 들어간 것으로 되어 있는 청와대는 그전 해 11월에 들어가 사전근무를 했으니 방송과장으로 근무한 것은 사실 서너 달밖에 되지 않는다.

1992년 9월 방송과장이라는 나의 자리를 찾아갔을 때는 이미 위성방송 도입이 예정되어 있었고, 방송 방식은 아날로그로 결정된 상태였다. 그때까지만 해도 세계적으로 아날로그가 대세였으므로 당연하다고 할 수 있었다. 하지만 정보통신 세계에서는 언제나 한 발 앞서야 한다고 생각하고 있던 나는 방송과장 자리에 앉는 첫날부터 디지털로 해야 한다고 주장했다. 이미 정해진 정책 방향을 바꾸자고 한 것이다.

당시 일반 유선전화는 아날로그였던 교환기·전송로 등이 이미 디지털화되었고, 이동통신도 디지털로의 전환을 선언한 터였다. 전 세계 어떤 나라도 방송을 디지털로 전환한다는 국가는 아직 없었다. 하지만 나는 언젠가는 디지털로 바뀔 것이라는 확신을 갖고 있었다.

앞서려면 모험을 해야 했지만 그에 따른 위험부담이 매우 클 수밖에 없는 것이 공무원이라는 조직이다. 성공 보수는 기대하기 어렵지만 실패했을 경우에는 가혹할 만큼 심한 응징을 각오해야 했다. 인사상 불이익은 물론 여론의 질타, 심하면 법적 책임까지 져야 했다. '복지부동'이라는 말이 나올 수밖에 없었지만 그것이 현실이었다.

그러다 보니 남이 지나간 안전한 길만 찾아다니거나 위험성이 따르는 일에는 슬쩍 몸을 뺐던 사람들이 원만한 인품으로 평가받고 오점 하나 남기지 않은 훌륭한 인물로 알려져 승승장구하게 되는 모순이 흔히 있었다. 하지만 나는 그것을 가치관의 차이라고 생각했다. 왜냐하면 적어도 본인만은 자기 자신을 알기 때문이다.

이때도 나는 모험이 필요하다고 생각했다. 디지털화는 반드시 오게 마련인 분명한 미래였다. 하지만 다른 나라도 하지 않는 것을 먼저 시작하기에는 그만큼 위험부담도 컸고, 자칫 실패하면 일을 추진하려 했던 관계 공무원 모두 문책을 당할 수도 있었다.

　당시 방송과에는 행정고시 출신의 천창필 사무관이 수석계장, 기술고시 출신의 서석진 계장과 유웅곤 계장이 TV와 방송 라디오의 허가 업무를 나누어서 하고 있었다. 나는 부임 즉시 천 계장과 서 계장을 허가 업무에서 손을 떼게 하고 유 계장에게 일을 몰아주었다. 대신 천 계장에게는 전 세계 방송정책 동향과 정책을, 서 계장에게는 방송기술 개발과 방송산업 육성 정책을 연구해서 정책과 기본계획을 수립토록 했다.

　나름대로 열심히 일하고 있던 그들은 뒤늦게 나타난 내가 그러잖아도 낯선데 업무 내용마저 바꾸려 들자 처음에는 반감을 보였다. 천 계장과 서 계장은 너무 막연해서 국·과장께 보고할 만한 게 없다는 이유로, 유 계장은 지금도 공휴일 없이 출근하는데 도저히 업무량을 감당할 수 없다고 반대했다. 그러나 나는 천 계장과 서 계장에게는 할 일이 없으면 놀아도 좋으니 시키는 대로 해보라고 했고, 유 계장에게는 일이 많으면 당신과 당신 직원이 할 수 있는 만큼만 하고 나머지는 체신청이나 전파연구소 또는 전파감시소로 업무를 이관하라고 했다.

　그들은 능력이 뛰어난 사람들이었다. 일단 업무분장이 이뤄지자, 천 계장과 서 계장은 정말 무無에서 유有를 찾는다는 각오로 본격적으로 일을 찾아 나섰다. 다른 나라 자료도 수집하고 각계 전문가의 의견도 들어서 나와 이인학 국장에게 보고했다. 또한 유 계장은 단순 집행 업무는 현업 기관에 이임하여 업무를 효율화했다. 이들 계장의 보고를 받으며 나는 방송을 디지털로 전환해야 한다는 신념을 더욱 강하게 다졌다.

　장기적인 관점에서 아날로그는 문제가 있으니 디지털 방식으로 변경해야 한다는 나의 의견에 이 국장은 동조해 주었으나, 문제는 통신정책실에서 결정한 일이니만큼 정책실과 협의해야 한다고 했다. 위성방송 방식은 전파관리국 방송과가 아닌 통신정책실의 문영환 국장이 주관해

왔던 것이다.

문 국장은 탐탁해하지 않았다. 그도 그럴 것이 고참 국장이 주관해서 정부 정책으로 이미 결정한 사항을 나이도 어리고 기술적 지식과 경험도 일천한 과장이 뒤늦게 나타나서 왈가왈부하는 것이 마땅할 리 없었다. 게다가 이미 많은 토론 과정을 거치면서 아직은 아날로그 방식으로 하는 게 옳다는 소신도 가지고 있었다. 문 국장 대신 통신정책실장을 설득하는 수밖에 없었다.

당시 통신정책실장은 박성득 실장이었는데, 그를 찾아가 내 생각을 말했다. 박 실장은 기술고등고시 출신으로 한국전기통신공사가 분리된 후 체신부 기술직의 대부로 존경을 받고 있던 분이었다. 인품도 온화해 대인관계가 원만했는데, 기획관리실장을 거친 후 정통부 차관으로 퇴직한 후 전산원장 등을 지냈다.

"위성방송은 디지털로 시작하는 것이 옳을 것 같습니다."

"디지털은 아직 개발도 덜 된 상황 아니오? 기기나 기술적인 면을 고려해 봐도 지금으로서는 안전하게 아날로그로 가는 것이 옳을 거요. 모두 머리 맞대고 의논 끝에 결정한 거요."

"그 속에 방송과장의 의견은 포함되어 있지 않은 거 아닙니까."

"그거야 당신이 다른 일 하느라 못 온 거지."

"이제라도 왔으니 제 의견을 들어주십시오. 결정만 되었지 아직 시작한 것은 아니지 않습니까."

"왜 그래야 한다는 거요? 일본도 그렇고 아날로그가 세계적 추세인데."

일본만이 아니라 유럽도 아날로그 방식을 채택하고 있었다. 미국에서만 디지털 방송이 논의되고 있었다. 그때까지만 해도 우리나라의 통신 방식은 일본을 많이 답습하고 있어 다른 방식을 택하게 되면 위험부담이 커질 수밖에 없었다.

■ 1995년 미국 플로리다 주 케이프타운 공군기지에서 실시된 무궁화 1호 위성 발사 당시.

"그리고 어느 것에 우선순위를 두어야 하는지도 생각해 보게. 지금은 처음 시작하는 위성방송의 성공이 더 중요한 거 아닌가. 성공 여부도 불확실한 마당에 또 다른 위험부담까지 안는다는 것은 모험이네."

"어차피 첫 시작이니 이럴 때 처음부터 디지털화하는 게 나을 겁니다."

박 실장은 나를 이해시키려 했다.

"언젠가 디지털화가 될 거라는 것은 나도 아네. 하지만 그것은 한참 먼 뒷날의 이야기이고 아직 사람들의 공감대도 형성되어 있지 않기 때문에 지금 디지털화하게 되면 저항이 만만치 않을 걸세."

"현재 칭찬 듣는 거로 보면 아날로그로 하면 더 많이 들을지 모르지요. 그러나 먼 훗날에는 디지털로 바꾼 것이 더 잘했다는 칭찬을 듣게 될 것입니다."

칭찬이라는 표현이 우스운지 박 실장이 웃었다. 나는 더욱 강하게 밀고 나갔다.

"우리나라가 한 발 앞서가자는 겁니다. 앞서 나간다는 것이 힘들다는 것은 압니다. 하지만 조만간 미국도 100퍼센트 디지털로 갈 거라고 생각합니다. 그러면 결국 일본도 뒤따라갈 수밖에 없습니다. 소통 방식이 바뀌면 기기나 기술, 모든 것이 바뀌게 될 게 아니겠습니까. 그때 가서 바꾸지 말고 지금부터 디지털로 가자는 거죠. 늘 다른 나라의 뒤를 쫓지 말고 출발점에 서 있는 이 기회에 앞장서 보자는 겁니다."

마침내 박 실장이 한 발 물러났다.

"방송 방식에 관한 것은 방송과장의 일이니 석 과장을 한번 믿어 보지."

그렇게 해서 실·국장께 어느 정도 내락을 받자 윤동윤 차관에게 보고했다. 윤 차관은 쉽게 내 의견에 동조했다.

"무슨 말인지는 알겠소. 그러나 체신부에서 이미 결정한 중요한 정책을 스스로 뒤집는 것은 모양새도 좋지 않고 정권 말기라서 더더욱 부담스러우니 일단 결정을 보류했다가 새 정권 하에서 다시 논의해 봅시다."

대통령선거가 코앞에 있을 때라 위험부담이 있는 정책은 결정을 뒤로 미루자는 것이었다. 그러나 나는 아날로그 방식을 막는 게 목적이 아니고 하루라도 빨리 디지털 방식으로 방송을 해서 세계시장을 선점해야 한다고 생각했기에 미루면 안 된다고, 그러면 늦다고 말했다. 나의 고집으로 시작한 일이지만 일단 결정된 정책을 바꾸는 일이므로 자칫하면 오해가 생길 수도 있었다. 그래서 산·학·연 전문가들로 위원회를 만들어 건의하는 방식을 취하기로 했다. 윤 차관이 추천한 위원장은 전문지식도 있고 추진력도 있는 연세대 박한규 교수였다.

나는 곧 박 교수의 자문과 통신정책실 박영일 국장, 그리고 박성득 실장이 추천해 준 인사들로 위원회를 발족시켰다. 위원회에는 한국통신의 황보한 위성사업단장을 비롯해 전자통신연구소, 각 대학교 교수, 삼성과 LG 등 업계 전문가들이 대거 참여했는데, 다행히 위원회에서도 나의 의견을 받아들여 주었다.

　그렇게 해서 마침내 아날로그로 출발할 뻔한 위성방송 방식이 디지털로 바뀌게 되었다. 1993년은 이 점에서 우리나라만이 아니라 세계 방송통신사에 중요한 해였다. 방송 방식이 디지털로 정해지자 기존의 방송기술이나 장비들이 그에 맞춰 새롭게 개발되면서 그해에 서비스를 시작할 수 있을 정도의 능력까지 갖추게 되었던 것이다. 이듬해인 1994년에 미국 다이렉트 TV가 디지털 위성방송을 시작했으니, 우리나라가 세계에서 가장 빠른 디지털 위성방송 송출 기록을 세울 수 있는 절호의 기회였다.

　그러나 우리는 그 기회를 놓치고 말았다. 1993년에 이미 디지털 기술 개발을 다 해놓았건만 디지털 방송을 시작한 것은 자그마치 10년이나 지난 2003년이었다. 기술 개발이 다 되었던 그때 시작했더라면, 아니 적어도 1994년 상반기에만 시작했더라면 우리나라는 '디지털 위성방송을 세계 최초로 실시한 나라'라는 세계신기록을 가질 수 있었으련만 공보처·체신부·통신산업계와 방송계의 의견이 맞지 않아 결국 밀리고 만 것이다. 그 바람에 우리나라보다 한 해 늦은 1994년에 디지털 위성방송을 시작한 미국의 방식이 표준이 되어 버렸다. 우리나라가 세계 방송시장을 선점할 수 있는 절호의 기회를 날려 버린 셈이다. 두고두고 아쉬움이 남는 일이 아닐 수 없다.

통합방송법과 방송개혁위원회

방송의 새로운 지평을 열다

"정책은 정부가 세우는 게 아닙니까"라는 말을 채 끝내기도 전에 사방에서 나를 향해 비난이 쏟아졌다.

"정부가 정책을 세우다니, 그러면 정부가 국민 위에 있다는 거요?"

"그러니 공무원들이 욕을 먹지, 정권의 심부름꾼 역할만 하려 드니……."

1997년 말 15대 대통령으로 당선된 김대중 대통령 앞에는 처리해야 할 일들이 산적해 있었다. 그중에서 시급하면서도 논란이 많았던 문제가 통합방송법 제정이었다.

통합방송법은 1990년대 들어 통신과 방송의 융합이 학계에서 논의되면서 제기되기 시작했는데, 1995년 방송용 중계기가 탑재된 무궁화 위성의 발사로 위성방송사업을 허가하기 위한 근거가 필요해지면서 본격적으로 논의되었다. 그러나 이 사업에 대기업과 언론사의 진출을 허용할 것인지 여부가 이슈로 되면서 언론노조를 중심으로 언론시민단체에서 강력하게 반대하고 나섰다.

그동안 언론시민단체와 비교적 이념을 같이했던 김 대통령은 당선되자 곧바로 통합방송법 제정 작업을 수면 위로 올렸다. 그러나 저항은 여

■ 1998년 방송개혁위원회 실행위원으로 일할 당시, 김대중 대통령을 만나 악수하고 있는 모습.

　전히 거세서 여당이 된 새정치국민회의가 1998년 5월부터 통합방송법안을 만들어 정기국회에 상정하려 했지만 방송사업자와 언론시민단체의 반발로 포기할 수밖에 없었다.
　해결 방안을 찾던 국민의 정부는 1998년 12월 1일부터 1999년 2월까지 3개월간 한시적으로 방송개혁위원회를 운영하겠다고 발표했다. 이 위원회는 우리나라 방송사에 빼놓을 수 없는 중요한 계기를 마련, 이후 우리나라 방송의 큰 흐름이 여기서 잡혔다고 해도 과언이 아니다.
　국민의 정부는 이 위원회에서 국민적 논의를 위해 노사정위원회를 구성하여 방송계의 구조조정을 비롯해 방송이 안고 있는 총체적 문제를 다룰 것이라면서, "특히 시민단체들의 의견들이 많이 반영될 것"이라고 발표했다.
　당시 야당인 한나라당이 불참한 상태에서 강원룡 위원장 아래 교수 3인, 국회의원 2인, 방송 규제기구 대표 2인, 시청자 대표 1인, 변호사

1인, 기타 4인 등 총 14명의 위원들로 구성된 위원회는 14일 출범, 17일에 첫 모임을 가졌다. 실행위원회도 따로 있었는데 시민단체·교수·방송업계 사람들이 주로 많았으며, 방송계는 경영진 대표와 노조 대표들로 구성되었다. 사실상 개혁안 작업을 총괄하는 실행위원장은 후일 방송위원회 위원장을 지낸 강대인 위원이 겸임했다. 이때 나도 실행위원으로 선정되어 통합방송법을 제정하고, 그동안 숙원사업이던 디지털방송·위성방송 사업의 물꼬를 트는 역할을 할 수 있었다. 정부 부처에서 나온 위원은 정보통신부 몫의 실행위원인 나와 문화관광부 오지철 문화산업국장, 둘뿐이었다. 위원회가 출발할 당시는 김창곤 국장이었지만 내가 1999년 1월 1일자로 전파관리국장직을 맡으면서 합류하게 된 것이다.

그 밖에 전문위원회도 있었는데, 사무국은 문화관광부·정보통신부·방송위원회·종합유선방송위원회 등에서 파견 나온 직원들로 구성되었다. 정보통신부에선 김병수 서기관, 김영표·유대선 사무관이 파견되었다.

방송개혁위원회가 구성되었다고 해도 처음에는 달라진 것이 없었다. 지상파 방송과 방송사 노조, 언론시민단체, 일부 언론학자들은 여전히 우리의 현실을 고려하여 위성방송 실시 자체를 백지화하거나 유보하는 것이 바람직하다는 주장을 폈고, 위성방송추진협의회·한국통신·정보통신부는 위성체를 이미 확보해 놓은 상태에서 위성방송 실시를 연기하는 것은 국가적 낭비라고 맞섰다. 위성방송 정책결정 과정에서 빚어졌던 갈등이 방송개혁위원회 논의 과정에서도 그대로 재연된 셈이다.

회의는 거의 매일 열렸다. 학계 쪽은 대체로 군사정권이나 문민정부 때 비판적이었던 사람들이 많았고, 방송사 노조와 언론시민단체는 방송개혁위원회 활동이 여권의 방송 장악 음모에 들러리 서는 것이 될 수 있다며 불참하기로 했다가 우여곡절 끝에 참여했다. 따라서 위원회에 참여한 공무원들에 대한 이들의 인식은 그다지 좋지 않았다. 그들의 머릿속에 각인된 공무원은 권력에 아부하는 사람, 자기 소신이라고는 없이 위에서 시키는 대로 하는 영혼이 없는 사람이었다. 그러니 공무원이 무엇인가를 제안할 때 액면 그대로 받아들이면 안 된다, 분명히 뒤에 업계를 봐준다든지 하는 이권이 개입되어 있다는 식의 선입관이 있었다.

이런 상황에서 정부측 입장을 대변하기란 쉬운 일이 아니었다. 전체 위원 중 공무원이라고는 단 둘밖에 없다 보니 우리는 정부의 심부름꾼이나 감시꾼으로 백안시되기 일쑤였고 적대적 시선을 받을 수밖에 없었다. 가뜩이나 그런 분위기에서 방송정책은 정부가 주도해야 한다고 말했으니 집중 공격을 받을 수밖에.

하지만 정부와 정통부를 대표하여 위원회에 들어온 나는 반드시 관철시켜야 할 사명이 있었는데, 바로 위성방송 실시와 방송의 디지털화였다. 그것이 이루어지려면 일정부분 대기업이 들어올 수 있어야 하고 외국계 회사도 받아들여야 했다. 중소기업의 힘만으로는 불가능한 사업이었기 때문이다.

그 점이 바로 방송법이 지금까지 표류하게 된 이유였다. 반대하는 사람들은 그것을 자본가의 방송 장악, 외세 자본의 침탈이라고 보았고, 저질 외국 방송이 쏟아져 들어오면 우리 문화가 심각하게 훼손될 것이라고 했다. 그들은 정권에 의해 방송이 변질되는 것을 경계하면서 방송의 독립성·민주성을 주장했다. 어느새 나는 위원회에서 '공공의 적' 비슷한 인물로 되어 가고 있었다.

"방송을 장악하겠다는 음모에 결국 우리를 들러리 세우겠다는 말이군."

그들의 거부감은 내가 생각했던 것 이상이어서 설득 자체가 불가능했다. 무엇이 그들의 감정을 건드렸던 것일까. 나는 곰곰 생각해 보았다.

문득 그들이 내가 '정책'이라는 단어를 썼을 때 가장 민감하게 반응한다는 사실을 깨달았다. 나는 공무원이었고 그동안 수많은 정책을 만들어 왔다. 그것이 내가 할 일이었다. 그러나 그들의 생각하는 '정책'과 내가 알고 있던 '정책'과는 의미가 다른 것 같았다. 나는 우리가 같은 언어로 말하고 있는 것이 아닐지 모른다는 생각이 들었다. 사람들이 욕망으로 가득 찬 바벨탑을 세우면서 어느 사이엔가 말들이 달라져 버렸는지 모른다. 대화를 하려면 우선 서로의 언어부터 이해해야 했다.

그 후 며칠간 나는 회의에서 한마디도 하지 않고 그들의 말을 듣기만 했다. 그리고 경제부처에서 말하는 '방송정책'과 시민단체와 방송인들이 말하는 '방송정책'이 얼마나 다른지를 깨달았다. 경제부처의 '정책'이란 앞으로 위성방송을 할 것인가 말 것인가, 디지털로 할 것인가, 방송산업을 어떻게 육성할 것인가, 방송 콘텐츠를 어떻게 육성할 것인가 등이었는데, 그들에게 그것은 정책의 하위 개념이었다. 그들이 말하는 정책은 방송의 정치적 중립성·독립성으로 권력과 자본으로부터의 독립이었다. 이를테면 KBS 사장은 누구를 임명할 것인가, 방송위원회 위원들은 어떻게 임명할 것인가, 또 정권에 의해 좌지우지되지 않는 뉴스 편성 같은 것들을 의미했다. 그래서 내가 국가 주도의 정책을 이야기했을 때 정부의 방송 장악이라는 의미로 받아들여 극도로 예민하게 반응했던 것이다. 얼마나 많은 문제가 이처럼 서로 다른 의미로 받아들이는 용어 때문에 합의점을 찾지 못하고 빙빙 겉돌았을까.

나는 정통부 본부로 돌아와서 차양신 방송과장 등 실무진은 물론이고 장관 주재 실·국장 회의에서도 앞으로는 정책이란 포괄적 용어를 쓰지 말고, 대신 구체화된 다른 이름을 만들자고 말했다. 위성방송이나 방송의 디지털화, 위성이냐 케이블이냐 공중파냐 같은 것은 '방송매체정책'으로 하고, 방송기기·콘텐츠 등 방송산업을 육성하거나 기술개발 등은

'방송산업정책', 방송 내용의 윤리성 등은 '방송심의정책' 같은 적절한 이름을 찾아내자고 했다. 그렇게 해서 방송정책 용어들을 모두 바꾸었다.

일주일 후 방송광고공사 남한강 연수원에서 2박3일 세미나가 있었다. 밤에 술자리를 갖기도 했지만 다른 위원들에게 나는 정부가 파견한 감시원 정도로 보이는 것 같았다. 내게 던지는 말에는 대부분 가시가 박혀 있었다. 다음날 아침 첫 회의에서 나는 그동안 참았던 말을 쏟아냈다.

"같은 위원끼리 인신공격은 하지 말았으면 좋겠군요. 물론 제 신분이 공무원이기는 하나 지금은 여러분과 마찬가지로 위원이 아닙니까."

대립된 입장에 서서 날카롭게 대치하던 관계였다고 해도 바뀐 장소에서 숙식을 같이하게 되면 사람들의 마음은 아무래도 누그러지게 마련이다. 밤새 술을 같이 마시면서 많은 대화를 나눈 덕에 위원들의 마음의 문이 조금씩 열리는 것 같았다. 시간이 흘러 나에 대한 적대감이 어느 정도 사라지자, 나는 내 의견을 내놓기 시작했다.

정통부의 당면 과제는 위성방송 실시였고 방송의 디지털화였다. 그전에 KBS 일반 방송에서 위성방송을 하긴 했지만 본격적인 방송은 아니었다. 더 이상 위성방송 실시를 미룰 수는 없었다. 그러려면 우선 방송사업자부터 선정해야 했다. 두 번째는 방송의 디지털화였고, 세 번째는 방송 송·중계소 통합이었다. 방송 송·중계소 통합 작업은 1984년에 시도했으나 방송노조 등의 반대로 각 방송사에서 설치·운영하고 있었으나 감사원에서 낭비로 지적되어 다시 논의하게 된 것이다. 네 번째는 방송통신의 융합이었다. 일반적으로 방송과 통신이 융합되어 서비스 융합, 기기·네트워크 융합, 사업자 융합이 이루어지면 정부 조직도 융합될 수 있었다. 나는 이 네 가지 과제를 다른 위원들에게 설득해야만 했다.

하지만 방송에 대한 생각이 너무 달라 합의점을 찾기가 쉽지 않았다. 그들은, 방송은 문화의 정체성을 지킬 수 있어야 하고 역사적 전통을 보존·계승할 수 있어야 한다고 주장했다.

"위성방송을 도입하면 외국의 저질 문화가 유입될 게 뻔합니다. 그렇게 되면 문화의 정체성이 흔들리게 될 것이고 우리 고유의 전통도 훼손될 게 불을 보듯 훤한데 어떻게 위성방송을 도입한단 말입니까."

심지어 기업들 배를 불리기 위해 일반 대중들을 저질 문화에 노출시키겠다는 말처럼 들린다고도 했다. 그보다 더 위험한 것은 방송의 정치적 중립성과 나아가 민주성까지 잃어버리게 될 수도 있다는 것이다.

"대기업은 물론 외국 자본까지 받아들이겠다니. 허참, 어떻게 그런 위험한 생각을 할 수 있는지."

훈계조로 나무라는 위원도 있었다.

"그렇게 되면 방송이 자본의 논리로 좌지우지될 거고 정치적 중립성마저 해치게 될 게 뻔한데 아무리 시키는 대로만 움직이는 공무원이라지만 사회에 대한 문제의식만큼은 가져야 할 거 아니오?"

위원들은 위성방송은 물론 방송의 디지털화 자체를 반대하고 있었다. 당시 우리나라 정보통신은 눈부시게 발전하고 있었고, 한 단계 올라설 때마다 새로운 과제가 던져지곤 했다. 그러나 새로운 것은 불확실할 수밖에 없어 불안하고 의구심이 들 수밖에 없다. 개혁이나 혁신, 새로운 시도는 실패 가능성 또한 내포하고 있지만 한 단계 올라서기 위해서는 반드시 거쳐야 하는 출산의 진통 같은 것이었다.

비교적 개혁적 성향의 위원들이었지만 새로운 정보의 세계로 향하는 문을 여는 데만큼은 더없이 보수적이었다. 위원들은 정보화 사회를 위해 거쳐야 하는 과정이 자칫 그토록 지켜내려 애썼던 민주주의를 훼손시키게 될까 봐 크게 우려하고 있었다.

그러나 위성방송은 반드시 실시해야 했고, 또한 위성방송이나 디지털화를 하려면 대기업이나 외국 자본 없이는 불가능했다. 이렇게 공론만

하다 늦어지면 우리는 세계화에서 밀릴 수밖에 없었다. 그것이 바로 그들이 아는 '정책'과 내가 말하고자 하는 '정책'의 차이였다.

"맞습니다. 여러분이 말씀하시는 방송의 민주성·독립성 같은 이념에 저도 공감합니다. 또한 자본과 권력으로부터의 독립은 반드시 지켜져야 한다고 생각합니다. 그런데 저는 여기에 하나 덧붙이고 싶습니다. 그것은 자본과 권력뿐 아니라 이해집단으로부터도 독립되어야 한다는 것입니다. 이해관계자들 간에 갑론을박하는 동안 일이 진전되지 못한 채 제자리에 머물고 있는 상황이 계속되면 세계적 흐름에 뒤처질 수밖에 없어 우리가 지켜내고 싶은 것들을 오히려 잃어버릴 수도 있습니다."

그러면서 1990년부터 2년간 스위스 ITU에 근무했을 때의 경험을 예를 들었다. 당시 나는 국가에서 학비가 보조됨에도 불구하고 두 아이를 국제학교에 보내지 않고 제네바 현지 초등학교에 보냈다. 제네바는 불어권이어서 프랑스어를 썼는데 어느 날 아이의 지리부도에서 우리나라를 찾아보다가 깜짝 놀랐다. 우리나라가 독립국이 아니라 중국에 뭉뚱그려 속해 있었던 것이다. 나는 즉시 대사관에 지도를 가지고 가서 보여주며 시정되도록 힘써 달라고 했다. 문제는 그것만이 아니었다. 독도는 '다케시마'이고 동해는 '일본해'로 되어 있었다. 세계는 독도를 자기네 땅이라 우기는 일본 주장에 더 귀를 기울이고 있었던 것이다. 그것은 외국에서 독도에 대해 알려면 거의 일본 자료를 볼 수밖에 없었기 때문이다. 우리 정부가 국내에서 국민을 상대로 독도를 주장할 동안 일본은 세계를 겨냥해 논문을 비롯한 각종 자료를 만들어 영어로 보급했던 것이다. 그러니 외국인들이 아는 독도의 이름이 '다케시마'가 될 수밖에. 나는 주체성과 정체성도 좋지만 우리 것만 고수하다 세계화를 따라가지 못하면 이런 일이 되풀이될 수밖에 없다고 역설했다.

"우리의 것을 물론 지켜야 합니다. 그러나 외부에서 밀려들어오는 힘을 끝까지 막아낼 수는 없습니다. 국가와 국민을 위해서라는 명분으로 우리끼리 갑론을박하며 시간을 이렇게 계속 보내는 것이 과연 현명한 일일까요? 일본의 위성방송이 2000년에 이미 우리나라에 들어와 있는 마당에……."

그 무렵은 일본의 위성방송을 보기 위해 커다란 안테나를 세운 집들이 심심찮게 늘어나고 있던 때였다. 무주공산인 한국 시장을 선점하기 위해 일본의 모 그룹 회장은 한국에 한국말로 된 채널을 일고여덟 개 더 늘리겠다고 공언하기까지 했다. 싫든 좋든 간에 세계화의 물결은 막을 수가 없었다. 그럴 바에는 한 발짝이라도 남들보다 앞서는 것이 오히려 우리를 지킬 수 있다고 나는 생각했다.

"문화의 정체성을 지키기 위해서라도 위성방송은 곤란하다고 하셨는데, 그렇다면 과연 어디까지가 우리가 지켜내야 할 고유문화일까요. 조선시대? 삼국시대? 설마 아주 옛날, 고조선까지 되돌아가자는 건 아닐 거 아닙니까. 문화는 제자리에 머물고 있는 것이 아니라 계승·발전되는 것입니다. 또한 우리가 문화의 정체성을 훼손시키지 않기 위해 외부로부터 문을 닫아걸 때, 다른 나라도 그렇게 가만히 있어 주면 좋겠지만 아시다시피 그렇지 않은 게 현실입니다. 결국 그 흐름을 거스를 수 없을 것이고 뒤늦게 남들이 지나간 자리를 쫓아갈 때는 오히려 더 심각하게 훼손될 수도 있습니다. 우리 것을 정말 지키고 싶다면 위성방송을 막을 게 아니라 반대로 다른 나라에서 잠식해 들어오기 전에 한 발이라도 앞서 시작해야 합니다. 문화의 독립성이나 전통을 지키기 위해서 위성방송을 허락할 수 없다는 것은 현실을 직시하지 못한 공론일 뿐입니다."

관점의 차이가 있을 뿐 어느 누구보다 국민의 편에 서서 생각하던 사람들이었다. 위원들은 더 이상 반대하지 않았다. 그렇게 해서 결국 내가 주장한 대로 결론이 도출되기에 이르렀다. 마침내 우리나라에 위성방송을 실시하고 디지털 방송까지 할 수 있는 길이 열리게 된 것이다. 나의 제안은 거의 받아들여져 기업의 자본 참여도 허용되었고, 외국인도 공중파 방송을 제외하고는 3분의 1까지 참여가 허용되었다. 이 법이 통과된 후 대기업이 지분의 3분의 1, 외국인이 3분의 1 참여한 스카이라이프가 탄생하게 되었다.

그동안 방송법에는 정통부 장관이 언급된 조항이 하나도 없었다. 그러나 새로 만들어진 방송법에는 방송기술정책 수립, 산업육성 등 정통부 장관의 권한과 의무를 정한 조항이 많아졌다. 그동안 방송 관련 업무에만 쓰는 게 아니라 언론단체에서도 쓰곤 했던 방송발전기금도 방송발전 기술과 산업 발전, 콘텐츠 발전에만 쓰도록 명문화했다.

이처럼 대부분 나의 주장대로 되었지만 하나 양보한 것이 있었다. 다름 아닌 방송 송·중계소 통폐합이었다. 관악산·용문산 등에는 MBC·KBS의 중계소가 따로 있었는데 이를 통합하고자 했던 것이다. 통합이 되면 비용이나 인건비 절감은 물론, 산에 어지럽게 설치된 케이블선도 대폭 줄일 수 있었다. 그러나 인건비가 절감된다는 것은 달리 말해 그만큼 직장을 잃는 사람이 생기게 된다는 뜻이므로 노조로서는 받아들이기 어려울 것 같았다. 언젠가 방송통신이 모두 디지털화되면 통신소 자체가 필요없는 날이 올 것이다. 그 시간을 앞당기면 그만큼 정보통신도 앞서갈 수 있겠지만 나는 이 부분만큼은 양보하기로 했다.

우리는 마침내 법조문을 만드는 작업에 들어갔다. 이런 일련의 일들을 해나가는 동안 밤새워 토론하다 보니, 그동안 오해와 편견으로 서로 간에 둘러쳐져 있던 담장이 조금씩 허물어지는 것을 느낄 수 있었다.

그러던 어느 날 밤, 방송노조측 대표였던 김상훈 위원이 말했다.

"당신은 참 특이한 사람이오. 나는 지금까지 당신 같은 공무원은 처음 봤소. 만일 당신이 차관이 된다면 우리 언노련에서는 '이번 인사는 정말 잘 된 거다'라고 논평해 주겠소."

"고맙습니다만 내가 특이한 게 아니고 공무원들에 대해 오해들을 하고 계셨던 겁니다. 공무원은 국가와 국민을 위해 일하는 사람들입니다. 정부가 어떤 정권으로 바뀌건, 대통령이 김영삼이든 김대중이든 달라지는 것은 정치계일 뿐 정부와 국가를 위해 일하는 공무원의 기본 원칙에 변화가 있을 리 없습니다."

내가 그렇게 대답하자, 옆에서 누군가 냉소를 지었다.

"원칙을 지키는 공무원이라, 공무원이 정치권의 눈치를 보지 않고 소신껏 일을 한다, 흐음, 글쎄 그러고도 과연 제대로 승진할 수 있을까? 그랬다면 우리가 정치권 인사들이나 공무원들을 이렇게 불신하지도 않았겠지. 하지만 당신만은 차관 그리고 장관까지 올라갈 수 있으면 좋겠소. 지금 같은 그 고집을 그대로 지키면서 말이오."

여러 차례의 논의 끝에 위성방송사업에 대기업과 언론사의 참여를 허용하는 문제부터, 방송계와 방송사 노조 등이 단일 그랜드 컨소시엄one grand consortium 사업자를 허가하는 것까지 합의함으로써 위성방송정책 분야의 주요 이슈들이 타결되었다.

그런데 방송개혁위원회가 그 모든 의제 논의를 마무리한 후, 방송사 노조를 비롯한 언론시민단체 소속 실행위원 5명이 위원회를 탈퇴한 일이 벌어졌다. 그들은 탈퇴 이유로 "방송개혁위원회가 대기업·언론사·외국자본의 위성방송 진입을 허용하는 등 산업화 논리에 치중하고 개혁의 핵심 사안들을 전면적으로 부정했다"고 했다.

방송개혁위원회에서 일할 때 나는 방송과 통신의 조직 결합, 즉 정보통신부와 방송위원회의 통합을 시도했으나 결국 이루어지지 못했다. 방송위원회를 정통부에 흡수시키는 것은 현실적으로 불가능했다. 그래서 생각해 낸 것이 정통부는 서비스·하드웨어·소프트웨어 등 원래의 산업육성정책과 정보화정책에 방송정책을 덧붙이고, 대신 정통부와 방송위원회가 통합된 새로운 위원회를 만드는 것이었다. 물론 정통부 자체가 사라진 지금과 같은 방송통신위원회 형태가 아니라 여기에다 행정안전부의 전자정부, 문화관광부의 콘텐츠, 지식경제부의 하드웨어·소프트웨어 기능을 합친 위원회였다.

그리고 방송통신 진흥정책과 규제정책을 분리해 진흥정책과 방송의 규제정책 중 통신과 방송기술 방식의 채택, 경제성 등 기술·경제적 규제는 독임제 사무총장이, 방송의 공정성·독립성·윤리성 같은 사회적·문화적 규제는 위원회에서 합의제로 운영하게 하는 것이었다. 다른 위원들이 말하던 방송정책, 이를테면 KBS 사장은 누구로 할 것인지, 뉴스 편성을 어떻게 할 것인지, 그리고 방송의 정체성·독립성 등은 위원회에서 결정하고, 장관이 결정하던 일반 사항은 사무총장과 위원장이 하도록 하는 것이었다.

실제 한시 기구였던 방송개혁위원회가 만들어졌던 당시는 분위기상 그것이 가능할 것 같았다. 나는 이 안을 안병엽 차관에게 보고했다. 안 차관은 즉각 찬성해 주었다.

"맞구먼, 그거 좋은 안이야. 장관님께 그대로 보고해 보게."

남궁석 장관 또한 칭찬했다.

"그거 참 좋은 아이디어인데. 안을 구체화시켜 보게."

그에 따라 나는 구체적인 실무 작업에 들어갔다. 그런데 이 안이 정통부 내에 소문이 나면서 뜻밖에도 후배와 동료들이 반대하고 나섰다. 심지어 내가 승진 같은 개인적 욕심 때문에 만든 안이라는 말도 돌았다. 반발이 워낙 심하다 보니 장·차관도 고민스러운 것 같았다. 결국 일주일 후 나를 부르더니 그 제안은 없었던 것으로 하라는 지시를 내렸다.

난감했다. 어제까지 방송·통신 융합에 대응하여 정부 조직도 방송과 통신을 합쳐 새로운 기구를 만들어야 한다고 설득하며 돌아다니다가 이제는 하지 말자고 해야 하는 입장이 된 것이다. 어쩔 수 없이 장기적으로는 방송과 통신 관련 정부 조직을 통합하되 전국의 수많은 우체국과 전파관리소 등 정통부에 워낙 딸린 조직이 많아서 지금 당장은 어려우니 나중에 하자는 말로 물러설 수밖에 없었다. 통합 원칙이 변한 건 아니라면서.

실제 나는 시간이 다소 걸릴 뿐 방송과 통신의 융합은 언젠가는 반드시 해야 할 사안이라고 생각하고 있었다. 시대 흐름을 막다 보면 결국 둑이 터지게 되어 더 큰 피해를 볼 수밖에 없다. 반대로 한 발 앞서 하면 발전에 박차를 가할 수 있다. 남보다 앞서 시작하는 것이 얼마나 중요한 일인지, 그리고 얼마나 어려운 일인지 방송·통신 융합을 추진하면서 다시 한 번 절감할 수 있었다.

지금은 정보통신부가 없어지면서 그 기능이 여러 부처로 흩어져 버렸고, 방송·통신을 규제하는 기관으로 방송통신위원회가 생겼다. 만일 그 때 방송과 통신이 합쳐졌다면 지금처럼 서비스 규제만 하는 반쪽짜리 위원회가 되지는 않았을 것이다. 또한 정통부 주도 아래 융합하는 것이므로 지금처럼 정통부가 사라지는 일도 없었을 것이다. 뿐만 아니라 정통부는 방송·통신 융합은 물론 정보통신산업과 정보화 업무까지 모두 추진하는 중추적 역할을 맡아 선진국 수준의 발전을 이룰 수 있었을 것이다. 이는 국가 발전에 기여하는 것은 물론, 후배들에게도 큰 도움이 되었을 것이다. 정통부가 사라진 지금, 뿔뿔이 흩어져 버린 후배들을 보면 너무도 안타깝다.

전파자원을 정보통신 발전의 원천으로

피하지 못할 바에는 정면으로 부딪혀라

1999년 초 안병엽 차관이 나의 성격과 업무 성격상 전파방송관리국장이 맞겠다며 그리로 보내주겠다고 제안했다. 하지만 나는 우정국장을 하고 싶다고 했다. 당시 무책임한 투서와 모함에 시달리고 있었던 나는 우정국장이야말로 그런 관심권에서 벗어나 마음껏 일에 매진할 수 있는 자리라고 생각했다. 다행히 안 차관은 그런 내 심정을 헤아려 주었다.

그런데 나중에 들으니 정홍식 전 차관이 안 차관에게 아무리 당사자가 원했다 해도 나를 우정국장으로 보낸 것은 잘못된 인사라며 펄쩍 뛰었다고 한다. IT의 핵심 3국장인 통신정책국장이나 통신지원국장, 전파방송국장을 맡기든지 아니면 최소한 정보기반심의관으로 계속 두어 국가사회 정보화 업무를 총괄하게 했어야 한다는 것이었다.

그러나 나는 그 자리를 탐내는 사람이 별로 없을 테니 최소한 3년은 할 수 있을 거라며 동료들에게 농담도 건넬 만큼 마음의 여유를 되찾았다. 정치권을 의식할 필요도 없고 소신껏 맡은 일에 전념할 수 있다는 것이 일에 대한 의욕을 되살려 주었다. 우정국장으로 재직하는 동안 나는 정말이지 열심히 일했다. '우정 역사상 115년 만의 첫 흑자'를 기록하는 등 성과도 많았고 보람도 있었다.

그러나 3년은 고사하고 겨우 6개월이 지났을 때 안 차관으로부터 인터폰을 받았다. 아무래도 나보다 적임자를 찾기 힘들어 전파방송국장으로 발령내겠다는, 의견을 물어 보지도 않은 일방적인 통고였다.

그렇게 해서 나는 다시 전방의 소용돌이에 휘말리게 되었다. '피하지 못할 바에는 정면으로 부딪히자'는 각오로 발령받은 즉시 그동안 계속 미뤄졌던 전파법 전면개정 작업에 뛰어들었다. 전파법은 앞으로 다가올 미래를 이끌어가기는커녕 현실조차 쫓아가지 못하고 있던 대표적으로 낙후된 법 중 하나였다.

당시는 전 세계적으로 IMT-2000 사업자 선정이 가장 주목받던 이슈 중 하나였다. 오늘날 소위 이동통신 3세대 3G 서비스라고 불리는 IMT-2000 서비스는 음성·데이터는 물론 영상 등의 멀티미디어 서비스가 가능할 뿐만 아니라, 글로벌 로밍을 통해 전 세계적으로 서비스를 제공받을 수도 있어 차세대 이동통신 또는 꿈의 통신이라고 불렸다. 기존의 이동전화나 PCS에 비해 데이터 전송 속도가 빠르고 기능이 고도화된 서비스로, 주요 선진국들은 2000년대 초 도입을 목표로 이미 사업자 선정과 기술 표준화 등을 추진하고 있었다.

우리나라도 월드컵이 개최되는 2002년 6월경부터 상용서비스 개시를 목표로 늦어도 2001년 중에는 사업자를 선정할 계획이었다. 그렇게 되면 국산 장비와 단말기는 물론 IT 기업을 전 세계에 홍보할 수 있어 국내 정보통신산업은 한 단계 더 성장하게 될 것이었다.

우리보다 먼저 준비를 해온 선진국들을 보면 주파수 경매제나 심사평가 방식으로 사업자를 선정했고, 사업자 수는 대체로 3~5개였다. 시장경제 원리에 비교적 충실한 미국·영국·프랑스 등은 경매제를 채택한 반면, 사회주의 경제 요소가 가미되어 있는 북유럽과 일본 등은 심사평가 방식을 택했다.

당시 우리나라는 주파수 경매제에 관한 논의를 주로 하고 있었다. 이는 부족한 정부 재원 확보라는 점 말고도 과거 심사평가 방식으로 선정했던 PCS 사업자를 둘러싸고 특혜 의혹이 불거지는 등 각종 부작용이 초래되었기 때문이다. 기존의 주파수 부여 제도는 전파자원 부여에 따른 객관적 가치 반영이 미흡하고, 사업계획서와 출연금 규모를 심사하는 방식은 공정성 및 특혜 시비가 따르는 문제점이 있었다. 따라서 같은 전철을 되풀이하지 않기 위해서는 제도적 보완 장치를 마련해야 했다.

당시 전파법은 1961년 일본 전파법을 모태로 제정된 이래 38년간 전문 개정 없이 총 18회의 부분 개정만 했던 터라 법체계가 산만하고 기술법적 성격이 강해 일반인이 이해하기도 어렵고, 규제 위주의 법이라 전파자원을 활용하여 이를 산업화하는 측면은 더더욱 미흡했다.

무선국의 규모와 기능은 일반 이용자가 소지하고 있는 개별 단말기부터 전파를 송수신하는 기지국이나 방송국에 이르기까지 아주 다양했는데, 전파법은 이들을 모두 동일한 무선국으로 보고 있어서 무선국별 특성을 전혀 반영하지 못했다. 이와 같은 법의 후진성 때문에 주파수 자원의 합리적 배분과 효율적 이용이 오랫동안 저해되어 왔다.

전파법을 시급히 개정해야 할 또 다른 이유도 있었다. 그동안 국회에서는 이동전화 가입자에게 단말기당 분기별 3000원을 부과하던 전파사용료를 폐지해야 한다고 계속 주장해 왔는데, 이에 정통부는 1999년까지만 징수하겠다는 답변을 제출해 놓은 상태였다. 다행히 현 부산체신청장인 서석진 서기관이 몇 년 전부터 정보통신정책연구원·한국전자통신연구원 연구원들과 주파수 경매제에 대해 지속적으로 연구하고 있었다.

나는 정보통신의 미래를 위해서는 좀 힘이 들더라도 일부 개정이 아니라 전문 개정을 추진하기로 결심했다. 전파방송관리국 전파기획과장인 윤재홍 과장현 불가리아 정보통신자문관으로 하여금 전담반을 구성하게 하고, 그 밑에 법학을 전공하고 추진력 있는 방송과 송정수 서기관을 전파기획과 법령담당으로 발령을 냈다. 그리고 기술고시 출신으로 경매제 연구를 해오던 서석진 서기관, 전파에 관한 오랜 경험과 지식을 갖춘 이종훈 사무관현 정보통신공제조합 전무이사, 주파수 분야를 담당하던 이정구 사무관현 방송통신위원회 조사기획총괄과장, 방송을 담당하던 김영관 사무관현 방송통신위원회 과장, 나중에 방송 분야에서 박사학위를 받은 유대선 사무관현 방송통신위원회 과장 등으로 실무진을 구성했다.

그러나 가을 정기국회에 법안을 제출하기에는 시간이 절대적으로 부족했다. 하루바삐 정부안을 만들어 당과 협의하는 것이 급선무였기에 전담반원들은 경기도 이천의 전파연구소 이천분소에서 외부와의 연락을 끊은 채 초안을 마련하기 위한 작업에 들어갔다. 여러 차례의 회의와 논의 끝에 마침내 전파법 개정 방향이 다음 네 가지로 잡혔다.

첫째, 전파법을 지금의 기술법 체계에서 전파정책의 4대 과제라 할 수 있는 전파자원의 확보·배분·이용·진흥이라는 관점에서 산업법 체계로 전면 재구성한다.

둘째, 선진국처럼 경매제와 같은 가격경쟁 방식에 의한 주파수 할당제도를 도입하여 주파수 할당의 투명성과 전파 이용의 유연성을 도모한다.

셋째, 주파수 할당으로 조성된 재원을 전파산업 등 정보통신산업 진흥에 사용할 수 있도록 정보화촉진기금의 재원으로 한다.

넷째, 무선국의 성격에 따라 전파 이용 질서를 정비한다. 무선국별 특성을 반영하여 무선통신·방송·위성 등 이용자 그룹별 관련 규정을 통합 정리해야 국민의 법 이해와 이용 편의를 도울 수 있기 때문이다.

이렇게 방향은 잡았지만 전파법이 워낙 복잡·방대하고 세부 쟁점에 대한 정부 내외의 이해관계 조정이 어려워 구체적인 개정안을 마련하기가 쉽지 않았다. 그해 9월 중순 겨우 마련한 안을 가지고 안 차관과 남궁 장관의 결재를 받았다.

당시 전파법을 담당했던 송정수 서기관은 정통부 안을 바탕으로 10월 한 달 동안 거의 매일 법제처의 법제관들과 회의를 하며 조문 축조 작업에 들어가는 동시에 국무총리실의 규제개혁 심사를 추진했다. 그렇게 해서 비록 짧은 기간이었지만 내실 있는 전파법 전면 개정안이 탄생하게 되었다.

이 안은 그해 11월 국무회의를 통과하여 국회에 제출되었으며, 과학기술정보통신위원회에 회부되어 김영환 의원이 위원장으로 있던 법안심사소위로 넘겨졌다. 하지만 여야 간 합의는 쉽지 않았다. 최대 쟁점은 IMT-2000 사업자 선정 작업부터 새롭게 적용될 사업자 허가 방식 및 주파수 할당 절차였다. 당시 전파법에는 주파수 사용과 관련해 별도의 할당제도가 없었다. 전기통신사업법에 의거하여 허가받은 사업자에게 주파수를 단지 부여해 주는 제도였는데, 개정안에서는 '주파수 할당제도'를 새로 도입했던 것이다. 주파수 할당에는 심사할당과 대가할당이 있는데, 전자는 사용 대가를 받지 않는 경우 공공 목적인지 여부를 심사해 할당하는 것이고, 후자는 가격경쟁에 의해 대가를 받는 상업용 주파수 할당을 말했다. 주파수 할당제도 도입은 주파수를 이용하는 통신이나 방송사업의 허가제도를 변경한다는 데 큰 의미가 있었다.

종전까지 기간통신사업 허가는 당시 전기통신사업법 제5조와 기간통신사업자 허가신청요령 및 심사기준 고시에 의하여, 유·무선 구분 없이 사업계획서 심사 및 출연금 심사 방식에 따라 허가를 받은 사업자에게 주파수를 부여해 왔다. 하지만 앞에서 말한 것처럼 이 방식은 심사의 공정성 및 특혜 시비가 야기될 우려가 있었고, 사업자 허가시 출연금 부과 근거가 약할 뿐 아니라 출연금 규모 산정시 객관적 기준을 마련하기 어렵다는 문제가 있었다.

주파수 경매제는 1994년 미국이 최초로 도입한 이래 호주·뉴질랜드 등에서 시행하고 있었고, 영국·독일·네덜란드 등에서도 IMT-2000 주파수에 대해서는 이 방식을 적용하려 하고 있었다. 이 방식을 도입할 경우 시장 원리에 따라 최적의 전파자원을 배분함으로써 효용 가치를 극대화할 수 있고, 공정하고 투명한 절차를 통한 사업자 선정이 가능하며, 가격경쟁 방식으로 조달된 자금을 정보화촉진기금 재원으로 전입하여 전파 등 IT 관련 연구개발 지원 자금으로 활용할 수 있다는 장점이 있었다. 반면 대자본이 주파수를 독과점할 우려가 있고 과열경쟁시 사업자의 비용 과다로 경영이 악화하거나 사업자가 소비자에게 비용을 전가할 우려가 있고 사업자의 전문성을 고려하기 어렵다는 단점이 있었다.

많은 우여곡절 끝에 전파법은 주파수 대가할당 방식으로 마침내 개정되었다. 그러나 주파수 대가를 '가격경쟁에 의한 방식'인 주파수 경매제로 결정하는 것은 과열경쟁 우려가 있는 데다 업계의 반대로 국회 심의 과정에서 배제되고 행정심사 방식으로 최종 결정되었다.

전파법 개정안은 주파수 할당 공고, 대가할당, 심사할당 등 새로운 주파수 할당제도를 도입했다는 의미도 있지만, 무엇보다 주파수 할당대가를 정보화촉진기금으로 전입시켰다는 데 큰 의미가 있다고 할 것이다. 이는 세계 최초로 도입된 것으로, 이후 우리나라 정보통신 발전을 이야기할 때 빼놓을 수 없는 제도 중 하나다.

그러나 이 개정안을 보고했을 때 안 차관은 세계에서도 일찍이 그런 예가 없다며 재정부와의 협의가 관건임을 지적했다. 전 세계 대부분의 국가에서 전파는 국유재산이므로 주파수를 경매하거나 어떤 방식으로든 대가를 징수하면 일반회계의 재정, 즉 국고 수입으로 귀속하도록 되어 있었다. 경제기획원, 그것도 예산실 출신인 안 차관은 그런 사실을 누구보다도 잘 알고 있었다.

"석 국장! 국가 재정 수입을 국회의 심의를 거치지 않고 바로 타 부처의 기금으로 전입하여 지출한다는 것은 세계 어디에도 예가 없는 일이오. 전례가 없는 이런 법을 주장하면 당신은 물론이거니와 명색이 경제기획원, 그것도 예산실 출신인 나도 기획원 후배들한테 이상한 사람으로 보이지 않을까 걱정되는데……."

그러나 나는 통과시킬 자신이 있다며 뜻을 굽히지 않았다. 기획예산처는 안 차관의 우려대로 당연히 반대했다. 나는 그래야 하는 논리를 말하기 전에 질문부터 던졌다.

"우리나라 IT 발전을 위해서 인력양성과 기술개발 등에 이제는 더 이상 투자하지 않아도 된다고 생각하시는지요?"

당연히 그건 아니라는 대답이 나왔다.

"필요성은 인정하신다는 말씀이군요. 그러자면 재원을 확보해야 하는 거 아닌가요?"

상대가 반박거리를 찾지 못하는 사이, 나는 계속 몰아붙였다.

"그렇다면 일반회계에서 주는 방법과 정보통신에서 마련한 재원을 정보화촉진기금에 전입해서 사용하는 두 가지 방안 중 어느 것을 택하는 게 옳겠습니까. 아시겠지만 전자는 국민 세금으로 충당하는 것이고 후자는 정보통신 분야 수익으로 재원을 조달하는 것입니다. 국민 세금의 경우는 예산실장이 바뀌게 되면 매년 일정액을 확보하기 어려우니 교육이나 국방 예산같이 몇% 이상 고정적으로 정해 둬야 할 것입니다. 그러자면 조세 저항을 어느 정도 각오해야 할지 모릅니다. 그러나 정보통신 분야 수익으로 조달하게 되면 조세 저항도 작고, 수익자 부담 원칙에도 부합하고, 확보하기도 용이해 우리나라를 IT 강국, 정보통신 일등 국가로 만들 수 있는 좋은 기회가 될 것입니다."

서석진·송정수 두 서기관은 전파법 개정안의 주파수 할당대가 및 전파사용료의 정보화촉진기금 전입 문제를 설득하기 위해 기획예산처 실무진과 새벽까지 실랑이를 벌이기도 했다. 결국 기획예산처는 더 이상 반대할 명분을 찾지 못하고 동의하고 말았다. 이를 보고하자, 안 차관은 얼굴 가득 환한 미소를 지으며 칭찬을 아끼지 않았다.

"석 국장에게 판정패를 당했단 말이지. 내가 있을 땐 안 그랬는데 그동안 예산처 공무원들 군기가 다 빠진 모양이군. 어쨌든 석 국장, 정말 수고했소. 일을 쉽게 풀어 나가는 능력은 석 국장 따라갈 사람이 없다니까."

그러나 마침내 법안이 통과되어 IMT-2000 한 사업체당 1조 3000억 원의 주파수 할당대가를 징수하게 되자, 기획예산처 공무원들은 떨떠름한 표정을 감추지 못했다. 기획예산처에서는 석호익의 페이스에 말려들어 얼떨결에 당한 것 같다는, 진담 비슷한 농담이 한동안 돌아다녔다고 한다.

아울러 조세법률주의 원칙에 의거해 전파사용료 부과 기준과 징수 방법 등을 법에 명문화했으며, 기간통신사업자의 서비스에 대해서는 전파사용료 부과 기준을 가입자 수로 바꾸고 이동전화 가입자에 대한 전파사용료도 면제하여 이중부과라는 가입자의 반발을 잠재웠다.

당시 전파 관련 법령에서는 전파관리 경비의 충당과 신규 전파자원 개발 등을 위한 재원 조달을 위해 1993년도부터 무선국을 허가받아 전파를 사용하는 자에 대하여 무선국별로 전파사용료를 부과하도록 되어 있었다. 그러나 이것은 전파사용료 부과 기준 및 징수 방법 등에 관해 시행령에 포괄적으로 위임하고 있어 위헌 소지가 있고, 사업자에게 전파사용료를 부과하면서 단말기당 분기별 3000원을 이동전화 가입자에게 또 부과하는 것은 이중부과라는 비판이 제기되어 왔다.

개정안은 또 전파사용료를 정보화촉진기금의 수입으로 전환하여 전파 분야의 연구개발·시설투자 지원 등 전파산업 진흥을 위해 사용할 수

■ 무궁화 5호 위성.

있도록 그 근거를 명확히 했다. 이밖에 전파산업 진흥을 위하여 전파진흥기본계획의 수립, 주파수 이용 현황 공개, 전파 연구, 기술개발 촉진 등의 규정도 신설했다.

또 하나 획기적인 것은 행정의 일관성과 투명성을 높이기 위해 방송관련 규정을 전파법에 마련했다는 사실이다. 이는 매우 훌륭하고 적절한 개정이라는 평가를 받았다.

당시 전파법에는 방송국이라는 용어 자체가 없었다. 단지 시행규칙에서 무선국의 하나로 보고 무선국 관리의 일반 원칙을 적용해 왔다. 오늘날도 마찬가지지만 당시의 방송법에 따르면 방송국은 전파법에 의거하여 방송국의 무선국 허가를 받도록 규정되어 있을 뿐, 전파법 어디에도 방송 관련 규정이 없었다. 겨우 시행령에서 무선국 허가와 관련하여 규정하고 있었을 뿐이다. 이는 방송법과의 일관성 결여뿐 아니라, 국민의 권리를 제한하는 허가에 관한 사항을 시행령에서 규정한다는 문제점과 함께 방송기술·시설·산업 육성을 위한 적극적인 정부 정책 수립을 위한 법적 뒷받침도 없었다. 오로지 방송의 공공성·정치적 중립성 확보 차원에서만 방송 문제가 논의되어 왔던 것이다.

그런데 개정안에 기존 전파법 시행령 상의 방송국 허가, 방송국 개설조건 등에 관한 규정을 묶어 방송에 관한 절을 별도 설치한 것이다.

위성 관련 규정도 정비했는데 당시 전파법은 위성도 무선국의 하나로 취급하여 별도의 규정을 두지 않았다. 위성궤도 및 주파수 확보를 위한 외국과의 혼신조정, 확보된 위성궤도 및 주파수의 국내 분배를 위한 근

■ 미국 하와이 위성지구국 앞에서.

거 규정 등이 있어야 함에도 전파법상 별도의 규정 없이 ITU 전파 규칙에 따라 추진해 온 것이다. 이미 세계 각국은 위성통신망 구축·활용을 위한 기술개발과 위성궤도 및 주파수를 확보하기 위해 각축을 벌이고 있었다. 우리나라도 당시 다섯 개의 위성궤도를 확보하고 있었고, 추가로 71개의 정지 및 3개의 비정지 위성궤도 확보를 위해 ITU에 등록을 추진 중이었다.

따라서 위성궤도 및 주파수 분배를 위한 제도를 마련함으로써 국내 위성통신사업 발전 및 위성통신 서비스의 이용 활성화를 꾀하는 동시에 위성 분야의 R&D, 세계시장 진출 지원 방안 등을 강구할 필요가 있었다.

이에 개정안은 위성통신의 특성을 고려하여 위성 이용 절차에 관한 절을 별도로 만들었으며, 위성궤도 및 주파수 확보를 위한 국제등록 및 비용부담, 국내에서의 할당 등 위성통신망 구축 절차 규정을 마련했다. 또한 외국의 우주국을 이용하여 우주무선통신 업무를 하고자 할 경우

정보통신부 장관의 승인을 받도록 했으며, 우주무선통신 서비스 활성화와 산업 육성을 위해 기술개발 및 지원 등 기본계획을 수립·시행할 수 있는 근거 규정을 마련했다.

한편 이동통신 등 전파 이용이 늘어나면서 그 역기능의 하나로 전자파의 인체 유해 여부를 둘러싸고 논란이 심화되고 있음에도 관련 규정이 불명확하여 적절한 대응이 곤란했던 점을 감안해 인체 위해 및 보호 관련 규정을 명확히 했다. 전자파 장해의 개념 정의에 '인체에의 위해'도 포함하되, 전자파 인체보호 기준을 정보통신부령으로 정하는 법적 근거를 마련한 것이다.

이렇게 전자파에 관한 규정을 통합 규정함으로써 전자파 보호 관련 연구개발의 효율적 추진과 법 적용의 일관성 및 국민의 행정이용 편의성을 높일 수 있었다. 전파자원 이용의 효율을 높이기 위하여 정보통신부 장관이 필요한 경우 주파수 분배의 변경, 이용실적이 저조한 주파수의 회수 또는 재배치, 새로운 기술 방식으로의 전환 및 주파수의 공동 사용을 시행할 수 있도록 법적 근거도 마련했다. 예컨대 국방부 등에서 사용하는 이용효율이 저조한 주파수를 회수하여 민수용으로 재배치할 수 있는 법적 근거를 마련함으로써 부족한 전파자원을 효율적으로 관리할 수 있는 큰 틀을 마련한 것이다.

전파법 개정안은 전파자원의 확보·분배·이용·보호·진흥 순으로 기존 무선국의 방송·우주무선통신으로 전면개편되었다.

이 법은 1999년 12월 17일 국회 본회의를 통과하여 다음해 1월 21일 법률 제6197호로 공포되고 4월 1일부터 시행되면서 우리나라 정보통신 발전의 초석을 마련했다 할 것이다.

이 전파법 전면개정으로 나는 다시 한 번 일 잘하는 공무원으로 인정을 받았지만, 그만큼 고난의 시간을 앞당기게 된 계기가 되었다.

박 성 득 _ 전 정보통신부 차관·한국전산원장, 현 해킹보안협회 회장

1995년 최초로 발사된 무궁화 위성사업 계획 당시는 위성 자체가 우주의 반사경에 불과하여 아날로그·디지털 같은 방송 방식과는 무관한 위성궤도 확보와 중계기수 설계 그리고 예비 위성의 재활용 등이 주요 과제였습니다. 이 장에 기술된 내용은 주로 우리나라 방송사업자의 송신기와 가정의 TV 수상기 개발과 연관된 것이기 때문에 독자의 이해가 쉽도록 구분하여 기술하면 편리할 것 같습니다.

박 영 일 _ 전 체신부 1급 공무원, 현 코레스텔 회장

옛날 일이라 다 잊어버리고 있었는데 정말 그때 큰일을 하셨군요. 특히 손볼 내용은 없습니다.

황 보 한 _ 전 한국통신위성사업단장, 현 인하대 인공위성시스템공학과 교수

한국 디지털 방송 방식 결정 역사를 읽으니 감회가 깊습니다. 당시 석 과장님의 주도로 무궁화 위성방송 방식을 디지털 방식으로 채택한 것이 세계에서 두 번째가 된 것이 참으로 아쉽습니다. 한국통신에서도 이미 무궁화 위성방송 방식은 정통부 정책실 방침과 같이 아날로그 방식으로 한다고 내부 결재가 나 있었는데 원고 내용대로 절차를 거쳐 디지털 방식으로 잘 바꾸었습니다.

천 창 필 _ 전 경북체신청장, 현 한국바이오협회 부회장

수정한 부분은 노란 글씨로 표기해 놓았습니다. 좋은 출판이 되기를 바랍니다.

서 석 진 _ 부산지방우정청장

대부분 제대로 기억을 살려서 기록하신 것 같습니다. 무궁화 1호 위성은 1980년대 후반부터 당시 통신공사에서 준비하고 있었으며, 제 기억으로는 방송용 중계기 3대, 통신용 중계기 6대를 탑재해 1995년경 발사될 예정이었습니다. 방송용 중계기를 이용하는 위성방송은 계획 초기부터 당연히 아날로그 방식이었는데, 이는 부회장님께서 방송과장으로 부임하시던 그때까지 지극히 당연한 것으로 생각되어 다른 대안을 검토하려는 시도조차 없었습니다.

제가 위성방송 전송 방식을 디지털 방식으로 검토할 필요가 있다는 얘기를 처음 들은 것은 당시 통신공사 우면동 연구소에 근무하던 이상훈 부장현 KT 기업부문 사장으로부터였습니다.

　　전송 방식에 관한 체신부 내부의 의사결정 과정에 대해서는 회고록에 잘 기록되어 있는 것 같습니다. 당시 우리나라에서 가장 정치적 영향력이 컸던 방송 3사, 공보처 등 외부 기관의 극렬한 반대를 무릅쓰고 공식적으로 위성방송 전송 방식을 결정한 데에는 윤동윤 장관님의 확고한 결단과 리더십이 있었기 때문으로 생각합니다.

차 양 신 _ 전 정통부 방송과장, 현 방송통신위원회 국장

　　내용은 잘 정리된 것 같습니다. 다만, 당시 국장님이 하신 말씀 중에서 표현되지 않았던 "우리가 위성방송을 실시하지 않으면 일본 등 주위 국가에서 위성방송을 통해 국내 위성 수신 가구를 대상으로 광고를 실시하여 국내 방송광고 시장을 잠식하게 될 것이다"라는 내용을 추가하시면, 정체성·전통성·문화성 외에도 경제적 타당성이 언급되어 더욱 실감날 것 같습니다. 또 방송위원회 사무처를 민간기구화하는 데 대한 반대 논리의 주장, 즉 허가 추천, 승인, 인가 등 정부 행정 기능을 수행하면서……어떻게 민간기구가 되느냐? 정권 시녀가 문제되면 경찰 기능도 청원경찰에 맡겨야 되느냐? 등을 추가하심이 어떨는지요?

조 재 구_ 전 중화TV 이사장

　　늘 왕성한 활동 참 부럽습니다. 다 잘 정리가 된 것 같습니다.

박 찬 업 _ 한국스마트홈산업협회 상근부회장

　　방통위 유대선 과장과 함께 검토를 하였으나 부회장님께서 워낙 소상히 기술하시어 별도로 추가될 내용은 없습니다. 무한한 존경심이 우러납니다.

김 국 진 _ 미디어미래연구소 소장

　　당시 위성방송의 본 이슈는 위성방송을 도입하지 말자는 것이 아니고 외국자본과 대기업 참여에 대한 이견이었습니다.

정 윤 식 _ 강원대학교 교수

내용은 수정할 게 없고 제목을 '방송개혁의 물꼬를 트다', '방송개혁의 지평을 열다', '방송개혁-보수와 진보를 넘어' 등으로 바꾸어 보면 어떨까요?

이 종 훈 _ 정보통신공제조합 전무이사

한국지능통신기업협회 초대 회장에 추대되심을 진심으로 축하드립니다. 내용 중에 주파수 회수 재배치와 주파수 사용승인에 관하여 중요한 사항이라서 추가해 봤습니다. 국방부라든가 국정원 등에서 사용하는 주파수에 대하여 회수 재배치의 법적 근거와 사용승인제도를 마련했기에 전파관리가 효율적으로 이뤄질 수 있는 큰 틀을 마련하셨다고 생각합니다.

윤 재 홍 _ 전 KT 대외부문 본부장

전파법 개정 내용에 '대가할당'과 '심사할당'에 대해서 좀 더 분명하게 설명할 필요가 있는 것 같아서 추가 설명을 넣었습니다.

7부
혁신과 변화

나는 정보통신부 폐지론에 대응할 수 있는
중요한 논리를 하나 개발했는데,
다름 아닌 '제4차 산업' 이론이었다.
정보통신부 폐지론자들이 주장하는 논리가
'정보통신산업도 하나의 특정 산업인데
산업마다 부처를 둔다는 것은 이치에 맞지 않고
산업 육성은 한 부처에서 총괄해야지만
일관성이 있고 시너지를 발휘할 수 있다'는 것이었다.
'제4차 산업'은 바로 이 주장을 깨는 논리였다.
정보통신을 수많은 산업 중 하나일 뿐이라고
주장하는 것은 정보통신에 대한
국가적이고도 거시적인 안목이 없는 것이라고
비판하는 이론이었다.

정보통신은 4차 산업이다

조그만 구멍이 큰 둑을 무너뜨린다

지금 정보통신부는 '정보통신 관련 업무를 전담했던 중앙행정부처'라는 간단한 설명만 남긴 채 역사 속으로 사라져 버린, 존재하지 않는 부처다. 2008년 2월 정부조직법 개정에 따라 그 기능이 방송통신위원회, 지식경제부와 행정안전부, 문화체육관광부로 이관되었기 때문이다. 정통부가 해체된 과정에 대해서는 언젠가 다시 말할 기회가 있겠지만, 사실 정통부 폐지가 처음 거론된 것은 국민의 정부가 들어서기 직전인 1997년 대통령 선거 때부터였다. 정통부의 역할이 커지면서 자주 부딪히게 되자, 산업자원부 같은 경제부처 등에서 그런 말이 흘러나오기 시작했던 것이다.

정보통신부 폐지측 주장을 옮겨보면, 정보통신은 다수 산업 분야 중 하나이므로 행정부처로 따로 둔다는 것은 무리다, 정보통신이라는 특정 산업을 관장하는 부처를 둔다면 자동차부·조선부 등도 두어야 형평성이 맞지 않느냐, 또한 정보통신은 이제 모든 부처에서 다 이용하는 인프라이므로 따로 부처를 만들어 떼놓을 이유가 없다는 것이었다. 정보통신도 다른 산업과 함께 한 부처에서 다루어야 시너지 효과가 날 거라고 말하는 사람도 있었다. 정통부의 컨트롤 타워 역할은 전혀 도외시한 채, 정보통신을 오직 산업으로만 보는 단순하고 일방적인 주장이었지만, 이 주장은 잠잠해질 만하면 끈질기게 되살아나 결국 해체의 길을 밟게 했다.

처음 이 논리가 등장하자 많은 사람들에게 상당히 먹혀들어 정보통신부 폐지 목소리가 힘을 얻었다. 그때까지 불모지에 가까웠던 우리나라에서 IT 강국이라는 소리를 들을 만큼 정보통신을 키워온 정보통신인들은 예상치 못한 위기에 긴장할 수밖에 없었다.

문민정부 마지막 정통부를 이끌고 있던 분은 강봉균 장관과 박성득 차관이었다. 당시 나는 정홍식 정보통신정책실장 밑에서 정책심의관으로 일하고 있었다. 서서히 커져가는 정통부 폐지론에 맞서기 위해서는 정통부의 역할을 제대로 알릴 필요가 있었다. 대선을 눈앞에 두고 있었으므로 정 실장과 나는 여야 구분 없이 모든 대선 후보들에게 예산을 들여서라도 우리가 직접 나서서 정보통신 부문의 기본 공약안을 만들어 주자고 했다.

그리하여 정통부와 정보통신정책연구원을 주축으로 정책(안)을 만들었는데, 후일 국민의 정부 시절에 트레이드마크가 된 '산업화는 늦었지만 정보화는 앞장서자'라든지, '세계에서 컴퓨터를 제일 잘 쓰는 나라', '정보고속도로의 조기구축', '국가사회 정보화 촉진과 정보산업 육성' 등이 바로 그때 제시된 안들이다. 객관성을 확보하고 공감대를 넓히기 위해서 서울대학교 행정대학원 등에 용역을 주었다.

마침내 김대중 후보가 대통령으로 당선되었다. 정권 출범에 앞서 대통령직인수위원회와 정부조직개편위원회가 발족했는데, 당시 정부조직개편위원회에 참여한 사람 중에 서울대학교 행정대학원장을 지낸 김광웅 교수가 있었다. 그는 실행위원장 겸 본위원회 간사를 맡아 사실상 정부 개편안 작업을 총괄했다. 정보통신에 대한 애착이 남다르고 조예도 깊은 고려대 안문석 교수도 위원으로 참여했다. 김 교수는 후일 국민의 정부에서 장관급 인사위원장을 지냈고, 안 교수는 국민의 정부와 참여정부에서 규제개혁위원장·방송통신융합추진위원장을 역임했다.

이렇게 정부 조직개편 작업이 진행되고 있는 동안 정통부는 살아남기 위한 물밑 작업에 들어갔다. 먼저 서울대학교 행정대학원의 연구 중간보고와 타 부처에서 주장하는 정보통신부 폐지론의 부당성과 함께 존치 필요성을 20~30쪽에 달하는 보고서로 만들고, 그것을 요약해서 서너 장, 마지막으로 정말 영향력 있지만 시간을 내기 어려운 유력 인사를 만나면 1~2분 안에 설명할 수 있게 한두 장으로 만들었다. 이 작업에는 주로 형태근 과장과 석재범·이창희 사무관 등이 매달렸다.

이렇게 해서 만들어진 안을 토대로 먼저 본부 실·국장 등 간부들은 물론이고, 현업에 나가 있는 체신청장 회의도 소집해서 정통부가 우리나라 경제에 얼마나 중요한 역할을 하고 있는지, 정통부가 없어지면 왜 안 되는지를 설명했다. 남을 설득하려면 먼저 우리부터 납득해야 했기 때문이다. 이와 함께 이재선 서울체신청장과 이재영 경북체신청장 등 각 체신청장들에게 각 지역 국회의원들이나 해당 지역 출신 인수위원이나 정부조직개편위원 등 유력 인사들을 만나 설득하도록 부탁했다.

그중에서 중요한 핵심 인사로 김대중 대통령 경제고문을 맡은 유종근 전북도지사가 있었다. 나는 김이선 전북체신청장에게 유 지사를 만나 설득해 달라고 부탁했다. 그러나 그럴 기회를 쉽게 찾지 못해 김 청장은 애를 태우고 있었는데 마침 유 지사가 미국으로 나간다는 소식이 들려왔다. 당시 국민의 정부는 IMF 외환위기 타개책을 찾기 위해 동분서주하고 있었는데 유 지사가 그 역할을 맡아 미국으로 가게 된 것이다. 김 청장은 지체없이 공항으로 나가 출국 직전의 유 지사를 만났다. 정통부가 없어지면 안 되는 이유를 충심을 담아 설명하고 비행기에서 검토해 달라며 준비한 자료도 주었다.

■ 제19회 뉴미디어 대상 시상식에서 특별상 '올해의 정보통신인' 대상을 받고 있는 모습.

이때 나는 정보통신부 폐지론에 대응할 수 있는 중요한 논리를 하나 개발했는데, 다름 아닌 '제4차 산업' 이론이었다. 정보통신부 폐지론자들이 주장하는 논리가 '정보통신산업도 하나의 특정 산업인데 산업마다 부처를 둔다는 것은 이치에 맞지 않고 산업 육성은 한 부처에서 총괄해야지만 일관성이 있고 시너지를 발휘할 수 있다'는 것이었다. '제4차 산업'은 바로 이 주장을 깨는 논리였다.

일반적으로 산업은 C.G. 클라크의 이론에 따라 3차로 분류한다. 1차 산업은 자원을 채취하는 활동으로 농업·목축업·수산업·임업·수렵업 등을 말하고, 2차 산업은 채취한 자원을 제조·가공하는 활동으로 광업·제조업·건설업·전기수도업·가스업 등을 말하며, 1·2차 산업에 포함되지 않는 모든 경제활동을 3차 산업, 즉 서비스 산업이라고 한다.

나는 정보화 사회의 핵심 산업인 정보통신산업은 이런 분류 방식을 따르는 것이 적합치 않지만, 굳이 분류를 한다면 4차 산업이라 해야 한다고 주장했다. 지식정보사회에서 정보통신은 그 자체가 고용과 성장을 촉진하는 하나의 독립된 산업이자, 정치·경제·사회·문화는 물론 국민의 일상생활과 1·2·3차 모든 산업의 기본이 되는 인프라이므로 산업사회의 분류 방식으로는 나눌 수 없다는 것이다. 클라크 이론대로 분류하면 정보통신산업 중에 하드웨어는 2차 산업, 소프트웨어와 서비스 등은 3차 산업이 되는데 정보화는 그야말로 어디에도 분류하기 애매한 여러 산업이 결합된 분야이므로 클라크 이론을 적용하기에는 무리가 있기 때문이다.

또한 산업은 산업자원부로 합쳐야 한다는 주장에 대해서도 반박했다. 그 주장을 액면 그대로 받아들여 그것을 산업사회 분류에 적용한다면 산자부에서 주장하는 산업은 사실상 2차 산업만 말하는 것이었다. 당시에도 1차 산업은 농수산부 등이, 교육·의료 등의 3차 산업은 교육부와 보건사회부, 금융산업은 재무부 등에서 담당하고 있었기 때문이다.

결국 다른 부처들은 1·2·3차 산업을 부분적으로 나누어 맡은 것이고 정보통신부는 4차 산업 전체를 맡고 있는 셈이었다. 그러므로 지식정보사회에서 세계 최고의 강국이 되려면 4차 사업인 정보통신산업을 정보통신부로 일원화하여 더욱 강력하게 밀어주어야 한다고 나는 주장했다. 4차 산업론은 정보통신을 수많은 산업 중 하나일 뿐이라고 주장하는 것은 정보통신에 대한 국가적이고도 거시적인 안목이 없는 것이라고 비판하는 이론이었다. 이후 10년이 훨씬 지난 지금도 나는 대학 등에서 강의할 때 정보통신을 4차 산업으로 분류하는 것이 적합하다는 주장을 한다. 언젠가 이 이론이 학술적으로도 인정받을 것으로 생각한다.

나는 정보통신부의 역할에 대해 4차 산업이라는 이론적 근거뿐만 아니라 실제적이고 현실적인 이유도 들었다. 김대중 정권 초기에 우리나라는 IMF 외환위기 상황이었기에 국가의 당면 과제가 외화의 유동성 확보를 위한 수출 증대와 무역수지 흑자 대책, 고용창출, 경제성장 등이었다. 나는 정보통신부가 정보통신정책을 통해 이러한 과제를 극복할 수 있음을 구체적인 수치로 제시하여 공감대를 형성했다.

실제 정보통신산업은 20년 전부터 지금까지 우리나라 전체 경제성장의 최소 20%, 많게는 50%까지 기여해 왔다. IMF 외환위기 당시 대통령을 비롯해 해외에 인적 네트워크가 있는 모든 사람을 동원하고 기업인들이 적극 동참해서 굴욕적이리만큼 절박하게 협조를 요청한 결과, IMF로부터 우리나라가 지원받기로 한 금액은 583억 5000만 달러였다. 그러나 실제 받은 금액은 195억 달러밖에 안 되었다. 그것은 1998년부터 2001년까지 3년간 정보통신 부문에서 무역수지 흑자가 710억 달러에 달해 구태여 그 금액을 다 지원받을 필요가 없어졌기 때문이다.

서브프라임 모기지 경제위기를 우리나라가 제일 먼저 극복한 것도 정보통신 때문이며 현재도 마찬가지다. 2010년도 정보통신 부문 무역수지가 590억 달러 흑자를 기록한 반면, 정보통신을 제외한 다른 부문의 무역수지는 180억 달러 적자다. 그야말로 정보통신산업은 외환위기 극복과 우리나라의 성장을 주도한 일등공신이고 든든한 수문장이라고 할 수 있었다.

나는 또 지극히 상식적인 반박을 했다.

"정부 조직개편은 일을 잘못하거나 효율성이 떨어지는 부처를 통·폐합하거나 개편하는 것인데 이렇게 일 잘하는 부처를 폐지한다는 것은 본말이 전도된 거 아닙니까?"

이 말은 정부조직개편위원회 최종회의 때 안 교수도 발언하여 다른 위원들로부터 지지를 받았다고 한다.

비약적으로 발전한 정보통신산업은 국가적 위기를 극복하는 큰 역할을 했다. 우리나라 국력의 원천이었다고 해도 과언이 아니다. 그 일을 가장 힘없다고 여겼던 체신부가 어린 싹부터 키워냈고, 이후 재탄생한 것이 정보통신부였다. 정보통신 발전을 가장 잘 이끌어 나가던 부처가 폐지된다면 그 무렵 가속이 붙기 시작한 정보통신 발전이라는 도도한 흐름이 그 방향을 잃어버릴 수도 있었다. 많은 정보통신인들이 이처럼 한몸이 되어 열성을 다한 덕에 국민의 정부 초기 거론되었던 정보통신부 폐지 주장은 그 명분을 잃어버렸다.

그런데 정보통신부가 되살아난 바람에 아이러니컬하게도 정보통신정책심의관이라는 내 보직은 사라지게 되었다. 부처 통폐합을 포기하는 대신 차선책으로 각 부처의 실·국을 통폐합했기 때문이다. 통신정책실과 정보화기획실의 국장급 심의관 보직을 각각 한 개씩 폐지했던 것이다.

덕분에 실제 할일은 더 많아졌는데 무보직 상태가 되는 바람에 직책수당을 받을 수 없게 되어 경제적 불이익을 감수해야 했다. 공무원의 박봉에 그것은 당장 생활에 직접적 영향을 미치는 타격이었지만 그보다 더 기운 빠지게 만든 것은 보직이 없어진 것을 마치 일을 못해서, 또는 지금까지 별로 할일이 없는 자리였기 때문이라는 장난기 어린 농담을 들을 때였다.

다행히 그 시간은 길지 않아 한 달 후인 1998년 3월 16일, 정보화기획실 정보기반심의관으로 발령받았다. 나는 정보화기획실에서 같이 일할 사람으로 형태근 과장을 지목했다. 그런데 정홍식 실장이 퉁을 놓았다.

"일 잘하는 엘리트들만 뽑아서 당신이 다 데리고 가면 어떡하나."

그 말에 나는 빙긋 웃었다. 사실 정 실장은 1년 전까지만 해도 정반대의 말을 했던 것이다. 1년 전, 내가 정보통신정책실 정책심의관으로 발령받았을 때 나와 행정고시 동기인 노준형이 정보통신정책과장으로 있었다. 동기라 하지만 나이는 나보다 아래였던 노 과장은 경제기획원에 있다가 1994년 초고속정보통신망구축기획단으로 옮기면서 정통부에 들어왔다.

정통부 사람들은 다른 부처에 비해 내부 결속력이 높은 편이었다. 하위 부처로도 불렸던 힘없는 체신부를 우리나라 IT 산업의 근간이 될 때까지 키워내기 위해 밤낮을 잊고 함께 일했기 때문일 것이다. 소위 '칼출근 칼퇴근' 하는 것으로 아는 일반 공무원에 대한 상식과는 정반대로 나만 해도 해가 뜨기 무섭게 출근했고, 밤샘근무를 밥먹듯 했다. 그렇다고 기업처럼 특별야근수당 같은 것도 없었다. 그러다 보니 과중한 업무를 이기지 못하고 과로로 쓰러진 사람도 많았다. 매일 얼굴을 맞대던 박창환 국장의 돌연한 죽음의 충격에서 헤어나기도 전에 친구였던 천조운 국장이 갑자기 불귀의 객이 되는 비통한 일을 겪기도 했다. 그렇게 키워낸 정보통신산업이고 정통부인지라 불모지에 가까운 정보통신 분야를 개척해 오면서 수많은 어려움을 같이한 동료들 사이에는 전우애 같은 끈끈한 정이 있었다.

반면 숱한 고비를 넘기고 정통부가 어느 정도 궤도에 올라선 후에 들어온 노 과장은 아무래도 뿌리가 약할 수밖에 없었다. 당시 21회 행정고시 동기회장을 맡고 있었던 나는 고시 동기 중 국장으로 가장 먼저 승진한 터라 노준형도 곧 승진하기를 바랐지만 분위기는 그리 긍정적이지 않았다. 행정고시 한 기수 아래 22회 후배들 중에 인재가 유난히 많았고 인원도 많은 편이라 경쟁이 매우 치열했던 것이다. 그들은 노준형이 경제기획원 출신이란 것만으로, 또 정보통신 발전에 대한 기여도보다 행정고시 기수가 높다는 이유로 승진시키려는 게 아닌가 불만을 드러내곤 했다. 윗분들도 노 과장은 온 지 얼마 안 돼 정보통신부에 공헌한 바도 적으므로 승진은 이르다는 의견이 대부분이었다.

그러나 내 생각은 달랐다. 체신부가 정보통신부로 거듭난 후, 기피하던 하위 부처에서 행정고시 합격자들이 가장 선호하는 부처로 바뀌었을 만큼 미래를 향해 성장해 가고 있었으므로 예전같이 체신 가족을 부르짖던 닫힌 부처가 아니라 더욱 개방되고 커져 나가야 할 정책 부처가 되어야 했다. 나는 후배들은 물론이고 윗분들을 설득했다.

"정보통신이 더욱 발전하려면 외부 인사의 수혈로 새로운 바람을 받아들여야 합니다. 변화가 없으면 발전도 없습니다. 노준형 과장이 정보통신 업무에 기여한 바가 적은 건 사실이지만 그 대신 다른 분야에서는 많은 경험을 가지고 있습니다. 정보통신이 발전하려면 앞으로 다양한 분야의 전문가들을 영입해야 합니다. 그러므로 이번 기회에 외부 인사를 먼저 승진시켜 본보기를 보여주어야 한다고 생각합니다."

그런 우여곡절 끝에 노 과장은 부이사관으로 승진했다. 돌아가는 사정을 잘 알고 있었기에 마음을 졸이던 노 과장은 내게 무척 고마워했다. 싹싹한 편인 그는 아이 같은 미소를 보여주며 말했다.

"형이 나를 위해 얼마나 힘써 주었는지 잘 알고 있습니다. 이 은혜 절대 잊지 않겠습니다."

사석에서는 스스럼없이 나를 형이라고 부르던 노 과장은 그해 연말 공보관으로 발령받았다. 이후 노무현 대통령이 당선되자 대통령직인수위원회에 들어간 그는 승승장구하여 정보통신부 차관을 거쳐 장관까지 올랐고, 현재는 서울산업대 총장으로 있다.

그렇게 해서 노 과장이 승진해서 나간 뒤 그 후임으로 형태근 과장을 앉히려 하자 정 실장이 반대하고 나선 것이다. 정 실장은 형 과장에 대해 그다지 호의적이지 않았다. 노준형과 달리 고분고분 말을 잘 듣는 성격도 아니었고 자기 주장을 거침없이 내세우는 편이었기 때문이다.

"나와 같이 일할 사람 아닙니까. 그러니 내 마음에 드는 사람 선택하도록 해주십시오."

"형 과장은 본부 근무 경험이 적어서 일을 제대로 해낼지도 의문이지만 시켜먹기도 힘든 사람이라니까 그러네."

정 실장이 반대했지만 나는 지지 않았다.

"국장인 내가 책임지면 될 거 아닙니까. 그래서 일이 잘 안 되면 아예 국장을 바꾸십시오."

내가 마음먹고 고집부리면 꺾기 어렵다는 것을 누구보다도 잘 아는 정 실장이었다. 결국 허락해 주었지만 처음 얼마간은 여전히 마음에 들지 않는지 수시로 형 과장을 나무라고 핀잔을 주곤 했다. 그러나 오래지 않아 정 실장은 내가 사람 보는 눈이 있다는 것을 인정했다. 형 과장은 강하고 저돌적이지만 그만큼 조직력과 분석력이 뛰어난 사람이었다.

그렇게 인연을 맺은 형 과장은 내가 정보화기획실 정보기반심의관으로 간 후 부르자 두말하지 않고 따라나섰다. 사실 형 과장은 신설 부서로 오는 것보다 능력을 인정받은 현재의 자리에 있는 것이 승진에 더 유리할 수 있었다. 그러나 형 과장은 주저하지 않았다.

"손해를 좀 보면 어떻습니까. 그런 건 상관없습니다. 석 국장님이 부르면 저는 무조건 따라가겠습니다."

형 과장은 그 후 정보통신부가 사라지고 방송통신위원회가 생겼을 때 차관급인 초대 상임위원을 지냈지만 앞으로가 더욱 기대되는 사람이다.

그런 노력 끝에 국민의 정부에서 정통부가 살아남게 되었고, 정보통신의 중요성을 잘 이해하고 있던 김대중 대통령 덕에 정보통신산업은 더욱 발전할 수 있었다. 그러나 일단 모습을 드러낸 정통부 폐지안은 수면 아래로 숨었을 뿐 완전히 사라진 것은 아니었다. 그 후로도 정권이 바뀔 무렵이면 슬그머니 고개를 들고 나타나곤 했다.

참여정부가 들어섰을 때도 폐지안이 거론된 적이 있었다. 하지만 정보통신의 싹을 틔우고 키워낸 정보통신인들이 그대로 자리를 지키고 있었던 때였으므로 또 한 번의 위기를 넘길 수 있었다. 인류의 역사는 도전과 응전의 연속이라고 설명하던 토인비의 주장처럼, 그런 위기를 넘길 때마다 정보통신은 더욱더 발전했고, 발전하면 발전할수록 정보통신부 폐지를 원하는 목소리도 더욱 커져 갔다.

그리고 다시 2007년 대선 정국을 맞게 되었다. 그때 나는 더 이상 공무원이 아니었다. 노준형 장관이 진대제 장관의 뒤를 이어 정보통신부 수장이 되면서, 2006년 4월 7일자로 30여 년의 공직 생활을 마감하고 정보통신정책연구원장으로 자리를 옮겨 새로운 인생을 열고 있었다. 내 젊음을 모두 바쳤던 정통부를 떠날 수밖에 없었을 때는 깊은 회한도 있었지만 정책연구원장이란 또 다른 방법으로 정보통신 발전에 기여할 수 있다고 생각했기에 나름대로 최선을 다했다. 하지만 정책연구원은 정책을 연구하는 기관일 뿐, 정보통신부의 정책 결정에 관여할 수 있는 위치는 아니었다.

나는 정책연구원장을 맡으면서 나름대로 원칙을 하나 세웠다. 연구 내용에 대해서는 손을 대지 않는다는 것이다. 30년 가까이 정보통신정책을 다루어 왔기에 그에 관한 한 어느 누구보다도 전문가라고 자타가 인정하기에 더욱더 선을 분명히 그은 것이었다. 나는 언제나 자신이 처한 자리에서 제 역할을 다해야 한다고 생각했다. 타인의 일에 분개하며 참견하기는 쉽지만 자신이 해야 할 일이 무엇인지 정확하게 파악하고 책임을 다하기란 생각보다 어렵다. 연구원은 정책을 집행하는 곳이 아니고 연구를 하는 곳이었다. 그러므로 연구원장으로서 내가 할 일은 국가에 도움이 될 정책을 수립하는 것이 아니라 연구를 잘 하도록 연구 풍토를 개선하는 것이었다.

내가 정책을 수립한다면 내 의지와 철학에 맞게 해나가겠지만, 더 이상 공무원이 아니었으므로 그에 연연해서도 안 되고 혼동해도 안 되었다. 연구의 목적은 정책을 펼쳐 나갈 공무원과 정부에 도움을 주기 위한 것이었으므로 연구원들은 어떤 제한도 없이 자유로운 분위기에서 연구를 할 수 있어야 한다고 생각했다. 만일 내가 이런저런 정책 방향을 지시하게 되면 연구의 자율성이 위축될 수밖에 없었다. 연구원장으로서 내가 지켜야 할 선을 확실히 하는 것과 함께 정책연구원의 목표를 분명히 제시했다.

첫째는 연구원인 만큼 연구 결과가 우수해야 한다는 것이다. 나는 연구 과제가 정해지면 선행 연구를 조사하고 연구방법론에 따라 연구를 해서 통신정책연구원이 우리나라뿐 아니라 세계가 알아주는 연구원이 되어야 한다고 했다.

둘째는 연구 보고서의 정책 기여도가 높아야 한다는 것이다.

두 가지 모두 가장 기본적이고 단순한 목표였다. 하지만 이 기본 목표를 소홀히 하거나, 본말이 뒤바뀐 경우를 흔히 볼 수 있었다. 나는 연구원들에게 말했다.

"연구원이라고 해서 모든 문제를 다룰 수는 없다. 우리는 우리가 해야 할 일을 정확히 알고 그 일에 최선을 다해야 한다. 이론적으로 아무리 훌륭한 보고서를 만들었다 하더라도 정책 기여도가 낮은 연구는 이곳이 아닌 일반 대학 같은 순수 학계에서 할 일이다. 예를 들면 FTA를 연구하더라도 '아프리카 국가 간 FTA에 관한 연구' 같은 것은 노벨상을 받을 만큼 아무리 훌륭한 연구 성과를 낸다 해도 우리나라 정책에 대한 기여도가 없다. 우리의 당면 과제는 한·미 FTA 혹은 한·중 FTA이고 정책기관으로서 우리가 연구해야 할 것은 그런 것들이다."

우수한 인재들이 모인 연구원은 나의 의도를 잘 알았다. 실제 내가 취임한 지 3개월 만에 국무조정실 고객만족도 조사에서 전년 대비 9단계 상승한 것은 물론 경제인문사회연구회 연구기관 평가 결과 '국가 정책 대안 수립 기여 정도'와 '기관장 리더십' 부문에서 1위, '공공기관 혁신

평가'는 최하위에서 1위로 올라서 사기가 매우 높아졌다.

해야 할 일도 무척 많았다. 나는 정책 입안자가 아닌 연구자로서의 일에 빠져들며 정보통신 발전에 기여할 수 있다는 사실에 보람을 느꼈다. 원장으로 있는 동안 많은 연구 성과를 거두었다. 다음에 이때의 일들을 다시 말할 기회가 있을 것으로 생각되지만, 그중에는 꼭 하고 싶었던 일 중 하지 못했던 것이 두 가지 있었다.

하나는 통신요금 문제였다. 요금을 비교할 때 전 세계적 사업자 간 단순 비교, 그리고 GNP 대비 비율, 즉 국민소득별 비교 그리고 햄버거 값 같은 물가 대비 비교 등 세 가지가 있지만, 나는 그 세 가지가 모두 우리나라 정보통신과는 맞지 않기 때문에 새로운 비교 지표와 기준을 만들어야 한다고 생각했다.

가격이란 수요뿐만 아니라 품질에 따라 달라진다. 품질이 좋은 상품이나 서비스는 가격이 높은 것이 정상이다. 조사방법론에 따르면 비교할 때 분석 단위가 같아야 하는 것은 기본 원칙이다.

그런데 우리나라의 통신서비스는 품질과 우선 커버리지(통신가능구역)부터 다른 나라와 달랐다. 정보통신이 발달한 미국이나 그렇지 못한 인도 그 어떤 나라보다 초고속정보통신이 잘 되어 있다. 어디서나 이동전화 사용이 가능하고 지하철, 산 정상, 심지어 터널 속에서도 잘 터지는 나라는 전 세계 그 어느 나라도 없다. 인터넷으로 금융거래, 주식, 업무 처리를 우리나라같이 많이 하는 나라도 없다. 은행에 가는 대신 집에서 인터넷 뱅킹을 하니 얼마나 시간과 비용이 절약되는가.

다른 하나는 정통부 폐지론에 대비한 준비였다. 정보통신이 발전할수록, 정보통신산업이 성장할수록, 정통부는 더 많은 도전에 직면하게 되리라는 것을 경험으로 너무도 잘 알고 있었기 때문이다. 2007년은 대선이 있는 해였다. 폐지론이 또 이슈화될 수 있으므로 미리 정보통신 관련 공약을 만들어서 여야를 막론하고 공약으로 내걸게 해야만 예전과 같은 정통부 폐지 위기에 맞닥뜨리지 않을 것이라고 생각했다.

그래서 정통부의 대통령 보고가 끝나자 당시 노준형 장관 비서실에 연락해 정보통신정책연구원 업무보고 일정을 잡았다. 노 장관은 배석 없이 보고를 받겠다고 했다.

당시 차관은 유영환이었다. 같은 21회 행정고시 동기였지만 민간 기업에서 일하고 있는 것을 노 장관이 불러들인 것이었다. 유 차관도 노 장관처럼 경제기획원 출신이었으나 노 장관보다 2년 후인 1996년 정통부에 합류했다가 2005년 사표를 내고 동원금융지주로 옮겼다.

유 차관은 내가 장관에게 면담을 요청했다는 사실을 알자 매우 궁금해했다. 기다리고 있을 테니 장관 보고 후 자기에게도 이야기를 해달라고 했다. 그렇게 해서 장·차관에게 각각 보고를 했는데, 그것은 나를 대접하기 위해서였던 것 같다. 하지만 지금 생각하면 그때 후배 간부 공무원들을 배석시켜 같이 듣게 했으면 더 좋았으리라는 아쉬움이 남는다.

내가 면담을 요청한 이유와 목적은, 우선 '정통부가 심혈을 기울이고 있는 접속료, 주파수 할당 등은 업계와 사업자의 관심이지 국민이나 대선주자의 관심 대상이 아니다. 그것보다는 곧 대선 정국이 될 텐데 다음 정권 때 정통부를 한 번 더 업그레이드시키고 폐지론자들을 잠재울 수 있도록 정보통신 비전을 만들자, 그리고 그것을 대선 주자들이 자기 입으로 공약하도록 만들자, 그 연구를 위해 30억 원 정도 예산을 주면 책임지고 우리 연구원에서 그 작업을 하겠다'는 것이었다.

'30억 원 예산은 우리 연구원이 쓰려는 것이 아니다. 연구는 우리가 하더라도 학계·언론·시민단체 등의 공감과 동조를 받아야 하므로 우리 연구원은 한 푼도 안 쓰고 그들에게 주어 그들이 객관적으로 설득력 있는 연구를 하여 근거를 만들도록 하겠다. 그 대상도 내가 일방적으로

■ 정보통신정책연구원장 시절, 혁신 연찬회에서 혁신 우수 사원에게 표창장을 주고 있다.

정하지 않고 장·차관 추천, 또는 내가 건의하고 승인해 주면 거기에 주겠다. 또한 누가 후보가 되든 당면과제는 성장이고 고용일 것이다. 다음 정부에서는 성장의 50%는 우리 정통부가 기여해 임기 내에 정보통신 부문에서 연 2000억 달러 수출, 무역수지 흑자 1000억 달러를 달성하겠다, 실제 공약을 하고 대통령이 밀면 달성 가능하다. 공약만 하면 해줄 수 있다'고 말했다.

실제 나는 대통령이 힘만 실어 주면 얼마든지 해낼 수 있다고 생각했다. 무無에서 유有를 만들어낸 우리 정보통신이었다. 탄력이 붙은 지금은 그보다 더 큰일을 해낼 수 있었다.

그 다음은 미래사회를 어떻게 대비할 것인가, 다음 정부 때 어떻게 할 것인가에 대한 예측을 내놓았다. 정보통신의 불모지였던 1980년대에 2000년대 계획도 수립해 본 나였다.

'대선 공약으로 내걸도록 정통부의 정보화 업무와 정보통신을 묶어서 미래사회의 변화된 모습을 보여주고 비전을 제시하자. 저출산고령화 문제, 저탄소 녹색성장 비전, 생산적 복지 등 지속가능한 성장과 고용창출 등 국민에게 미래에 대한 희망을 제시할 수 있도록 하자. 세 번째는 컨버전스 즉 융합에 대한 대처 방안을 연구하자. 방송과 통신 융합 현상과 대처 방안, IT와 자동차·조선 등 다른 산업과의 융합, 정치·경제·사회문화·일상생활과의 융합과 비전 방안을 제시하자.'

이러한 계획들을 나는 거침없이 피력했고 구체적인 방안도 내놓았다.

"연구는 KISDI에서 책임지고 할 테니 정통부 실·국장 중 책임자와 부서는 간부회의 때 지정해 주면 됩니다. 그래서 그것이 대선 공약이 되게 해야 합니다. 누가 대통령이 되든지 그 공약을 실천하게 하면 정통부의 중요성을 분명히 인식하게 될 것입니다."

노 장관과 유 차관 모두 고개를 끄덕이며 나의 말에 동조해 주었을 뿐 아니라 노 장관은 "뭐든 선배님이 하라는 대로 하지요. 선배님이야 이쪽 분야에 저보다는 전문가 아닙니까. 원하시는 대로 예산도 책정해 주고 필요하다면 사람도 보충해 주고 적극 도와드리겠습니다"라며 적극성을 보였다.

나는 장·차관실을 나온 즉시 유필계 통신정책국장을 찾아 유수근 정책총괄과장과 김광동 계장을 오라고 했다. 그리고 내가 장·차관에게 보고한 내용과 장·차관이 해주겠다고 약속한 것을 장관 지시사항으로 해서 계획을 기정사실화했다.

그래도 미진해 그 길로 정책홍보관리실 김동수 실장을 찾아가 송유종 국장, 김용수 장관정책보좌관이 모인 자리에서 장·차관실과 정책국에서 한 설명을 다시 해주었다. 모두들 매우 좋은 생각이라며 적극 찬성했다. 송 국장이 "반드시 그렇게 합시다. 아니 꼭 해야만 합니다. 원장님이 마음먹고 하신다면 분명히 좋은 성과를 볼 겁니다"라는 말을 하자, 고맙기도 하고 불안감도 얼마간 가시는 것 같았다.

노 장관에게 말할 때 나는 담당 실·국장을 확실하게 지정해 달라고 했다. 쐐기를 박기 위해서였다. 그러면 내가 연구원 박사들을 동원해 이론적으로 뒷받침하겠다고 했다. 또한 정통부나 정책연구원만 참여해서는 공정성과 객관성을 확보 못하니 앞서 말했듯이 서울대 행정대학원 같은 학계와 시민단체, 언론단체들을 참여시키자고 했다.

혹시라도 번복되는 일이 없도록 모두에게 다짐받고 난 뒤 돌아온 즉시 정보통신정책연구원 조직부터 '미래', '성장', '융합'을 효율적으로 연구할 수 있도록 바꾸었다. 그렇게 해서 만들어진 것이 미래전략실·정보통신산업실이다. 다른 연구에 관여하지 않는 것과 달리, 그 과제만은 예외로 하여 내가 주관하여 매주 회의를 열었다. 초안이 나오는 대로 정통부 관련 실·국 공무원들과 협의하게 할 계획이었다.

그러나 일은 쉽사리 진행되지 않고 설왕설래만 계속되었다. 정보화기획실에 양준철 실장이 부임하고 이상진 기획총괄과장이 총괄업무를 맡으면서 일이 조금씩 진척되기 시작했으나 우려했던 문제가 나타났다. 이 과장이 추진 방향을 잡아 대략의 얼개를 만들어서 보고하자, 노 장관이 심하게 질책을 했다.

"뭐 이런 쓸데없는 일을 해온 거요? 순수하게 차기 정부에서 정통부가 해야 할 업무계획을 만들라고 했지, 이런 것을 왜 한 거요?"

결국 30억 원의 예산은 확보할 수 없었고, 일은 중단되고 말았다. 대통령 선거가 다 끝날 때까지도 정통부에서는 마땅한 공약을 만들어 주지 못했다. 대신 이상진 과장은 차기 정부가 들어선 후 해야 할 업무계획을 만들어야 했는데, 그나마도 그가 대통령직인수위원회에 정통부 대표로 파견 나가면서 그 계획서를 가지고 갔다.

만들어진 공약이 없으니 당시 여당이던 열린우리당에도 못 주었고 당연히 야당인 한나라당에도 주지 못했다. 후에 들은 얘기지만 한나라당에서는 정보통신에 대한 공약을 만들기 위해 정통부에 자료를 요구했지만 정통부측은 자료가 없다며 주지 않았다고 한다. 그리하여 2008년 대선 때를 되짚어 보면 대선 후보자가 인지할 만한 정보통신 분야 공약으로는 '이동통신 요금 20% 인하'가 고작이었다.

여당에는 주요 부처에서 공무원 출신들이 수석전문위원으로 나가 있는데, 그때 정통부에서는 고광섭 수석전문위원이 나가 있었다. 야당에서 이동통신 20% 인하를 공약으로 내거니 여당에서도 요금인하 공약 작업을 위해 우리 연구원 박사를 파견해 달라는 요청이 왔다. 하지만 나는 보내지 않았다. 정통부의 존립과는 별개로 정보통신 발전에 문제가 될 수 있다고 판단했기 때문이다.

"야당에서 내놓은 요금인하 공약도 막아야 할 판에 그것은 협조해 줄 수가 없습니다. 요금을 내리는 것 자체를 반대하는 것은 물론 아닙니다. 하지만 정확한 연구 검토도 없이 무작정 표를 얻기 위해 요금을 내리겠다는 공약을 하게 되면 통신의 질을 떨어뜨릴 위험이 있습니다. 그건 결과적으로 국민들의 삶의 질을 더 저하시키게 될 것입니다."

경쟁의 기본은 품질과 가격이다. 요금은 경쟁과 서비스의 질, 소위 성능이 개선되면서 자연스레 내려가야 한다. 건설적인 경쟁을 통해 내려가도록 유도해야 하는데 인위적으로 끌어내리게 되면 반드시 품질이 떨어지는 부작용이 있을 수밖에 없다. 그것은 장기적으로 정보통신의 발전을 저해하는 요인이 될 수 있었다.

정통부로부터 공약이 될 만한 것을 받지 못한 것은 여당도 마찬가지였다. 정권이 바뀔 때마다 거론되던 정통부 폐지론의 악몽을 똑똑히 기억하고 있었지만, 정치인도 행정가도 아니었던 나는 정치 이슈나 행정 권한에서 비껴선 채 불안한 마음으로 지켜볼 수밖에 없었다.

■ 이명박 대통령으로부터 청와대 직속 국가정보화전략위원회 위원 위촉장을 받고 있다.

　결국 대선주자들은 그 누구도 정보통신에 대한 희망적인 비전을 제시하지 못했다. 다른 부처에서 허황하다 싶을 만큼 희망찬 미래 구상을 보여줄 동안, 정보통신 분야는 이동통신 요금 20% 인하만이 대선주자들의 입을 통해 나왔을 뿐이다. 정통부는 어떠한 비전도 제시하지 못했다. 우려했던 대로 대통령직인수위원회에서 정보통신부 폐지론이 다시 고개를 들기 시작했다. 예상된 도전이었지만 아무 대비가 없었고 응전 시기도 놓쳤다. 전직 장·차관, 수많은 정보통신인들이 나섰지만 터져 버린 물꼬를 막기에는 역부족이었다.
　한나라당이 집권한 2008년, 마침내 정통부는 4개 부처로 나뉘고 오랜 시간 땀을 함께 흘렸던 후배들은 뿔뿔이 흩어졌다. 정보통신부가 사라진 것이다!
　그날 나는 혼과 정열을 다 바쳐 일구어낸 것이 사라진 듯한 참담함으로 내 평생 처음으로 소리 내어 울었다. 가슴이 빠개지도록 아프다는 것이 어떤 것인지 그때 비로소 알았다. 남자는 눈물을 쉽게 보이면 안 된다고 배웠지만 그날만은 꾹꾹, 새어 나오는 울음을 참을 수 없었다.

다행히 정보통신산업은 지금도 무럭무럭 커나가고 있다. 그러므로 내게 힘이 남아 있는 한 정보통신을 위해 모든 것을 바칠 것이다. '정보통신부'라는 명칭은 바뀌더라도 정보통신 발전을 위해서 컨트롤 타워 기능만은 반드시 부활되어야 한다고 생각한다.

세계는 빠른 속도로 변하고 있다. 세계 이동통신시장을 좌지우지했던 노키아의 주가도 불과 3년 만에 10분의 1이 되었다. 영원히 세계 1등 기업일 것으로 생각했던 AT&T가 이미 몰락의 길을 걷고 있고, 당대 최고 기업인 노키아·소니·닌텐도·마이크로소프트도 잠시 방심하는 사이 내리막길을 걷고 있다. 잠시라도 방심하면 무너지는 것은 한순간인 것이다. 정보통신을 위해서 나는 늘 깨어 있을 것이다.

오늘이 나의 미래를 바꾸는 그 첫날이다

지나간 과거에 매달리는 것은 어리석은 일이다

참여정부 시절인 2003년 5월경 장·차관 토론회와 로드맵 등 정부 혁신의 틀을 짜고 있던 청와대 전기정 혁신비서관으로부터 전화가 걸려왔다. 청와대의 모든 업무 시스템을 전산화하려고 하는데 예산이 없으니 정보화촉진기금을 지원해 주면 좋겠다는 부탁이었다. 당시 나는 정보화기획실장으로 있었는데, 담당 국장은 정경원 정보기반심의관, 정보화지원은 박재문 과장, 기획총괄은 노영규 과장, 정보기반은 김준호 과장, 인터넷정책은 백기훈 과장, 초고속정보망은 서홍석 과장이 맡고 있었.

정보화 확산을 위해서는 국정 최고책임자의 관심과 지지가 절대적으로 중요하다는 것을 잘 아는 우리로서는 이를 정보화 확산을 위한 좋은 기회라고 생각했다. 그래서 변재일 차관과 진대제 장관에게 보고하고 정식 절차를 밟아 적극 지원하기로 했다. 이것이 바로 고 노무현 전 대통령이 대통령 재임 중 국정자료 인계 문제로 퇴임 후 다소 논란이 벌어졌던 e-지원 시스템이다.

하지만 당시에는 대통령 프로젝트p-project라고 불렸다. 사업자로 삼성SDS가 선정되고 착수 보고회가 열렸다. 전 비서관은 이 보고회에 나도 배석해 주면 좋겠다고 요청해 왔다. 삼성SDS 실무 전문가들로부터 같이 설명을 듣고 대통령이 만족할 만한 훌륭한 시스템이 구축될 수 있도록 의견을 나누었으면 한다는 것이었다. 실제 노 대통령은 변호사 시절 일정관리 솔루션을 개발할 만큼 정보화에 대한 관심도 많았고 조예도 깊었다.

그 무렵 정통부와 행자부 간에 전자정부 업무분장 건으로 갈등이 있었는데, 전 비서관은 정보화에 관한 것은 정통부가 옳다고 판단하고 정통부에 힘을 실어 주기 위해 나를 참석자 명단에 넣은 것이었다. 또한 앞으로 e-지원 시스템을 각 부처로 확장해 나가는 일을 정통부가 주도하려면 처음부터 참석해야 일관성을 가질 수 있을 것으로 생각했다.

전 비서관은 업무분장 관련 발언은 하지 말고 그 과제와 관련된 의견만 말해 달라고 몇 차례나 당부했다. 당시 정통부에서 '대통령을 오랜 시간 뵐 수 있는 기회가 다시 오기 어려우니 정통부 입장을 충분히 설명하자'는 정보가 흘러나왔다는 것이다. 전 비서관이 우려했던 것은 그런 조급함이 부처 이기주의로 비쳐져 오히려 역효과가 날지 모른다는 것이었다. 너무 성급하게 굴면 될 일도 안 될 거라는 걱정으로 한 당부였다.

착수보고회에는 청와대에서 노 대통령과 전 비서관, 강태영 수석행정관과 직원이 나왔고, 삼성SDS의 실무 전문가와 내가 참석했다.

그러나 막상 착수보고회가 시작되자, 보고회는 토론으로 흘러갔다. 삼성SDS 실무자가 채 10분도 보고하지 못하고 노 대통령의 말씀이 있었고, 곧 참석자 간 난상토론으로 이어진 것이다. 오후 4시에 시작한 토론이 저녁 8시 30분쯤 끝났던 것 같다. 토론이 열기를 더해 가자 흐름을 끊지 않기 위해 노 대통령은 저녁으로 도시락을 준비시켰고, 도시락을 먹어 가며 대통령과 우리는 긴 시간을 토론했다.

그때 나는 정보화에 대해 이야기했는데, 정보화의 3대 요소는 ① 기존 업무처리 방식을 개혁하는 업무혁신, ② 컴퓨터 등 전산기기를 도입하

■ 2004년 2월 노무현 대통령에게 업무보고를 하기 위해 청와대를 방문했을 때.

고 솔루션을 개발하고 통신망과 연결하는 IT 도입전산화, ③ 교육과 홍보, 즉 정부 업무의 경우 공무원에게는 전산교육을, 국민에게는 이를 이용할 수 있도록 홍보하는 한편 법령과 제도를 정비하여 초고속통신망 등 인프라를 구축하는 것이라고 의견을 개진했다.

우선순위가 있는 것은 아니지만 이 3대 요소가 갖춰져야만 정보화가 성공할 수 있음을 주장하다가 문득 대통령 앞에서 너무 말을 많이 하는 건 아닌가 싶어 "말이 많은 것 같아 죄송합니다"라고 하자, 노 대통령은 손을 저으며 개의치 말고 계속하라고 했다. 그래서 평소 내가 갖고 있던 소신을 밝히고 1980년대 후반 여권 발급 전산화와 교육과 금융 전산화를 추진할 때의 경험과 교훈, 성공과 실패 사례 등을 설명하자, 노 대통령은 무척 흥미로워했다.

1996년 내가 정보통신정책실 정책심의관으로 일할 당시, 동아일보의 오명 사장이 우리나라 정보화 확산을 위해 대학 정보화 수준을 평가하고 발표한 적이 있었다. 이때 행정실무 총괄을 사장은 물론 동아일보사 직원들의 신뢰를 받고 공무원들 사이에서도 평판이 좋았던 최수묵 기자가 맡았는데, 교수로 구성된 심의평가위원장이 해외출장을 가는 바람에 내가 위원장을 대행한 적이 있다.

당시 대학 총장들을 만나 보면 대학의 정보화에 대해 불만이 많았다. 컴퓨터를 도입하고 전산화하면 업무 효율성이 높아지고 비용이 절감된다고 담당 교수는 말하는데 그건 이론일 뿐 실제 일을 해보면 오히려 비용이 더 늘어난다, 전산 전문가를 새로 채용해야 해 그전에 들지 않던 유지 비용과 새로운 장비를 사용해야 하므로 예산도 훨씬 더 소요되고 별도로 전산처리하느라 행정처리 기간도 더 길어진다는 것이었다. 대학뿐 아니라 전산화를 도입한 많은 중견기업·중소기업 사장 등 경영진도 같은 의견을 제시하는 경우가 많았다.

이것은 기존의 업무처리 절차와 방식을 고수한 채 전산을 제공하는 사람과 이용자에 대한 교육과 홍보를 하지 않고, 학교나 기업의 문화와 각종 규정 등을 고치지 않았기 때문이다. 그렇게 되면 예산과 인력이 더 많이 들고, 일처리 시간도 오히려 더 길어지게 마련이다.

여권 발급 전산화 작업도 마찬가지다. 1980년대 중반까지 평범한 소시민이 여권을 발급받으려면 각종 기관의 증명서류 18종을 첨부해야 했다. 심지어 내가 간첩이 아니라는 증명, 즉 남산 중앙정보부에 가서 교육을 받고 증명서도 제출해야 했다. 여권을 신청할 수 있는 곳도 외무부 청사 한 곳뿐이었다. 이렇게 여기저기 방문해서 서류를 발급받아야 했던 것을 전산화로 제출 증명서를 하나로 대폭 줄인 것은 물론, 각종 여권 업무처리 규정을 개정했던 것이다. 또한 시범사업 등을 통해 담당 공무원 교육과 이용자에 대한 홍보를 게을리하지 않았다. 처음에는 다소 전산장애와 혼란도 있었지만 빠르게 정착되어 현재는 누구나 쉽고 빠르게 여권을 발급받을 수 있는 것은 물론, 전자정부 수준이 유엔 평가 세계 1위라는 평가를 받고 있다.

금융도 마찬가지다. 1988년까지만 해도 일반 이용자는 같은 국민은행이라도 자기가 예금한 지점에 가야만 돈을 찾을 수 있고 다른 지점이나 은행에서 찾으려면 일주일 정도 시간이 걸렸다. 맨 처음 은행 공동전산망을 추진했을 때는 금융 관계자들의 거센 반대에 부딪혔다. 전국 지점이 있는 큰 은행은 기득권을 주장하고, 혹자는 금융사고의 위험성을 제기했다. 그러나 금융전산화를 계기로 은행의 업무처리 방식을 개혁하고 금융 선진화의 계기를 마련할 수 있었다. 일본 등 선진국에서도 지방 호텔에서 신용카드를 사용할 수 없는 경우가 많지만 우리나라는 전국 어디서나 사용이 가능하다. 업무개혁, IT 도입, 환경 및 인프라 정비라는 정보화의 3대 요소를 갖췄기 때문이다.

노 대통령은 정보통신에 대한 나의 경험과 의견을 진지하게 듣고는 찬반 토론을 했다. 토론의 주제는 정보통신만이 아니었다. 그날의 대화에서 내가 특히 강조한 것은 혁신이었다.

노 대통령은 역대 어느 대통령보다 혁신을 중요시했다. 그래서 참여정부 출범 후 정부혁신위원회를 만들고 가장 신임하는 김병준 교수를 초대 정부혁신위원장으로 임명하기도 했다. 또한 취임 직후부터 혁신이 무엇인지, 어떻게 해야 성공할 수 있는지를 끊임없이 고민했다.

그날 나는 노 대통령에게 혁신은 우선 바꾸는 것이라고 했다. 이것은 그 이전부터 줄곧 주장해 오던 나의 철학이었다. 바꾸는 것은 사실판단 fact finding의 문제이기 때문에 언제 어디서나 누구나 정당한 가치관과 지식을 갖고 있다면 알 수 있다. 그러나 그것만으로는 부족하고 바람직한 방향으로 바꾸어야 한다. 바람직한지 여부는 가치판단 value judgement의 문제이기 때문에 동서고금에 따라 다른데, 누가 바람직하다고 판단하느냐가 핵심이라고 역설했다.

그러나 정부 혁신의 경우, 대통령만 바람직하다고 생각해서는 안 되고 우선적으로 참여하는 행정·입법·사법 공무원들이 바람직하다고 공감해야 된다, 더욱 중요한 것은 정책 공급자인 공무원보다 수요자인 일반 국민·기업·언론·시민단체 등이 바람직하다고 공감해야 된다, 이것만으로는 크게 부족하다, 과거 정권이 바뀔 때마다, 심지어 같은 정권에서 장관이 교체될 때마다 전 정권 또는 전임 대통령이나 장관이 한 개혁을 뒤엎는 사례가 비일비재하다, 따라서 혁신이 성공하려면 현재의 대통령만 바람직하다고 생각해서는 안 되고 미래의 대통령도 미래 공무원과 미래의 국민들도 공감할 수 있어야 성공할 수 있다, 결론적으로 말해 '혁신은 현재와 미래의 내·외부 고객이 바람직하다고 공감할 수 있는 방향으로 바꾸는 것'이라고 생각한다고 역설했다.

당시 노 대통령은 내 의견에 적극 동의한다고 표현하지는 않았지만 끝까지 진지한 얼굴로 경청해 주었다.

노 대통령은 이후 국정을 수행해 나가면서 업무 혁신뿐만 아니라 고착된 기존의 많은 것들을 개혁하려고 했다. 그 가운데 임기 중에 이루고자 했던 것 중 하나가 다름 아닌 해묵은 지역감정 타파였다. 인물과 상관없이 전라도에서는 민주당이나 열린우리당에 몰표를 주고, 경상도에서는 한나라당에 몰표를 주는 식의 정치풍토는 국가 발전을 가로막는 걸림돌이라고 생각했던 것이다. 그래서 지역감정 타파의 상징적 의미로 전라도에서 한나라당 국회의원이 당선되고 경상도에서 열린우리당 국회의원이 당선되는 선례를 만들어 보려 했다. 그 이상을 실현하기 위해 대통령이 속한 열린우리당에서 경상도 쪽에 공천을 줄 만한 인물을 찾았다는데 뜻밖에 내가 그 명단에 들어가 있었다.

그리하여 참여정부 시절, 김병준 정책실장과 이강철 시민사회수석 등을 통해 출마를 몇 차례 권유받았지만 나는 완곡하게 거절했다. 그때까지만 해도 정치 할 생각을 해본 적도, 그럴 마음도 없었다. 내 젊음을 모두 바쳐 '정보통신'이라는 오직 한 길만 걸어왔고 앞으로도 계속 그 길을 가려고 했던 나였다. 내가 하는 일이 바로 국민의 삶의 질을 올리는 데 보탬이 된다는 사실에 보람을 느끼고 있었기에 어떤 특정 정권에 속하는 정치인이 되기보다는 국가와 국민이라는 전체 조직에 속한 공무원, 그래서 개인의 이익과 조직의 이익 그리고 국가의 이익을 일치시키는 공무원으로 남고 싶었다.

특히 이강철 수석은 나를 많이 설득했다. 국민들의 삶을 바꾸어 줄 수 있는 가장 큰 힘을 가진 것은 정치이며, 진정성을 담은 정치인이 그 일을 맡아야 한다고. 내가 늘 주장하던, 개인의 이익과 조직의 이익 그리고 국가의 이익과의 일치, 바로 그것 때문에 이 의원 자신도 정치라는 길로 뛰어든 것이라고 했다.

뿌리 깊은 대가야 문화의 땅, 고령이 고향인 김병준 실장은 고향에 대한 긍지와 책임이 올곧은 삶을 살 수 있도록 만드는 힘이라고 했다. 나를 태어나게 해준 성주, 그리고 인격을 형성시킨 칠곡이라는 두 개의 고향을 갖고 있다는 것은 그만큼 빚도 많은 것이라며 김 실장은 그에 대한 책임을 다할 수 있는 기회를 주는 것이라고 했다. 기자였던 작은처남은 이 권유에 대해, 내가 평생을 바쳐 왔던 정보통신의 관점에서도 생각해 볼 만하지 않을까라는 의견을 내놓기도 했다.

"정치 그 자체만을 위해서 일하는 정치가가 아니라 전문적인 능력과 국민과 국가를 위해 몸을 던질 수 있는 소신이 갖춰져 있는 그런 정치가가 국회에는 정말 필요하다고 저는 생각합니다. 그리고 국회에는 정보통신 전문가가 별로 없습니다. 정보통신도 바탕이 마련되어야만 발전할 수 있을 것이고, 그것 또한 정치가 해야 할 역할이 아니겠습니까."

■ 2007년 미래사회연구포럼에서 주최한 명사 초청 강연에서 강의하고 있는 모습.

그때만 해도 정보통신부가 튼튼하게 자리를 지키고 있었을 때였으므로 나는 정치에 입문하지 않았다.

그 후 얼마 되지 않아 나는 공직에서 물러나야 했고, 정보통신부는 역사 속으로 사라지게 되었다. 그러나 과거란 없어지는 것이 결코 아니다. 그것은 미래를 향해 건너가기 위한 징검다리이고 역사를 쌓아올리기 위한 주춧돌인 것이다.

세상에는 많은 일들이 예상한 대로, 혹은 전혀 생각지도 않은 방향으로 흘러가기도 한다. 그 선택 또한 ○나 × 처럼 분명할 수도, 아니면 안개에 가려진 모습처럼 모호할 수도 있다. 확실한 것은 어떤 선택을 하느냐에 따라 미래는 다른 모습이 될 것이라는 것이다. 나는 학교나 기업 등에서 강의 요청을 많이 받는 편인데, 그럴 때 종종 하는 말이 있다.

"사람은 바꿀 수 있는 것이 있고 바꿀 수 없는 것이 있습니다."

이미 지나가 버린 과거는 바꿀 수 없다. 그러므로 지나간 과거에 매달리는 것은 어리석은 일이다. 그러나 앞으로 올 미래만은 내 의지로 바꿀 수 있다. 내가 나아가야 할 방향을 만들어 나갈 기회는 언제나 눈앞에 있다. 강의를 끝내기 전, 나는 힘주어 말한다.

"아시겠습니까, 오늘이 바로, 내 미래를 바꾸는 그 첫날이라는 것을. 그리고 현재와 미래의 내·외부 고객이 공감할 수 있는 방향으로 그 내용을 바꾸어야 한다는 것을."

혁신과 변화의 시작은 지금부터이고 바로 오늘이다. 나는 그것을 만들어 갈 것이다.

전 기 정 _ 전 청와대 혁신비서관, 현 상명대학교 교수

회고록을 준비하시다니, 역시 석 부회장님이십니다. 제가 처음부터 착수보고회는 대통령이 참석하시는 것으로 준비했고, 당시 참석자 범위 또한 제가 결정했는데, 석 실장님을 참석하시게 한 것은 당시 정통부와 행자부 간의 업무분장 중에 정보화에 관한 것은 정통부가 하는 것이 맞다는 판단 아래 정통부에게 힘을 실어주기 위해서였습니다.

제가 당시 과제에만 집중하자고 강조한 이유는, 정통부가 대통령을 오랜 시간 동안 뵐 수 있는 기회가 다시는 오지 않을 터이니 그 자리에서 자신의 입장을 충분히 주장하자는 의견이 있다는 소식을 들었기 때문입니다. 그래서 혹시 대통령께 부처 이기주의로 보여져, 앞으로 자연스럽게 정통부 중심으로 진행될 수 있는 일을 할 수 없게 될까 봐 그렇게 강조했던 것입니다. 솔직히 당시 저만큼 정통부의 입장에 귀 기울인 사람이 있었나요?

이 재 영 _ 전 경북체신청장

정말 심금을 울리는 내용이었습니다. 구구절절 옳은 말씀입니다. 정보통신

부 폐지로 가게 된 동기 중에 로봇산업 주관 문제로 노무현 정권 당시 정보통신부 장관과 산업자원부 윤진식 장관 간에 있었던 사항과, 노무현 정권 말기 정보통신부 장관들이 정보통신부의 정통파가 아닌 관계로 관심이 미약했던 점도 기술하셨으면 합니다. 그리고 정보통신부 폐지를 막기 위해서 윤동윤 장관님과 이계철 차관님 그리고 박성득 차관님이 인수위원회 부위원장이었던 김형오 씨를 비롯해 조직개편과 관련된 여러 인사들을 만나 노력한 이야기도 언급하는 것이 어떠하실지? 당시 설명 자료는 석 부회장님께서 작성한 자료를 활용한 것으로 알고 있습니다.

이 석 한 _ ㈜TNSP 사장

여권 발급 서류와 관련하여 근거를 찾아보려 옛날 개발보고서를 찾아보았습니다. 보내준 자료가 도움이 되기 바랍니다.

축하의 글

축하의 글

이 수 성 _ 전 국무총리·서울대학교 총장·새마을운동중앙회 회장

국가와 국민을 먼저 생각하는 진정한 관료이며 강한 리더십과 정의로운 자신감, 뚝심의 추진력으로 대한민국 IT 산업의 오늘을 만들어낸 석호익 부회장의 노고에 찬사를 보냅니다. 그는 또한 섬김과 나눔을 실천한 기업인입니다.

이 책에는 세상의 어두운 곳에서, 그리고 약한 이들에게 사랑과 자비를 몸소 실천한 석호익 씨의 따뜻한 이야기가 담겨져 있습니다. 고향 후배로서 내가 아는 석호익 씨는 새로운 것을 찾아 항상 변화해 왔습니다. 그의 다음 변화가 기대됩니다.

오 명 _ 전 부총리·체신부 장관·과학기술부 장관·건국대학교 총장
현 웅진그룹 회장

'참 단단하다.' 석호익 부회장을 처음 봤을 때 느낀 인상인데, 시간이 지날수록 정말 그렇구나 하는 생각이 듭니다. 일에 대한 전문성뿐만이 아니라, 인생에 대한 소신과 국가에 대한 사명감이 그 안에 넘치고 있음을 자주 목격하게 됩니다. 석 부회장은 정보통신부 관료 시절부터 우리나라 IT 정책 수립과 운영 일선에서 남다른 역량을 발휘해 왔습니다. 또한 정보통신부 관료에서 출발하여 정보통신정책연구원장, KT 부회장에 이르기까지 정부 관료와 연구기관장, 기업 경영자를 모두 경험한 흔치 않은 리더라고 할 수 있습니다. 본연의 정책 전문성과 폭발적인 추진력에, 이제 다양하고 균형감 있는 식견까지 더해진 것 같아서 앞으로 그의 행보에 더 큰 기대를 갖게 됩니다.

이 책에 담긴 우리나라 정보통신의 역사는 참으로 생생하고, 놀라울 정도의 치밀한 서술은 기록으로도 큰 의미가 있을 것 같습니다. 더구나 그 안에서 국가

와 IT를 위해 고뇌하고 결단하며 소신을 지킨 석 부회장의 분투는 후인들에게도 큰 귀감이 될 것으로 믿습니다.

이 상 희 _ 전 경상북도지사·내무부 장관·건설부 장관

오랜 공직 생활 동안 석 부회장을 지켜봐 오면서 참 성실하고 국가관이 투철한 후배라는 생각을 늘 했습니다. 우리나라 IT산업에 대한 그의 이야기를 들을 때면 우리나라 미래가 밝다는 생각을 하게 되어 기분이 좋고, 국가를 위한 그의 식을 줄 모르는 열정을 감사하게 생각하고 있습니다. 그동안 쌓은 지식과 경륜으로 국가와 사회를 위해 더 많은 일을 해주기 바라며, 특히 같은 고향 선배로서 우리 지역사회 발전을 위해서도 수고를 아끼지 않았으면 하는 바람입니다.

장 영 철 _ 전 국회의원·노동부 장관·노사정위원장, 현 영진대학 총장

항상 남을 배려하고 동료와 이웃, 국가는 물론 지역과 고향을 위해서 몸을 아끼지 않는 석호익 부회장을 보며 오래전부터 장래성을 주시해 왔습니다. 또한 일 잘하고 성품도 올곧아 석호익이라는 훌륭한 고향 후배이자 순심 동문이 있다는 것을 늘 자랑스럽게 생각하고 있습니다. 공무원으로서, 학자로서, 기업인으로서 국가 발전에 중요한 역할을 해왔지만 지역 발전에도 큰 역할을 할 것으로 확신합니다.

윤 동 윤 _ 전 체신부 장관, 현 IT 리더스포럼 회장·정우회 회장

이 책은 우리나라의 정보통신산업이 세계 일류 수준으로 성장·발전하는 과정에서 석호익 부회장의 역할과 업적을 생생하게 잘 그려내고 있다. 나는 1983년 체신부 통신정책국장으로 부임해서 석 부회장과 처음으로 함께 일하게 되었다. 항상 사명감과 원칙을 중요시하며 정책 개발에 많은 노력을 하며 성장해 가는 석 부회장의 모습을 보면서 앞으로 크게 성공할 것이라고 확신하곤 했다. 나는 1994년 말 체신부 장관을 끝으로 공직 생활을 마감한 후에도 늘 석 부회장에 대해서는 큰 관심을 가지고 조언을 아끼지 않았다. 석 부회장이 공무원으

로서 격변기에 많은 어려움을 겪기도 했지만 슬기롭게 극복해 나가는 것을 보고
'큰 재목이 될 것'이라는 내 예측이 맞아서 다행스럽게 생각했다. 석 부회장이
역사적으로 의미 있고 알찬 내용을 재미있는 표현으로 잘 기술해 주었음에 축하
와 감사를 표하며, 앞으로 국가를 위해 더 큰일을 하게 될 것으로 믿는다.

배 순 훈 _ 전 대우전자 사장·정통부 장관, 현 KAIST 교수·국립현대미술관장

석호익은 정보통신 분야 행정 공무원으로 우리나라가 IT 강국으로 성장하
는 데 크게 기여한 사람이다. 본인이 장관으로 재직하던 1998년 저자는 우정국
장으로 근무하며 100년이 넘은 우정 역사상 처음으로 흑자 운영을 이끌었다.
이 책에는 그때의 생생한 이야기가 담겨 있다. 규제가 전문인 공무원 신분으로
국가 외환위기에 기업가 정신을 발휘하여 공공기관에서도 흑자 운영을 할 수
있다고 보여준 그 얘기는 흥미뿐만 아니라 교육적인 내용도 담고 있다. 공무원
으로 일하거나 그 일을 지원하는 많은 사람들에게 일독을 권한다.

박 재 윤 _ 전 경제수석·재무부 장관·통상산업부 장관·부산대 총장

석 부회장과 같이 비전 있고 열정이 있으며 사명감이 투철한 공직자가 있었
기에 이 나라가 어려운 여건 속에서도 이만큼 발전할 수 있었다고 확신합니다.
석 부회장께서 지금까지의 그 비전, 열정, 그리고 사명감을 그대로 가지면서 끊
임없이 노력하여 나라 발전을 위해 더 많은 일, 더 큰 일, 더 중요한 일을 반드
시 하실 것으로 믿고 기원합니다. 우리나라 정보화의 산 역사가 될 명저의 출간
을 기대합니다.

경 상 현 _ 전 정통부 장관·체신부 차관, 현 한국전산원 이사장

오랜 기간 가까이서, 혹은 먼발치에서 보아온 일에 대한 열정, 강한 소신과
정연한 논리, 새로움에 도전하는 용기, 특유의 설득력과 추진력 등을 다시 확인
하게 됩니다. 우리 정보통신의 역사를 되돌아보고 앞날의 발전을 기약하는 귀
중한 자료가 되리라고 믿습니다. 앞으로도 석 부회장의 더 큰 발전과 건투를 기
원합니다.

안 병 엽 _ 전 정통부 장관, 현 피닉스자산운용 대표이사 회장

자료가 충실하고 생생해서 읽는 동안 마치 내가 10여 년 전 근무했던 시절로 돌아간 느낌이 듭니다. 그때 IMF 사태 이후 중화학공업의 구조조정과 함께 신생 IT산업 발전과 정보화를 위해 열심히 일했던 보람찬 나날이었던 것 같습니다. 앞으로도 더욱 발전 있기를 기대합니다.

진 대 제 _ 전 정통부 장관, 현 스카이레이크인큐베스트 대표이사

2003년 초 나는 노 대통령으로부터 향후 10~15년 우리나라 먹거리 산업을 IT 분야에서 만들어 보라는 미션을 받은 만큼 가장 유능한 직원들을 발탁하려 했다. 그때 외곽에 나가 있던 석호익 서울체신청장과 마지막 순서로 면담을 했는데, IT 분야의 정책과 기술 모든 면에서 가장 해박한 식견과 또 충직한 국가관을 갖고 있음을 알고 바로 발탁했다.

그 후 내리 3년 동안 중요 보직을 맡아서 우리나라를 정보통신 일등 국가로 만드는 데 큰 기여를 했다. 따뜻한 인간미를 가진 석호익 씨가 앞으로 또 어떤 일을 해내게 될지 궁금하다. 어떤 일을 하게 되더라도 국가나 지역사회에 크게 기여할 것으로 믿는다.

이 효 수 _ 현 영남대학교 총장·제17대 한국노사관계학회장

이 책은 두 가지 측면에서 중요한 가치를 지니고 있다. 하나는 한국이 정보통신 분야에서 세계 최강국이 되는 데 있어 정부의 역할과 전략에 대해 상당히 구체적으로 이해할 수 있도록 해준다. 다른 하나는 국가관이 투철한 공무원이 국가와 국민을 위하여 얼마나 크게 기여할 수 있는가를 잘 보여주고 있다. 한국 정보통신혁명의 주역 가운데 한 사람이 영남대학교 동문이라는 사실이 자랑스럽다.

이 해 욱 _ 전 체신부 기획관리실장·차관·한국통신 사장·한화그룹 회장

통신정책국이 처음 발족해 아무것도 축적되어 있지 않던 황무지에서 하나씩하나씩 개척하느라고 매일 밤늦게 퇴근했던 시절의 일들을 새삼 회상할 수

있게 해주셨습니다. 석 부회장님은 일처리가 남달리 빠르고 의사결정이 정확하기로 유명하시지 않았습니까. 전기통신기본법의 성안도 매우 큰일로 통신정책의 프레임을 만드는 기틀이 됐습니다. 좋은 책을 만드셔서 후배들에게 많은 교훈을 남겨주십시오.

이 영 탁 _ 전 예산실장·국무조정실장, 현 미래경영연구원 이사장

문민정부 초기 청와대에서 함께 고생했던 기억이 새롭습니다. 언제 어디서나 열정적으로 일하시던 모습이 아직도 기억에 뚜렷이 남아 있습니다. 지금까지의 삶과 경험을 토대로 더 큰 뜻을 이루시길 바랍니다. 석 부회장을 좋아하는 많은 사람들이 우군이 되어 드릴 것입니다.

정 홍 식 _ 전 정통부 정보통신정책실장·차관·데이콤 대표이사 부회장

늘 부지런하고 정열적이신 석 부회장님, 그동안 나라를 위해 큰일 많이 하셨습니다. 책에 못 쓰신 것도 많으실 것 같아요. 수고하셨습니다. 이제부터 힘들고 어려운 사람들을 위하여 좋은 일 더 많이 해주시길 기원합니다.

이 인 학 _ 전 부산체신청장 · 체신부 통신정책국장 · 전파관리국장

오늘날 우리나라가 IT 강국이라는 것은 모두들 인정합니다. 1980년대 초 정부에서 취한 중요한 몇 가지 정책이 IT 강국을 이루는 데 초석이 되었다는 것에 대해서도 이견이 없습니다. 통신공사 설립과 체신부 통신정책국 설립, 이어 전기통신법 폐지와 정보통신기본법과 사업법의 신규 제정, 한국데이타통신주식회사 설립, 각 부처의 기간통신망 통합, 한·미 광케이블 공동건설 등 주요 정책이 이루어지는 현장에 석 부회장이 실무자로 참여하여 젊음과 정열을 바쳤습니다. 당시 주요 정책들의 탄생 배경과 이것들이 오늘날 IT 산업에 미친 영향 등을 더 구체적으로 기술하면 후일 역사서로서의 가치도 한층 높아지지 않나 하는 생각을 해봅니다.

서 영 길 _ 전 정통부 통신지원국장 · TU미디어 사장, 현 세계경영연구원장

정말 많은 일을 하셨군요. 글 또한 훌륭합니다. 어딘가에 이런 글을 추가해

보심이 좋겠어요. '사실 이 책을 쓰게 된 것도 그동안 나를 도와주고 격려해 준 수많은 고마운 분들에게 감사의 인사를 드리고 싶었고 국가와 국민을 위해 함께 힘들게 일했던 옛 시절을 회상하면서 그때의 힘들었던 일들이 우리나라와 국민을 위해 얼마나 좋은 결실을 맺었는지 의미를 다시 되새겨 보고 싶은 마음에서이다.' 좋은 책 되기를 고대하면서.

형 태 근 _ 전 정통부 감사관·방통위 상임위원, 현 법무법인 율촌 고문

이런 종류의 책에서 좀체 가지기 힘든 '문자향 서권기'를 느낍니다. 진술하고 담백한 평소의 생활철학과 바른 정신이 필체에 담긴 결과라 생각됩니다. 누군가 말해야 되고 남겨야 되는 진실이 정보통신 산 증인의 손길로 잘 정리된 듯합니다. 재미도 있어서 단박에 읽었습니다.

신 용 섭 _ 전 정통부 전파방송관리국장, 현 방통위 상임위원

1980년대 초반 전전자교환기 개발로 유선전화 적체를 해소하고 전국 자동화를 이루면서 우리나라는 통신 후진국에서 벗어나 비로소 정보통신 발전의 기틀을 다졌다. 그 무렵 초임 사무관 시절 석 부회장을 처음 만나게 되었는데, 그는 부처 총괄 사무관으로서 유선전화 선진화의 주역을 맡아 기획력과 종합 조정력 그리고 정보통신 발전의 분명한 미래 비전을 가지고 식을 줄 모르는 열정과 추진력을 보여주었다.

이때부터 나는 그의 열정에 매료되어 그를 본받아야겠다는 생각을 가지게 되었으며, 지금까지도 그의 열정은 나를 비롯한 많은 후배들의 귀감이 되고 있다. 어려운 일이 닥치면 회피하지 않고 나서서 맡아 처리하는 그의 열정과 진솔함은 상대방을 금방 압도했다. 그리고 설득력이 강해 타 부처와의 협의에서도 늘 원만하게 처리하곤 했다.

이후 초고속인터넷과 이동통신 그리고 최근의 무선인터넷으로 이어지는 우리나라 정보통신 강국으로서의 발전 과정은 그의 행적을 따라 이루어졌다고 해도 과언이 아니어서, 그는 우리나라 정보통신 발전 역사의 산 중인이라 할 수

있다. 늘 그의 뒤를 따라 과장, 국장의 길을 밟아오며 그가 우리나라가 정보통신 강국이 되는 발전의 원동력이었다는 생각을 하지 않을 수 없다. 그의 꺼지지 않는 열정이 있는 한 우리나라 정보통신의 발전은 멈추지 않을 것으로 믿는다.

김 세 호 _ 순심·마오로 동기, 전 철도청장·건설교통부 차관

그 바쁜 가운데 언제 이런 준비를 했는지 정말 대단하시네. 책 속의 모든 분들이 우호적으로 다가오는 듯하고 전반적인 흐름이나 내용이 아주 훌륭하다고 생각되네. 지금까지 출판기념회에서 받은 어떤 저서보다 저자의 경험, 경륜, 또 살아온 궤적이 열정적으로 진솔하게 그려져 있으며, 또 전문적인 식견까지 돋보이는 글이라 느껴지네. 어쨌든 대단한 정열일세. 다시 한 번 친구의 건승을 빌면서. 벗, 세호가.

석 동 현 _ 현 법무부 출입국·외국인정책본부장, 현 부산지검 검사장

너무 소상하고 생생한 글이라 감탄을 금할 수가 없습니다. 평소 기록을 잘 해두셨던 것 같습니다.

이 항 구 _ 전 서울·전국체신노조위원장, 현 전국우정노동조합 위원장

석호익 부회장님 하면 떠오르는 이미지는 '꽃보다 아름다운 남자', '우리들의 영원한 청장님'입니다. 석 청장님과 소중한 인연을 맺게 된 것은 2002년 겨울 제가 체신노조 서울지방본부 위원장에 막 당선되었을 때입니다. 청장님 방을 종종 찾아 종사원들의 고충과 애로사항을 설명하고 이 같은 상황을 조속히 해결해 주십사 하는 요청을 빈번하게 드렸던 기억이 지금도 생생합니다. 그때마다 청장님께서는 오히려 저보다 더 열정적으로 종사원들의 어려운 사항을 적극 나서서 해결해 주시는 등, 말보다 먼저 행동으로 종사원들에게 따뜻한 손길을 내밀어 주셨습니다.

청장님께서 정통부 1급으로 근무하고 계실 때 저와 식사 시간을 가진 적이 있었습니다. 약속된 장소에 갔을 때 깜짝 놀랐습니다. 제가 부탁을 드린 적도 없는데 그 장소에는 제가 만나 뵙고 해결해야 할 현안들에 대해 의논을 드려야 할

분들이 모두 와 계셨습니다. 그 덕에 현안이 그 어느 때보다 빨리 해결될 수 있어서 그날의 식사는 제게 영원히 남는 감동의 시간으로 각인되어 있습니다.

그러한 훌륭한 '우리들의 영원한 청장님'께서 우리나라 정보통신산업의 리더로서 IT산업의 전도사 역으로 이 사회에 빛과 소금이 되어 주고 계신 것을 우정인의 한 사람으로서 자랑스럽게 생각하고 있습니다.

무에서 유를 창조하는 혁신적 리더로 IT산업을 이끌고 계시는 열정에 3만여 전국우정노동조합 조합원을 대신하여 우렁찬 박수를 보내드립니다. 우리들의 청장님, 사랑합니다.

이 현 덕 _ 전자신문 논설주간

그 바쁜 시간에 이런 준비를 다 하셨다니 놀랍습니다. 재미있습니다. 문장력이 대단하십니다.

장 영 옥 _ 순심중·고 은사, 왜관 신협 이사장

담임을 하지 않아서 가정환경이나 주변 여건은 몰랐는데, 석 부회장에 대해 깊이 알게 되어 반갑고 한편 미안하네. 훌륭한 출판물이 나와 역경 중에 있는 젊은이와 청소년들에게 귀감이 되면 좋겠네. 아주 감명 깊게 읽었네.

장 영 복 _ 중·고교 은사, 전 칠곡문화원장, 현 칠곡향토문화연구소장

뛰어난 문장력으로 자네만의 내면적인 사연들을 사실적이면서도 조리 있고 재미있게 표현해 한동안 잊고 있었던 과거를 떠올리게 하였네.

고향 후배들의 길잡이가 되고 향토사의 좋은 사료가 될 것이라 생각하네. 뒤쪽 여백은 많이 남겨두었다가 앞으로 쉼 없이 달려나가 지금보다 더 많은 업적을 기술할 수 있게 되기를 고향 모든 이들이 기대하고 있네.

신 덕 수 _ 순심 선배, 전 순심중학교장·순심연합 총동창회장, 현 고문

산골에서 자란 순진무구한 소년 석호익은 왜관 성 마오로 기숙사와의 인연으로 순심중·고등학교에서 남아입지男兒立志의 꿈을 키웠으며, 우리나라를 정보통신 선진강국으로 이끈 선봉장이었으며, KT 부회장 취임 후에도 미래의

관점에서 현재를 보는 자랑스런 작은 거인입니다. 그는 꾸밈없는 정신, 정기 흐르는 눈빛, 쟁쟁한 목소리, 불꽃 튀기는 열성, 씩씩한 기상, 논리적이고 미래지향적인 안목으로 공직을 수행한 청렴한 모범 공무원이며, 남을 돕는 데 인색하지 않은 그런 삶을 사실 것으로 확신합니다.

석 부회장님은 국가 발전의 동량이며 모교 순심과 사만 오천여 순심 동문의 위상을 드높인 횃불입니다. 수구초심首丘初心으로 고향과 모교, 사회와 겨레와 국가 발전을 위한 소망을 남김없이 이루십시오. 우리 모두 아낌없는 격려의 박수를 보냅니다.

양 순 근 _ 순심중·고 선배, 순심고등학교 교장

세계 최초로 '정보통신'이라는 공식 용어를 사용하고 1980년대 초 다른 나라에는 없던 전기통신기본법을 초안해 한국 IT 강국 실현에 지대한 업적을 남기신 부회장님이 자랑스럽습니다. 산골 소년처럼 순박하면서도 대단한 추진력을 보이며 청렴한 공직 생활을 명예롭게 마감하신 후에도 계속 그 분야에서 큰 족적을 남기고 계시는 부회장님을 진정 존경합니다.

모교 교장으로서 학생들에게 '최선을 다하면 기회는 항상 있다'와 '위기는 또 다른 기회다'라는 것을 꼭 가르쳐 마음속에 심어주고 싶습니다. 순심의 명예를 걸고 계속 국가를 위해 좋은 일 많이 하시길 바랍니다.

석 영 근 _ 성주 도원초등학교 은사, 전 경북 성주군 초전초등학교장

글을 읽는 동안 그 누구보다 깊은 감동을 받았습니다. 어릴 때부터 옳고 바른 길이라고 생각되면 용감하게 밀고 나갔으며, 중·고교 시절에는 성 베네딕도 수도원 기숙사 생활을 통해 신부님의 순결한 가르침을 따라 순진무구한 생활을 몸에 익혀, 공부뿐만 아니라 친구 사귐까지도 올바르게 자랐습니다.

자칫 이런 글은 저자의 장점만을 소개하게 되는 우를 범하기 쉬운데, 석 부회장은 사실을 있는 그대로 표현해 그런 점이 오히려 돋보이므로 독자들의 좋은 길잡이가 될 것이라 의심치 않습니다.

이 상 천 _ 경상북도 칠곡군의회 자치행정위원장

내용이 탄탄하게 잘 짜여 있어서 긴장감 속에 단숨에 읽어 내려갔습니다. 이렇게 잘 표현된 내용에 의견을 내려니 먼저 두려움이 앞섭니다. 이 좋은 회고록에 기라성 같은 분들의 의견만 해도 넘쳐날 텐데 보잘것없는 제 의견까지 포함다니 있어 몸둘 바를 모르겠습니다. 항상 건강 유의하시길 기원합니다.

이 기 열 _ 작가, 전 체신지·정보통신지 편집실장

어려운 집필 작업을 무사히 마무리하신 것을 축하드립니다. 전문 작가가 쓴 작품과 비교해도 손색이 없습니다. 무엇보다 작품 구성이 잘 되어 훌륭한 책이 될 것 같습니다.

김 해 숙 _ 순심 동기, 성덕여자중학교 교사

'석호익'이란 사람이 이렇게 소신 있게 열심히 살았구나! 공무원으로서의 기본 자세나 업무 역량을 떠나 국가와 민족을 위해 최선을 다했다는 생각이 듭니다.

김 천 우 _ 순심 후배, 사단법인 세계문인협회 이사장

회장님의 인본 사랑을 떠올리게 됩니다. 넓고 깊은 사명감을 바탕으로 대한민국의 중심, 지역의 총사령관이 되실 거라고 확신합니다. 기도하는 마이다스의 두 손이 되도록 하겠습니다.

박 영 철 _ 경상북도 칠곡군 가산면 천평우체국장

앞장서서 도움을 드리기보다 조용하지만 강한 믿음을 가진 도우미로 열심히 제 역할을 다할 생각입니다. 사실적으로 표현하고 일목요연하게 정리하신 부분을 읽으며 많이 애쓰셨다는 것을 느꼈습니다. 모처럼 정보통신 분야에서 자서전다운 자서전이 나올 것 같아 가슴이 설렙니다.

송 재 성 _ 방송통신위원회 과장, 국가경쟁력강화위원회 파견

전체적으로 읽기 쉽고 현장을 들여다보는 듯한 느낌이 들어 좋았습니다. 특히 제게는 10년 이상 선배님들이 어떻게 일하셨는지 알게 된 중요한 기회가 되

었습니다. 내용의 당사자가 이메일로 코멘트한 부분을 책에 함께 싣는다는 아이디어도 참 신선한 것 같습니다.

백 숙 현 _ 성주자치신문 서울지사장

훌륭하신 글에 감히 제가 뭐라 드릴 말씀이 없습니다. 고향에 계신 분들이 그동안 몰랐던 부회장님의 지난 역사와 업적을 알릴 수 있는 좋은 기회라 여겨집니다. 힘내십시오!

이 상 인 _ 순심 동기

친구의 착하고 친화적이고 부지런한 본성이 변하지 않았다는 것을 새삼 느끼오. 인간의 천성은 절대로 바뀔 수 없다는 한 스님의 말씀이 생각 나오. 작은 체구에 그렇게 대담한 배짱과 친화력과 리더십이 있어서, 당시 선·후배들 사이에 흠모의 대상이었지요.

학창시절엔 공부벌레, 공직자 시절에는 일벌레였다는 것은 자타가 인정하는 바이고, 행정 관료 출신 중에 가장 잠 적게 자고 가장 일 많이 하는 사람으로 정평이 나 있다고 들은 바 있소.

학연, 지연, 혈연, 아무런 배경도 없고 아부할 줄도 모르는 친구는 요직이든 한직이든 개의치 않고 개선하고 혁신하는 일로써 승부했다는 것을 잘 알고 있소. 애국심과 국가관이 투철한 사람, 소외계층을 돌보는 따뜻한 가슴을 가진 사람, 친구는 진정한 대한국인 大韓國人 이오.

중·고등학교 학창 시절부터 석호익 바이러스에 걸려 있었는데 시간이 지날수록 병이 더욱 깊어져 이제 중증이 되어 버렸소. 친구는 풍부한 지식과 경험과 경륜을 곳간에 채워 놓고만 있을 상황이 아니오. 이를 다음 세상에 가져갈 수도 없으니 국가와 국민을 위해 몽땅 비우고 가기를 바라오. 그럴 기회를 만들어 주기 위해 미력하지만 나도 힘을 보탤 것이오.

내일을 준비하라

지은이 | 석호익

1판 1쇄 인쇄 | 2011년 10월 30일
1판 1쇄 발행 | 2011년 11월 5일

발 행 인 | 김소양

편집주간 | 김삼주
편 집 | 금부성
기 획 | 전민상
마 케 팅 | 김지원, 이희만, 장은혜

발행처 | (주)우리글
출판등록번호 | 제 321-2010-000113호
출판등록일자 | 1998년 06월 03일

주소 | 서울시 서초구 양재2동 299-5 남양빌딩 6층
마케팅팀 | 02-566-3410 · **편집팀** | 02-575-7907 · **팩스** | 02-566-1164
홈페이지 | www.wrigle.com · **블로그** | blog.naver.com/wrigle

ⓒ석호익, 2011
이 책은 저작권법에 따라 보호받는 저작물이므로 무단 전재와 무단 복제를 금합니다.
이 책의 전부, 또는 일부를 이용하려면 반드시 저작권자와 (주)우리글의 동의를 받아야 합니다.

값은 뒤표지에 있습니다.
ISBN 978-89-6426-045-6 03320

잘못 만들어진 책은 구입하신 서점에서 교환해드립니다.

다밋은 (주)우리글의 임프린트입니다.